Max Gallo, né à Nice, est d'origine italienne. Il débute comme technicien tout en poursuivant des études d'histoire et entame alors une brillante carrière d'universitaire. Il obtient l'agrégation, le doctorat ès lettres et enseigne à l'université de Nice puis à l'Institut d'études politiques de Paris. Parallèlement, Max Gallo se lance dans le journalisme – il sera pendant dix ans éditorialiste à *L'Express* – et dans la politique. Après avoir été ministre puis député européen, il se retire de la vie politique pour se consacrer à l'écriture et rencontre un vif succès. Ses fresques historiques et ses biographies allient le souffle haletant des épopées à la rigueur de l'érudition. Plongé au cœur de l'Antiquité ou au beau milieu des batailles napoléoniennes, le lecteur entre avec délectation dans les méandres d'une histoire grandiose dont il est le descendant. Max Gallo est membre de l'Académie française depuis le 31 mai 2007.

L'âme de la France - 1

Une histoire de la Nation
des origines à 1799

Du même auteur
aux Éditions J'ai lu

Morts pour la France

LE CHAUDRON DES SORCIÈRES
N° 7504
LE FEU DE L'ENFER
N° 7622
LA MARCHE NOIRE
N° 7745

L'Empire

L'ENVOÛTEMENT
N° 7836
LA POSSESSION
N° 7992
LE DÉSAMOUR
N° 8133

La croix de l'Occident

PAR CE SIGNE, TU VAINCRAS
N° 8218
PARIS VAUT BIEN UNE MESSE
N° 8328

Les Romains

SPARTACUS - LA RÉVOLTE DES ESCLAVES
N° 8549
NÉRON - LE RÈGNE DE L'ANTÉCHRIST
N° 8328
TITUS - LE MARTYRE DES JUIFS
N° 8623
MARC AURÈLE - LE MARTYRE DES CHRÉTIENS
N° 8821
CONSTANTIN LE GRAND - L'EMPIRE DU CHRIST
N° 8848

L'ÂME DE LA FRANCE - 2
N° 8907

Max
GALLO
DE L'ACADÉMIE FRANÇAISE

L'âme de la France - 1

Une histoire de la Nation des origines à 1799

DOCUMENT

J'ai lu

Ouvrage précédemment paru en un volume
aux Éditions Fayard sous le titre :

L'âme de la France
Une histoire de la Nation des origines à nos jours

Pour David.

« Tous les siècles d'une nation sont les feuillets d'un même livre.

« Les vrais hommes de progrès sont ceux qui ont pour point de départ un respect profond du passé. »

Ernest RENAN,
La réforme intellectuelle et morale.

« Il est deux catégories de Français qui ne comprendront jamais l'histoire de France : ceux qui refusent de vibrer au souvenir de Reims ; ceux qui lisent sans émotion le récit de la fête de la Fédération.

« Peu importe l'orientation présente de leurs préférences. Leur imperméabilité aux plus beaux jaillissements de l'enthousiasme collectif suffit à les condamner. »

Marc BLOCH, *L'étrange défaite.*

« Le peuple français est un composé, c'est mieux qu'une race, c'est une nation. »

Jacques BAINVILLE, *Histoire de France.*

Sommaire

Avant-propos

L'âme de la France et le pain des Français

C'était il y a un quart de siècle, en 1981.

Je me souviens de ceux qui clamaient d'une voix vibrante que l'élection de leur candidat à la présidence de la République – c'était aussi le mien – allait faire passer la France « de la nuit à la lumière ».

Vingt-cinq années se sont écoulées. On sait ce qu'il en fut. Mais les bonimenteurs sont remontés sur l'estrade et font à nouveau commerce d'espoir.

Ils ont chanté dans les années 30 du XXe siècle : « Il va vers le soleil levant, notre pays... » Trois ans après l'« embellie » du Front populaire, les nazis entraient dans Paris.

Ils ont, dans les années 80 du même siècle, promis qu'on allait « changer la vie ». Et le chômage a enseveli le pays dans la précarité, l'incertitude et l'angoisse.

Ils disent « Nous allons gravir la montagne. » Pour un « ordre juste contre tous les désordres injustes ».

C'est la même chanson.

Et je crains que cette ascension collective promise ne se réduise – nous avons vécu cela – au pèlerinage des courtisans gravissant derrière le Roi – la Reine – le petit rocher de leurs ambitions satisfaites, cependant que le peuple oublié continue de patauger, en bas, dans les marécages.

Pessimisme ?

Inquiétude, plutôt. Le réveil des peuples auxquels depuis des décennies tous les candidats au pouvoir présidentiel promettent sans tenir parole s'appelle révolte et même révolution. Et donc grand saccage.

Car on ne peut susciter l'espérance créatrice d'une nation qu'en lui disant la vérité de son histoire et de sa situation, et non en lui offrant des mirages trompeurs.

Or, pour la France, le XXIe siècle tel qu'il commence, sera un temps des troubles. La nation est ankylosée par une crise profonde. Elle doute de son identité, et donc de son avenir.

Elle ne peut qu'être ébranlée par les contrecoups d'une situation internationale qui est un véritable avant-guerre.

Qu'on songe aux problèmes posés par la prolifération nucléaire, le Moyen-Orient, la question du pétrole, les conséquences d'une mondialisation non régulée, les migrations inéluctables et les bouleversements climatiques. Sans oublier la révolution scientifique et ses répercussions techniques, sociales et éthiques. Dès lors, le pays sera de plus en plus confronté à des tensions difficiles à apaiser.

Il faudra prendre des décisions rudes, peut-être cruelles. On ne pourra plus se contenter de diriger la France en flattant l'opinion.

Les candidates et les candidats aux élections prochaines en ont-ils conscience ? Y sont-ils préparés ? Ils le prétendent. Mais mesurent-ils tous la profondeur de la crise et des changements qui s'imposent ?

On peut légitimement en douter.

Pourtant, depuis le début de ce siècle dangereux, le sol de la nation s'est déjà fissuré, laissant apparaître les entrailles de notre société en crise.

L'extrême droite a été présente au second tour de l'élection présidentielle de 2002 alors que, depuis deux décennies, elle était reléguée au banc d'infamie.

Les partis de gouvernement n'ont rassemblé qu'à peine 36 % des voix.

Le président sortant n'a pas atteint 20 % des suffrages.

Les socialistes qui, souvent, font la mode, ont été éliminés par les électeurs pour la première fois depuis 1969, en dépit de l'attention qu'on leur prête, des louanges qu'on leur tresse, de l'autosatisfaction qu'ils affichent.

Ce tremblement de terre politique a été suivi d'une brutale coulée de lave du volcan social.

En novembre-décembre 2005, dans 274 communes, 233 bâtiments publics et 74 bâtiments privés ont été endommagés ou incendiés, et 10 000 voitures ont été brûlées.

Ce qui porte le total des véhicules détruits dans l'année 2005 à 45 000 !

Des engins incendiaires ont été lancés dans trois mosquées, deux synagogues ont été visées, une église a été partiellement incendiée.

Quatre personnes ont trouvé la mort durant cette période.

Mais tout va très bien, madame la marquise !

Quelques mois plus tard, le 23 mars 2006, sur l'esplanade des Invalides, dans le cœur symbolique de Paris, au terme d'une manifestation calme et autorisée, des jeunes gens encapuchonnés ont agressé et dépouillé ceux qui défilaient paisiblement.

Événements marginaux, accompagnant inévitablement la démocratie de la rue qui impose sa loi à la démocratie représentative, ou bien actes révélant les nouvelles ruptures de la société française ?

« J'ai vu, témoigne un photographe, des jeunes se faire lyncher avec une violence inouïe. Je n'avais jamais encore été confronté à de telles scènes à Paris, à des jeunes capables de faire preuve gratuitement d'une incroyable violence. »

En octobre-novembre 2006, des autobus ont été incendiés en Île-de-France, dans le Nord et l'Est, à Marseille. Des policiers ont été attaqués.

Pour maîtriser et calmer de telles tensions, les mots et les sourires charmeurs ne suffiront pas.

L'élu(e) de la nation à la présidence de la République au printemps 2007 devra passer aux actes.

Or les Français ont beaucoup appris depuis trente ans.

Ils éliront « elle » ou « lui », mais ils ne se contenteront pas de postures avantageuses, d'habiletés, de générosités affichées.

Ils ont fait l'expérience et l'inventaire du style mitterrandien et des gesticulations chiraquiennes.

L'un était un président roué se complaisant dans les liaisons dangereuses, séducteur tout en arabesques et en hypocrites indignations de façade.

L'autre, un bateleur dressant son étalage sur les grands boulevards, retenant un instant les badauds par son insolente esbroufe.

Avec de tels acteurs, les Français ont beaucoup appris sur le théâtre politique, ses jeux de rôle et ses simulacres.

Seuls quelques compères et les croyants applaudissent aux promesses des nouveaux candidats.

Le vrai public partagé entre le scepticisme et l'espoir observe et attend.

Certes, une femme élue présidente peut renouveler le répertoire, mais on exigera d'elle plus que de la compassion ou de la séduction : des résultats !

Or les promesses seront d'autant plus difficiles à tenir que, pour être élus, les candidates et les candidats à la présidence de la République ou aux élections législatives auront d'abord divisé les Français, accusant leurs rivaux d'être responsables des maux qui frappent le pays.

Le coupable, ce n'est pas moi, c'est l'autre, c'est la droite – ou c'est la gauche !

Mais de grand guignol en farces, d'alternances en cohabitations, les Français savent que l'un vaut l'autre.

Et en 2005, au moment du référendum sur le traité constitutionnel européen, quand les acteurs cessent d'interpréter la pièce *Gauche-Droite*, renoncent aux mimiques de leurs oppositions pour inviter les Français à voter *oui*, ceux-ci saccagent le théâtre en scandant *non* !

Les Français ne se contentent donc plus des tours de passe-passe des prestidigitateurs. Ils n'attendent plus qu'on sorte du chapeau un lapin blanc.

Leur vie est difficile. Les conflits et la violence, le fanatisme, sont une réalité. L'horizon est obscurci par des risques majeurs.

Que faire ?

Il faudrait aux dirigeants le courage de dire et surtout d'agir. Car la « moraline » ne suffit pas.

Ils devraient savoir où conduit le « lâche soulagement », comme disait Léon Blum au lendemain de Munich, en 1938.

Fin, honnête, le leader du Front populaire voulait la paix, refusait l'« excitation du patriotisme » (septembre 1936), critiquait ceux qui croyaient la guerre inéluctable.

Esthète sensible, il détournait la tête pour ne pas voir les dangers.

C'est laid et brutal, la guerre.

Mais l'illusion s'est fracassée contre le réel.

Blum a été déporté par les nazis.

Des centaines de milliers de Français qui avaient défilé en clamant qu'ils voulaient *le pain, la paix, la liberté*, ont moisi quatre années dans les camps de prisonniers en Allemagne, victimes de dirigeants qui avaient préféré leur dire ce qu'ils voulaient entendre, que le temps était aux congés payés – mérités –, et non à la mobilisation et à la préparation à la guerre.

Elle eut lieu.

Et les parlementaires élus en 1936 dans l'« embellie » du Front populaire votèrent le 10 juillet 1940, à Vichy, la mort de la République. Seuls 80 d'entre eux s'y refusèrent.

Cette *étrange défaite*, le « plus atroce effondrement de notre histoire » (Marc Bloch), peut se reproduire.

Point n'est besoin d'une invasion étrangère.

Il suffit que, face à une crise intérieure avivée par une tension internationale, la lâcheté, le désir de rassurer l'emportent sur le courage et la volonté.

Or la nation ne peut plus se permettre de dépendre des stratégies de carrière de dirigeants soucieux de rassembler leurs camps politiques, oubliant que la France les transcende.

« Je suis pour la France, disait de Gaulle en 1965 quand on l'accusait d'être le candidat de la droite. La France, c'est tout à la fois, c'est tous les Français. Ce n'est pas la gauche, la France ! Ce n'est pas la droite, la France ! Prétendre représenter la France au nom d'une fraction, c'est une erreur nationale impardonnable ! »

Pour ne pas la commettre, il faut vouloir que la France se prolonge en tant que nation une et indivisible, et non en un conglomérat de communautés, d'ethnies, de régions, de partis politiques.

Mais les élites de ce pays ont-elles ce désir d'unité nationale alors que, de concessions aux communautés en confessions et en repentances, elles déconstruisent l'histoire de ce pays ?

Certes, il faut en finir avec la légende qui fait de l'histoire française une suite d'actions héroïques dictées par le souci du bien de l'humanité !

Pour autant, la France n'est pas une ogresse dévorant les peuples – et d'abord le sien !

En fait, on ne peut bâtir l'avenir de la nation sans assumer *toute* son histoire.

Elle s'est élaborée touche après touche, au long des millénaires, comme ces paysages que l'homme « humanise » terroir après terroir, village après village, labour après labour, modelant l'espace en une sorte de vaste jardin organisé « à la française ».

Et c'est ainsi, d'événement en événement, de périodes sombres en moments éclatants, que s'est constituée l'*âme de la France*.

On peut l'appeler, avec Braudel, « la problématique centrale » de notre histoire. « Elle est, écrit-il, un résidu, un amalgame, des additions, des mélanges, un processus, un combat contre soi-même destiné à se perpétuer. S'il s'interrompait, tout s'écroulerait. »

C'est la question qui est posée en ce début du XXIe siècle à la nation : « Voulons-nous nous perpétuer ? »

Nos élites le veulent-elles, partagent-elles encore la réflexion de Renan selon laquelle « tous les siècles d'une même nation sont les feuillets d'un même livre. Les vrais hommes de progrès sont ceux qui ont pour point de départ un respect profond du passé » ?

Mais qui s'exprime ainsi aujourd'hui ?

Le mot de *nation*, même s'il est à nouveau employé, est encore suspect. On évoque le pays, les régions, les provinces, l'Europe ou le monde. Rarement la patrie, mot tombé en désuétude.

Et quand quelqu'un ose parler de patriotisme, de patriotes, on ricane ou bien on le soupçonne d'être un extrémiste de droite.

La notion d'identité de la France fait même question, alors que Braudel en avait fait l'une de ses références.

« Une nation, écrivait-il, ne peut être qu'au prix de se chercher elle-même sans fin, de se transformer dans le sens de son évolution logique, de s'opposer à autrui sans défaillance, de s'identifier au meilleur, à l'essentiel de soi, conséquemment de se reconnaître au vu d'images de marque, de mots de passe connus des initiés (que ceux-ci soient une élite ou la masse entière du pays, ce qui n'est pas toujours le cas). Se connaître à mille tests, croyances, discours, alibis, vaste inconscient sans rivages, obscures confluences, idéologies, mythes, fantasmes… »

Ainsi s'est constituée, s'est maintenue, s'est déployée au cours de notre histoire l'âme de la France.

Mais les présidents qui se sont succédé depuis trente ans, au lieu de se soucier d'elle, ont préféré parler des Français, leurs électeurs…

Adieu la France, ont-ils tous lancé avec plus ou moins de nostalgie.

Le premier jugeait que la France, ne représentant plus que 1 % de la population mondiale, devait se fondre dans la communauté européenne.

Le deuxième concédait qu'elle était encore notre patrie, mais que son avenir s'appelait l'Europe.

Le troisième l'invitait à la repentance perpétuelle.

L'alibi de nos trois présidents – et de nos élites – était que les Français se moquaient de la France, cette vieillerie !

Les citoyens, prétendait-on, se souciaient du régime de leur retraite, de leur emploi. Ils voulaient qu'on les protège, que les hommes politiques les débarrassent du carcan « centralisé » de l'État et choisissent la proximité, la région, non les grandes ambitions nationales.

On a donc remisé dans les caves et les greniers Jeanne d'Arc, la Sainte Pucelle, et le drapeau tricolore, nationaliste, Napoléon l'esclavagiste et *La Marseillaise,* la sanglante guerrière !

C'est là, aux oubliettes, que l'extrême droite a trouvé ces reliques abandonnées, elle les a brandies et on lui a laissé prétendre – cela arrangeait ceux que l'histoire de France gênait – qu'elle était le « Front national ».

Ainsi les élites ont-elles donné le sentiment qu'elles n'avaient plus la volonté de perpétuer la nation.

Qu'il s'agissait là à la fois d'une tâche archaïque, néfaste et impossible, voire compromettante et ridicule.

Mais, depuis qu'on ne se soucie plus de l'âme de la France, les problèmes quotidiens des Français se sont aggravés.

On leur a dit depuis trois décennies :

Oublions les rêves de grandeur !

Cessons d'être une patrie, devenons un ensemble de régions européennes !

Finissons-en avec l'exception française !

Effaçons notre histoire glorieuse de nos mémoires ! Elle est criminelle.

N'évoquons plus Versailles, Valmy ou Austerlitz, mais le Code noir, la rafle du Vel' d'Hiv', Diên Biên Phu et la torture !

Soyons d'une province, basque ou corse, poitevine, savoyarde, vendéenne ou antillaise, et non d'une nation !

Restons enracinés dans nos communautés et nos traditions d'origine. Soyons de là-bas, même si nous avons nos papiers d'ici !

Négligeons le français, conjuguons nos langues avec l'anglais bruxellois !

Ainsi nous vivrons mieux !

Nous aurons plus de *pain*, plus de *paix*, plus de *liberté* !

Un temps les Français l'ont cru.

Mais les mots deviennent peu à peu poussière face à l'expérience vécue.

Ils ne sont plus que des mensonges.

Le *pain* est rare et cher pour le chômeur.

L'insécurité, la violence et le fanatisme menacent la *paix* et la *liberté*.

Et, en 2005 comme en 2002, les Français ont sifflé les bonimenteurs.

Ils recommenceront demain si les promesses ne deviennent pas des actes.

Ils ont appris que leurs problèmes individuels, dans un monde cruellement conflictuel, ne peuvent être résolus que si, à rebours du discours des élites, le destin de la France, de son identité, de ses intérêts nationaux, est la préoccupation première de ceux qui les gouvernent.

Et qu'une nation ce n'est pas seulement une somme de régions souveraines, un « agrégat inconstitué de peuples désunis ».

Il n'y a, il n'y aura de *pain*, de *paix*, de *liberté* pour les Français que si on défend et perpétue l'âme de la France telle que notre histoire l'a façonnée.

LIVRE I

LES SEMEURS D'IDENTITÉ

Des origines à 1515

1

LES RACINES ET LES PREMIERS LABOURS

de la préhistoire à 400 après Jésus-Christ

1

Au commencement de l'âme française il y a la terre.

Ce n'est qu'un coin d'espace encerclé par les glaciers qui s'amoncellent sur les bordures du territoire mais qui jamais ne recouvriront cet hexagone balayé par les tempêtes de poussière de lœss. Celle-ci se dépose, s'accumule, formant des terrasses dont le vent violent modifie les contours. Les glaciers avancent, reculent ; la faune, la flore changent, le climat s'adoucit, se tempère, puis le froid redouble.

Et cela durant des centaines de milliers d'années.

Qui peut concevoir ce que signifie l'épaisseur immense du temps ?

Les formes de ce territoire au long de ces trois millions d'années sont encore imprécises, le dessin est inachevé.

Mais sur cette surface d'étendue moyenne, les blocs granitiques – plateaux, monts, chaînes arasées par l'érosion – côtoient les plus récentes montagnes, les pics déchiquetés, les sommets que les glaciers ensevelissent encore.

Les roches d'âges différents – des centaines de milliers d'années des unes aux autres – sont voisines, séparées parfois par un étroit sillon où des fleuves s'installent.

L'Europe se rassemble, s'entremêle dans cet hexagone qui sera la France.

Ce pays est comme un résumé de ce qui, ailleurs, s'étale dans une monotonie semblant ne jamais devoir s'interrompre, alors qu'ici on passe d'un paysage, d'un relief à l'autre.

Et ce commencement de l'âme de la France dit ainsi la diversité, une marqueterie de différences, un lieu où l'on se rencontre et se mêle.

Ce n'est qu'une terre, mais c'est l'empreinte première.

Cependant, rien encore n'est définitif. Les assauts glaciaires se succèdent.

Autour de huit mille ans avant notre ère, la mer fait irruption, séparant ce qu'on nommera les îles Britanniques du continent, isolant le bassin fluvial de la Tamise de celui du Rhin, donnant ses limites à l'hexagone. Par ses origines, par la mémoire de la terre, il était donc lié à cette partie que la mer éloigne, qui devient îles. Ce sont désormais comme des frères siamois tranchés par l'encastrement, entre eux, de la mer du Nord. Et chacun vivra différent malgré leur souche commune.

Les formes et les limites sont ainsi en place.

La terre hexagonale enseigne la diversité des horizons, des sols et des roches aux premiers hommes qui surgissent, venant de l'est par la grande voie danubienne, et du sud par la voie méditerranéenne.

Que sait-on de ces hommes d'il y a plus d'un million d'années ?

Peut-on imaginer qu'en eux, au fond de leur regard, il y a de temps à autre – et, entre chacun de ces moments, peut-être faut-il compter cent mille années ? – une étincelle qui, un jour, après un nouveau déluge de temps – 800 000 ans ? – donnera une flammèche ?

Elle annonce qu'ici, sur ce sol, surgira – il y faudra une autre coulée gigantesque d'années – l'âme de la France.

Les premiers de ces hommes-là sont des prédateurs que leur nomadisme pousse d'un paysage à l'autre, que le froid et le vent font reculer, se réfugier dans des grottes, mais auxquels le réchauffement du climat donne l'audace de repartir.

Ils chassent. Ils pêchent. Ils cueillent. Ils taillent dans la pierre des armes et des outils rudimentaires. Ils tendent des pièges et, selon les époques – entre elles s'étendent des millénaires –, ils tuent l'hippopotame, le rhinocéros ou l'ours brun, le cerf, le sanglier ou le lapin, le bison ou le cheval sauvage, le taureau ou le bouquetin.

Ils façonnent des grattoirs, des perçoirs, et bientôt polissent la pierre, le bois de ces arbres qui, en fonction du climat, s'enracinent dans le nord ou le sud de l'hexagone : bouleaux, pins, noisetiers, chênes, ormes, tilleuls…

Et, le temps s'étant encore écoulé, voici qu'en frottant des bouts de bois l'un contre l'autre ils font jaillir des étincelles, maîtrisant ce feu que parfois déjà la foudre leur offrait.

Ils s'accroupissent autour du foyer, ces hommes qu'on nomme de Neandertal – du nom d'un site proche de Düsseldorf.

Ils ont la voûte crânienne surbaissée, des arcades sourcilières renflées, énormes, un front fuyant, leur face sans menton est un museau. Ils sont pourtant *Homo sapiens*. Après eux viendront les *Homo sapiens sapiens*, l'homme de Cro-Magnon – vieux de 35 000 ans, trouvé aux Eyzies-de-Tayac-Sireuil, dans la Dordogne –, dont la boîte crânienne s'est allongée.

Mais, pour passer de l'un à l'autre, de la pierre taillée (paléolithique) à la pierre polie (néolithique), il a fallu plusieurs milliers d'années, peut-être plus de cent mille.

Ils brisent la pierre à coups de burin. Ils la grattent. Ils la lustrent. Ils sont encore nomades, mais déjà, dans un climat plus tempéré, ils demeurent longuement sur les lieux qu'ils jugent favorables à leurs chasses.

Ils sont là, entre Loire et Garonne, et leurs générations se succèdent sans aucune interruption, faisant de cette région l'une des seules de France où l'occupation humaine ait été permanente.

Le peuplement est dense dans les vallées de la Dordogne et de la Vézère, dans le Périgord, la Corrèze.

Lesquels de ces hommes-là, qui se rassemblent autour des feux et soufflent sur les braises pour que les flammes bleutées dansent devant leurs yeux fixes, ont, quand la mort frappait l'un des leurs, décidé de l'enfouir dans une tombe afin qu'il vive une autre vie et que son corps abandonné ne soit pas livré aux rapaces, aux fauves ?

Dans la Corrèze, à La Chapelle-aux-Saints, ils ont préparé cette sépulture.

Est-ce le premier indice d'une âme qui, en eux, commence son travail de genèse de l'homme ? Pour qu'ainsi la terre de l'hexagone devienne un grand reposoir où, génération après génération, durant des millénaires, les corps fécondent le territoire, millions de morts qui sont comme l'humus de l'âme de la France ?

Cette tombe de La Chapelle-aux-Saints, les hommes l'ont conçue et creusée quarante mille ans avant notre ère. Et c'est le signe qu'ils s'interrogent à tâtons, entre effroi et rêve, sur ce qu'est cette vie qui un jour les abandonne, sur ces animaux, biches, bouquetins, chevaux, taureaux, qu'ils tuent et dont ils se repaissent, et parce qu'ils veulent les « saisir » ils les emprisonnent dans leur regard, les représentent sur les parois des grottes à Lascaux, à Rouffignac (Dordogne).

Un renne apparaît sur ces parois, seul témoin d'un temps glaciaire qui a disparu, puis viennent taureaux, bisons, cerfs, chevaux peints en noir, en jaune, en rouge, animaux d'un climat tempéré installé dans l'hexagone autour de ces années 17 000-15 000 avant notre ère.

Et c'est ainsi que sur cette terre hexagonale surgit la première civilisation connue de l'humanité, brille l'étincelle de l'art, ce phénomène majeur du paléolithique. Dans la profondeur abyssale du temps, l'âme germe là où l'homme jette un regard interrogateur sur lui-même et sur le monde.

Là, il creuse une tombe, et quelques millénaires plus tard, alors que les temps glaciaires s'achèvent, il prend soin de ses morts. Il dresse des pierres en de longs alignements, et ces menhirs, encore debout, rappellent que le temps le plus reculé, le plus obscur, est toujours le nôtre, que l'âme de la France d'aujourd'hui n'en finit pas de communier avec ses origines.

Ailleurs, l'homme d'après le paléolithique construit des dolmens, lourdes tables de granit, tombes individuelles ou collectives. Ces rites funéraires, ces monuments dressés aux disparus, ces manifestations de l'âme, révèlent que l'homme vivant veut que ses morts demeurent à ses côtés.

Il ne lui suffit plus de se livrer à des repas rituels où il mange le cœur et le cerveau, la moelle des os des disparus, manière de conserver leurs forces en lui. Il veut les honorer, les garder près de lui en ces lieux où désormais il s'installe en sédentaire, où il commence – quatre mille ans avant notre ère ? – à gratter le sol pour creuser un trou, tracer un sillon, enfouir une semence, devenant ainsi agriculteur et non plus seulement chasseur.

Les terroirs se dessinent entre les tombes.

Et ils composent aujourd'hui une cartographie de la préhistoire française.

Qui marque encore notre sol, notre présent.

Chaque année, durant le dernier quart du XXe siècle de notre ère, moins d'une dizaine de milliers d'années après la construction des menhirs et des dolmens, et moins de vingt mille ans après que les hommes eurent peint les fresques rupestres de la grotte de Lascaux, un président de la République gravissait la roche de Solutré, en Saône-et-Loire, accompagné d'une petite foule de courtisans et de journalistes.

Autour de ce rocher surplombant la plaine se trouvait un amoncellement de carcasses de plus de dix mille chevaux. Poussés vers le vide par les chasseurs préhistoriques qui, les poursuivant, les acculaient à la mort, ou bien victimes d'un cataclysme ? Le mystère demeure.

Mais ce « pèlerinage présidentiel », ce rituel, cette manière de tenir le fil noué avec les hommes des premiers temps, leurs lieux sacrés, de mettre ses pas dans l'humus humain de notre hexagone, montrait que l'âme de la France restait liée aux temps préhistoriques et qu'elle se reconnaissait comme leur fille lointaine. Mais peut-on employer ce mot pour dire vingt mille ans, après avoir parcouru des centaines de milliers d'années ?

2

Ce n'était plus les temps glaciaires, et l'âme des hommes de cette terre hexagonale qui s'appellerait la France fixait ses premiers repères dans un climat tempéré.

De la grotte de Lascaux à la roche de Solutré et aux milliers de menhirs dressés à Carnac, les représentations picturales ou les tumulus funéraires collectifs et les tombes individuelles faisaient de la terre un espace sacré, d'autant plus qu'on apprenait à la labourer, à l'ensemencer, et qu'ainsi sanctifiée par l'humus humain elle devenait la *Grande Mère* qui conservait les corps pour leur donner une autre vie, mais aussi la *Nourricière* qui compensait les aléas de la chasse et de la cueillette.

Et on voulait désormais s'enraciner, se tenir serrés les uns contre les autres pour cultiver, tisser, modeler ces poteries que l'on décorait en griffant le vase encore malléable avec des coquillages (le *cardium*). Et l'art naissait ainsi, sur les rives de la Méditerranée, pour remonter la vallée du Rhône vers le nord.

C'est là, non loin du fleuve, entre le massif hercynien et la montagne alpine, que l'on retrouve, à mi-chemin entre Avignon et Orange, les traces du premier village d'agriculteurs de la future France : Courthezon.

On y polit la pierre – c'est l'époque néolithique –, mais on y utilise bientôt les métaux, le cuivre – l'âge chalcolithique – puis le bronze, et, à la fin du néolithique, le fer.

En moins de cinq mille ans – Courthezon a été créé vers 4650 avant notre ère – il se produit ainsi plus de transformations dans notre hexagone qu'il ne s'en était accompli en plus de cinquante mille ans !

On incinère les morts, on enfouit leurs cendres dans des urnes que l'on regroupe en vastes champs ainsi peuplés de l'âme des défunts. On crée des tombes individuelles, on édifie des tumulus de bronze. Et la terre n'est plus seulement une étendue, mais un berceau de l'âme. On crée des paysages, on ouvre des clairières, on trace des chemins, des routes.

On construit des maisons sur des pieux au lac de Chalin, dans le Jura. Un village est identifié à Chassey, près de Chagny, en Saône-et-Loire. Entre les groupes de sédentaires, les échanges se multiplient, les routes forment un réseau qui peu à peu dessine la trame de l'hexagone.

Ces hommes qui façonnent des poteries, qui abattent les arbres pour aménager chemins et clairières, qui se préoccupent du destin de leurs morts, sont les premiers occupants de l'hexagone.

Ils ont le crâne court. Ils sont râblés. Mais, au cours du dernier millénaire d'avant notre ère, ils voient prendre pied sur la terre hexagonale d'autres hommes.

Les uns viennent de l'Est, du bassin du Danube, et peut-être de plus loin encore. Les Grecs les appellent *Keltai*, Celtes, ce qui signifie « les hommes supérieurs, sublimes ».

Les autres viennent du Sud. Ce sont des Grecs de Phocée, et, en 620 avant notre ère, ils créent Marseille, la première cité grecque de l'hexagone. Elle essaimera, donnant naissance à Nikaia-Nice, Antipolis-Antibes, Agathé-Agde, Theline-Arles.

Ces cités-là restent nos repères. Elles sont quelques-uns des premiers points d'appui de l'âme de la France qui, peu à peu, investit l'hexagone, cette terre qui est la première des régions d'Occident à entrer en contact direct avec les grandes civilisations du bassin oriental de la Méditerranée.

Ainsi, durant le premier millénaire avant notre ère, alors que commence l'âge du fer, l'hexagone s'ouvre aux Celtes et aux Grecs qui vont, à leur manière, féconder la terre de la future France et commencer à modeler son âme.

3

C'est désormais le vent de l'histoire qui souffle sur l'hexagone. Le temps ne se compte plus en centaines ou en dizaines de milliers d'années, mais en siècles.

L'esprit qui errait dans les temps préhistoriques peut désormais concevoir ces durées qui lui sont plus familières.

De même, il voit entrer dans l'hexagone et dans l'histoire des peuples identifiés qui font partie de sa mémoire et de ses légendes.

Celtes – Gaulois –, Grecs, Romains et Germains peuplant nos mythologies sont autant d'éléments de notre âme contemporaine. Les noms de cités, les vestiges, les monuments, la symbolique qui en est issue, sont au cœur de notre présent.

Nous imaginons que nous sommes leurs descendants directs. On peut, dans un cortège d'aujourd'hui, voir un manifestant, vêtu en Gaulois de légende, porté sur un bouclier, incarner la « résistance » à une loi que l'opinion condamne !

Ainsi, à tout instant, le passé légendaire investit le présent, oriente le futur, garde vivante une âme qui se structure dans les derniers siècles d'avant notre ère.

Les Grecs sont installés le long de la côte méditerranéenne. Les Celtes demeurent au nord, au centre et de part et d'autre du Rhin. Des tribus nouvelles – les Belges – arrivent et les refoulent. Puis surviennent les Germains, qui menacent les Celtes, les repoussent vers le sud, les font entrer en contact avec les Romains.

Ces peuples se côtoient et s'interpénètrent dans ce résumé d'Europe qu'est l'hexagone.

Il n'y a pas une seule « race », un seul « peuple », maître du territoire.

Ainsi, dès sa genèse, parce que l'hexagone est comme un *impluvium* qui recueille toutes les « averses » de peuples, l'âme de ce qui sera la France est ouverte. Les peuples venus d'ailleurs l'irriguent.

C'est leur présence sur le sol hexagonal, et non leur sang, qui détermine leur appartenance et bientôt leur identité, quelle qu'ait été celle de leurs origines.

Dès ces premiers siècles historiques, ce qui concerne l'hexagone touche le reste de l'Europe et toute la Méditerranée. Le bassin danubien et, au-delà, la Grèce et ses colonies d'Asie sont aux sources de ce peuplement hexagonal.

Et les Celtes ne se contentent pas de se répandre dans l'hexagone ; ils envahissent le nord de la péninsule Italique.

Ils ont le coq pour emblème et deviennent, pour les Romains, *Galli*, Gaulois, du nom de ce coq, *gallus*.

En 385 avant Jésus-Christ, ces Gaulois sont sous les murs de Rome et menacent le Capitole.

Quand ils se replient, battus par les Romains, ils s'installent dans la plaine du Pô, où l'un de leurs peuples, les Boii, fonde Bononia, Bologne.

Et cette région padane qu'ils marquent de manière indélébile – n'y a-t-il pas une *Ligue du Nord* dans l'Italie d'aujourd'hui, et les dialectes de l'Émilie ne recèlent-ils pas des mots « gaulois » ? – devient, pour les Romains, la *Gaule Cisalpine*, la première Gaule, antérieure à l'hexagonale, la « nôtre », qui ne surgira que peu à peu, trouvant son identité gauloise dans la perception de sa différence d'avec les Grecs, les Romains, les Germains.

Les Gaulois de cette *Gaule Transalpine* – ainsi nommée par les Romains – s'hellénisent au contact des Grecs des cités de la côte méditerranéenne. Le commerce unit ce Sud au Nord. Des amphores remplies de vin sont transportées sur le Rhône, la Saône, la Seine, le Rhin. D'autres marchandises – armes, tissus, poteries – franchissent les cols des Alpes.

Ainsi, en même temps que surgissent l'identité gauloise et l'âme de la Gaule, se constitue l'Occident.

Cette période de l'âge du fer est donc décisive.

La première séquence, la période dite de Hallstatt – du nom d'un village proche de Salzbourg –, jusqu'aux années 400 avant Jésus-Christ, puis la seconde, la période de la Tène – du nom d'un village proche de Neuchâtel –, jusqu'aux années 150 avant Jésus-Christ, voient se mettre en mouvement cette dialectique de l'unité et de la division de l'Europe qui sera à l'œuvre tout au long de l'histoire de ce continent.

Les peuples et les régions se séparent et s'unissent. Le réseau des routes commerciales les rapproche, unifie peu à peu leurs mœurs.

À Vix, dans la Côte-d'Or, au pied du mont Lassois qui commande et verrouille la vallée de la Seine, la tombe d'une princesse, morte autour de sa trentième année vers l'an 500 avant Jésus-Christ, contient un immense cratère grec (1,65 mètre de haut, plus de 200 kilos). Les bijoux de cette jeune femme permettent de mesurer l'éclat de cette civilisation celtique – on dira bientôt gauloise – ouverte aux influences grecques, qui marque une étape de plus dans la construction de l'âme de la France.

Plus au sud, dans la Drôme, le village du Pègue révèle lui aussi l'influence grecque : un champ d'urnes, un ensemble de fortifications.

La civilisation celtique s'enracine ainsi en maints lieux de l'hexagone.

À Entremont, non loin d'Aix-en-Provence, on identifie un ensemble fortifié construit vers 450 avant Jésus-Christ.

Des villes : Bibracte, près d'Autun, sur le mont Beuvray, Gergovie, proche de Clermont, Alésia, dans la Côte-d'Or, témoignent du déploiement de cette âme « gauloise ».

Un président de la République, à la fin du XXe siècle, a même songé, un temps, à se faire inhumer sur le mont Beuvray. Il avait même acquis à cette fin une parcelle de terre, voulant par là s'insérer au plus profond de notre histoire, peut-être se l'approprier.

Vitalité toujours renouvelée de nos origines légendaires…

En tous ces lieux on découvre la créativité gauloise. Ils inventent le tonneau et le savon. Ils sont charrons, forgerons, charpentiers. Ils construisent des chars à deux ou quatre roues. Ils les placent parfois auprès de leurs chefs décédés, dans les tombes princières qu'ils bâtissent pour les honorer.

Ce sont des guerriers valeureux, aux armes puissantes : glaive court, hache. Ils sont bons cavaliers et chargent, casqués. Impitoyables, ils pendent à leur ceinture les têtes de leurs adversaires vaincus.

Les Romains se méfient de ce peuple gaulois qu'ils contrôlent en Gaule Cisalpine, mais qui reste tumultueux en Gaule Transalpine.

Ils veulent l'isoler de cette mer Méditerranée où se croisent et s'articulent les relations entre toutes les provinces de leur république : cette *Mare Nostrum* qui ne saurait être menacée par les Gaulois.

Alors ils font la conquête du littoral méditerranéen, y créent des villes, dont Narbonne. La province qu'ils y instituent, qui portera le nom de Narbonnaise, tient les Gaulois éloignés de la mer.

Ainsi s'ébauche à partir de cette province la surveillance – qui conduit à la domination – par les Romains de la Gaule Transalpine. Ils y interviennent, nouant des alliances avec tel ou tel des peuples gaulois, Éduens, Arvernes, Séquanes, Rèmes, Lingons. Ils jouent habilement des rivalités entre eux tous.

Dès l'origine, ce peuple gaulois qui s'unifie porte donc en lui, par sa diversité même, des ferments de division. L'âme de la France peut toujours se fissurer, et une partie d'elle-même être attirée par la rupture, la séparation, l'alliance avec l'étranger.

Et les Romains, adossés à la Narbonnaise, de définir ainsi trois Gaules : l'Aquitaine, la Celtique, la Belgique.

Ils creusent de cette manière, sur le territoire de la Gaule, des sillons, presque des frontières, qui ne s'effaceront plus.

Dans chacune de ces Gaules, les cités sont autant de lueurs qui continuent de briller depuis ces débuts de l'histoire.

Avaricum (Bourges), Cenabum (Orléans), Autricum (Chartres), Vesontio (Besançon), Lutetia (Paris), Adenatunum (Langres), Burdigala (Bordeaux), Segodunum (Rodez), Mediolanum (Saintes), Lemonum (Poitiers), Samarobriva (Amiens), Rotomagus (Rouen), Arras, Beauvais, Reims (créées respectivement par les peuples des Arelates, des Bellovaci, des Rèmes) : nommer ces cités, c'est parcourir toute l'histoire de France jusqu'à l'avènement du XXIe siècle.

C'est découvrir, au cœur des villes d'aujourd'hui, des vestiges qui sont les racines de notre présent.

Ces cités et ces lieux constituent une sorte d'archipel dont la plupart des « îles » – ces villes – se perpétuent au milieu d'un grand remuement de peuples.

Les Parisii et les Séquanes quittent alors le bassin de la Seine sous la poussée des Belges, et gagnent les uns le Yorkshire, les autres la Franche-Comté.

Les Romains s'emploient à refouler les Germains, dont ils craignent l'alliance avec les Gaulois. Et en 102-101 avant Jésus-Christ, le consul Marius bat les Teutons à Aix-en-Provence, et les Cimbres à Verceil, en Gaule Cisalpine.

Ainsi se créent des séparations, des oppositions, qui vont perdurer.

La Gaule qui a rassemblé et amalgamé les peuples est aussi le lieu de leur émiettement, une source qui se déverse dans les régions voisines.

Elle est, comme sa géographie la détermine, un condensé d'Europe, le territoire où toute l'histoire du continent se noue.

Et sur ce grand berceau hexagonal où vagissent les âmes des futures nations rivales et proches s'étend l'ombre de l'aigle romaine.

4

Quand les légions de Jules César avancent en Gaule, précédées de leurs aigles aux ailes déployées, l'histoire se mêle à la légende.

Et c'est en s'appuyant sur les *Commentaires* de César vainqueur qu'on peut se représenter comment se construit alors l'âme de la France.

On voit – on imagine – Vercingétorix, le jeune chef des Arvernes, peuple d'Auvergne, diriger et incarner durant dix mois la résistance à la plus grande armée du monde. Avant d'être battu à Alésia et de mourir étranglé dans une prison souterraine de Rome – le Tullianum – après le triomphe de César, le Gaulois aura réussi à rassembler autour de lui la plupart des peuples de la Gaule, une armée de cent mille hommes, et à infliger au général romain une défaite sous les murs de Gergovie.

Les lieux de ces affrontements entre les légions de César et les guerriers gaulois se sont inscrits dans la longue histoire française.

C'est ainsi qu'une âme nationale palpite au souvenir qu'à Cenabum (Orléans) débuta la première rébellion gauloise contre Rome, qu'elle subit une défaite à Avaricum (Bourges), puis l'emporta à Gergovie (près de Clermont), avant d'être terrassée à Alésia/Alise-Sainte-Reine, sur le mont Auxois.

Cette résistance, magnifiée par les historiens, les romantiques du XIXe siècle, devient ainsi l'un des ressorts de l'âme de la France. Et le combattant gaulois apparaît comme l'ancêtre du citoyen républicain. Vercingétorix et ses guerriers préfigurent les soldats de l'an II, les francs-tireurs de 1870 et ceux de 1944. Ils les inspirent. Un peuple résiste à l'envahisseur. Vaincu, il jette ses armes aux pieds du conquérant dans un dernier geste de défi.

Vingt siècles plus tard, Astérix vengera Vercingétorix...

La légende est une potion magique.

Mais, ses vertus évanouies, il reste la réalité, l'histoire. Celle-ci contribue à faire comprendre comment se constituent une âme collective, une nation, dès le temps de César, dans les années 1960-1950 d'avant notre ère.

Au début, avant que les légions de César n'entrent en Gaule, cette terre est divisée en cent peuples souvent rivaux.

Mais entre eux existe la communauté d'une civilisation celtique avec sa langue, ses dieux, ses prêtres – les druides –, ses rites souvent cruels.

On sacrifie aux dieux – Ésus, Teutatès, Taranis, Lug – des hommes (on retrouvera les vertèbres brisées révélant des meurtres rituels).

Les druides et une « aristocratie » dominent ces peuples.

Le sanglier plus que le coq pourrait leur tenir lieu d'emblème.

Mais cette civilisation commune ne peut effacer les divisions. Les Éduens (établis entre la Loire et la Saône, autour de Bibracte), les Lingons (région de Langres), les Rèmes (région de Reims), sont les alliés de Rome.

Cette division des Gaulois est le levier dont se sert Jules César pour intervenir en Gaule, empêcher les tentatives d'unité entre les Éduens, les Séquanes (Seine), les Helvètes.

Alors que s'ébauche la préhistoire de ce qui deviendra la France, on mesure que l'incapacité à s'unir est comme une maladie génétique de ce territoire, lieu d'accueil de peuples différents, tentés de jouer chacun leur partie.

César exploite cette pathologie.

Il soutient ses alliés. Il protège les Éduens contre les Suèves (des Germains). Il refoule et massacre les Helvètes. Il écrase la révolte des Belges en 57. Il sépare ces peuples et fait du Rhin la frontière entre Gaulois et Germains, entre la Gaule et la Germanie.

César trace là une ligne de fracture décisive qui rejouera tout au long de l'histoire, estompée à certaines périodes, puis à nouveau creusée, un fossé de part et d'autre duquel les peuples devenus ennemis s'observent avant de s'entretuer.

Et tandis qu'il se contente de cantonner les Germains dans les forêts de la rive droite du Rhin, il opprime les peuples gaulois.

Les violences, les atrocités que leur infligent les légions romaines suscitent la rébellion.

Les peuples divisés se rassemblent autour de Vercingétorix. Après plus de cinq ans d'un impitoyable protectorat romain, la résistance s'enflamme et les dix mois de lutte qui suivent forgent la nation gauloise.

C'est dans la lutte et la résistance qu'un peuple se donne une âme.

La légende s'empare alors du dernier carré de combattants gaulois : ceux d'Uxellodunum (dans le Quercy), qui résistent jusqu'en 51 aux légions de César, et qui, afin que tous les peuples de Gaule sachent à quel point les Romains sont implacables, auront les mains tranchées ou les yeux crevés – leur mutilation paraissant à leurs vainqueurs plus exemplaire qu'une mise à mort, plus effrayante qu'un simple égorgement.

Mais le sang répandu, les violences subies, les martyres endurés, ne sont jamais oubliés.

Ils irriguent la longue mémoire d'un lieu, d'un territoire. Et les peuples qui, des siècles plus tard, y demeurent, redécouvrent ces origines englouties, rivières souterraines qui disparaissent durant de longs parcours, puis soudain refont surface.

Et l'âme s'y abreuve, découvrant ces dix mois de résistance, ce chef gaulois, Vercingétorix, qui devient un héros emblématique.

L'âme prend aussi conscience que c'est en Gaule que s'est joué le sort de l'histoire de l'Occident – l'histoire mondiale d'alors.

César, vainqueur de cette guerre des Gaules qu'il a voulue, provoquée, pour rentrer dans Rome en triomphateur, a transformé la République. L'Empire romain va naître comme ultime conséquence de son initiative.

Mais c'est en Gaule qu'il aura trouvé la force de franchir – en 49 – le Rubicon, cet acte qui va changer la face du monde connu.

Comment mieux dire l'importance décisive de ce coin de terre entre les mers, où l'Europe se rassemble ?

5

Morte était la Gaule celtique, étranglée par la poigne romaine comme l'avait été Vercingétorix dans le Tullianum, à Rome, après six années de captivité au fond de cette prison en forme de fosse.

Mais les peuples renaissent quand ils disposent d'un territoire tel que la Gaule, carrefour entre le Nord et le Sud, lieu de passage et de rencontre.

Celui qui s'installe dans l'hexagone dispose de ce trésor – la situation géographique – qui peut ne pas être utilisé, mais qui, dès lors qu'on le découvre, donne à qui en dispose un atout maître.

Et sur le corps vaincu et blessé de la Gaule celtique surgit ainsi une Gaule latine, pièce maîtresse de l'Empire romain.

César le veut, lui qui a fixé les limites de ce qui constitue son point d'appui pour régner à Rome.

Et ses successeurs, dont certains naîtront dans ce pays gallo-romain – Claude, à Lyon, qui régnera sur l'Empire de 41 à 54 ; Antonin, à Nîmes, qui sera empereur de 138 à 161 –, veilleront sur ces trois Gaules, l'Aquitaine, la Celtique, la Belgique, les défendant contre les incursions barbares, germaniques, élevant un *limes* sur le Rhin.

Quand, à partir du IIIe siècle de notre ère, les Alamans et les Francs, des Germains, s'avanceront, les empereurs tenteront de les repousser, divisant la Gaule en deux circonscriptions administratives, l'une (au nord de la Loire et du cours supérieur du Rhône) ayant Trèves pour capitale, et l'autre, au sud, avec Vienne.

Pour trois siècles la Gaule romaine échappera aux invasions germaniques et restera unifiée.

C'est le latin, devenu la langue de ce nouveau pays, qui y structure l'âme des peuples.

On découvre ainsi que l'hexagone est un creuset assimilateur. La civilisation romaine envahit tout l'espace, conserve les lieux de culte des dieux gaulois pour y célébrer les siens propres.

Ceux qui refusent la collaboration et l'assimilation quittent la Gaule pour les îles Britanniques ou bien pour les forêts de Germanie.

Ceux des Gaulois qui ne sont pas réduits en esclavage, qui n'ont pas été mutilés, qui n'ont pas eu les yeux crevés, les mains tranchées par leurs vainqueurs, acceptent cette nouvelle civilisation, accueillante dès lors qu'on collabore avec elle, qu'on reconnaît ses dieux, son empereur, qu'on sert dans son armée – c'est ce que fait l'aristocratie gauloise.

Les Gaulois deviennent citoyens de Rome ; ils se mêlent aux vétérans romains qui fondent des colonies d'abord en Narbonnaise, puis, plus au nord, le long de la vallée du Rhône.

La paix romaine s'appuie sur ces villes nouvelles : Béziers, Valence, Vienne, Nîmes, Orange, Arles, Fréjus, Glanum – près de Saint-Rémy-de-Provence –, Cemelanum – près de Nice. On élève des trophées à La Turbie, à Saint-Bertrand-de-Comminges, pour célébrer la pacification, la victoire sur des résistances locales.

On écrase des révoltes – celle de Vindex en 68 –, des mutineries dans l'armée du Rhin en 70 de notre ère.

Mais plus jamais la Gaule tout entière ne s'embrase. Elle est désormais romaine.

Les repères que retient notre mémoire, qui balisent l'âme de la France, sont désormais des constructions romaines.

Les voies pavées se ramifient, l'une conduisant du sud (Arelate, Arles) au nord-est (Augusta Treveronum, Trèves), et l'autre d'est en ouest, les deux se croisant à Lugdunum (Lyon).

C'est la ville de l'empereur Claude, la capitale des Gaules. Un môle dans l'histoire nationale.

Ici les trois Gaules – Aquitaine, Celtique, Belgique – envoient chaque année les délégués de leurs soixante peuples pour débattre au sein d'une assemblée fédérale qui se réunit le 1er août. Là, au confluent du Rhône et de la Saône, on célèbre le culte de Rome et de l'empereur, on affirme l'unité de la Gaule romaine et sa fidélité à l'Empire.

Lugdunum devient l'un de ces lieux emblématiques qui renaissent à chaque période de l'histoire. Elle doit son nom au dieu gaulois Lug, voit s'élever un autel pour célébrer l'empereur, et c'est dans l'amphithéâtre de la ville que sont torturés les martyrs chrétiens – sainte Blandine –, en 177, sous le règne de l'empereur philosophe Marc Aurèle.

Et c'est Lugdunum qui deviendra ultérieurement le siège du primat des Gaules, capitale du christianisme comme elle avait été capitale de la Gaule romaine.

Mais Lugdunum n'est que le centre d'une constellation de villes, d'un maillage urbain qui sert de trame à l'histoire de la nation et d'armature à son âme.

Pas une de ces villes romaines (presque toutes nos villes d'aujourd'hui se sont élevées sur un premier noyau romain qui lui-même a souvent germé sur une cité gauloise) qui n'ait laissé une trace monumentale : vestiges de thermes ou d'amphithéâtres, d'aqueducs, de demeures – Maison carrée de Nîmes, pont du Gard, théâtres d'Arles, de Nîmes, d'Orange, arènes de Lutèce, thermes de Vaison-la-Romaine...

Toute une civilisation romaine s'épanouit et les campagnes se peuplent de *villae*, les clairières s'étendent, l'agriculture et l'arboriculture se répandent. Le vignoble progresse jusqu'au Rhin.

Qui se rappelle que tel temple de Janus, près d'Autun, a été construit sur un lieu de culte des dieux gaulois ? Et que l'oppidum de Bibracte – sur le mont Beuvray –, d'origine gauloise, est lui aussi devenu lieu de culte romain ?

Mais ce passé s'estompe, s'enfouit, même si on en retrouvera un jour la trace et qu'il rejaillira.

Après Alésia et la reddition de Vercingétorix, la Gaule est devenue romaine sans réticence ni remords. Son âme se construit autour des valeurs et des mœurs romaines. La bière a cédé la place au vin.

Quand on s'insurge – à partir de la fin du IIIe siècle –, c'est contre telle ou telle mesure jugée trop rigoureuse ou trop coûteuse (les impôts). Mais ces paysans révoltés, les bagaudes, ne visent pas à construire une autre unité politique.

Rome est l'horizon de tous.

Seuls les chrétiens refusent, malgré les tortures et le martyre – ainsi ceux qui ont pour théâtre Lugdunum –, de célébrer le culte de l'empereur et de Rome.

Mais les peuples barbares qui se pressent contre le *limes* rhénan rêvent, eux, de submerger la civilisation romaine. Et c'est le creuset gaulois qui, au début du ve siècle, paraît, autant que l'Italie, le représenter.

Ils vont déferler, couvrir l'hexagone de leurs peuples, et, au contact d'une terre déjà imprégnée d'« âme », s'y transformer.

2

LA SÈVE ET LA TAILLE

des invasions barbares à 1328

6

C'est le temps des barbares, et rien ne peut arrêter leur déferlement.

Ils franchissent le Rhin et les Alpes. Ils débarquent sur les côtes. Ils viennent du fin fond de l'Europe. D'autres barbares derrière eux les poussent en avant. C'est une grande migration de peuples qui s'enfoncent dans la Gaule, la traversent ou bien s'y installent, la défendent contre ceux qui arrivent après eux.

Cette terre hexagonale fécondée depuis des millénaires par les peuples divers qui, tous, y ont laissé leurs traces, leurs morts, donne ainsi naissance à une autre civilisation.

Avec ses cent cités, ses dix-sept provinces, ses deux diocèses, la Gaule gallo-romaine s'efface. Elle est démantelée comme ses monuments qui deviennent des carrières, dont on arrache les blocs de pierre pour bâtir demeures, murs d'enceinte, bientôt châteaux forts et églises.

Et ainsi, tout au long de cinq siècles obscurs – de l'an 400 à l'an mil –, les vestiges de Rome nourrissent et inspirent ce qui naît sur ce territoire qui n'est plus la Gaule, mais la France. Elle porte désormais le nom d'un peuple germanique, installé sur le Rhin inférieur et qui, depuis des décennies, est déjà en contact avec les Gallo-Romains.

Ces Francs sont devenus soldats. Ils commandent des légions. Peu à peu, ils cessent d'être des mercenaires pour devenir les maîtres de ces régions situées au-delà de l'Escaut et du Rhin.

D'autres peuples pénètrent à leur tour cette Gaule dont les villes, le sol fertile – ces grands champs de céréales –, le climat tempéré, les voies romaines, les *villae* campées au centre de vastes exploitations agricoles, les attirent. Tout est butin dans ce pays où il fait bon vivre.

Les tribus germaniques – Vandales, Suèves, Burgondes, Alamans, Goths, Wisigoths, Alains – se ruent année après année sur l'hexagone, y taillent leur territoire, sont refoulées par d'autres.

Les Wisigoths venus des Balkans sont installés dans le Sud-Ouest ; ils y fondent les royaumes de Toulouse et de Bordeaux, puis sont repoussés dans le nord de l'Espagne.

Les Burgondes dominent la région comprise entre Lyon et Genève.

Les Alamans prennent possession des régions situées de part et d'autre du Rhin supérieur.

Ainsi se dessinent des divisions nouvelles : un Nord et un Sud de l'hexagone, où une langue « romane » peu à peu se répand, et un Est – sur le Rhin inférieur – où s'enracine un parler germanique : frontières géographiques et linguistiques, sillons creusés profond et que le temps n'effacera pas.

Dans le même temps s'affirme la puissance d'assimilation de ce territoire. L'humus humain y est si épais et si riche, les paysages et le climat y sont si accueillants, qu'il suffit d'être sur ce sol pour y prendre racine, vouloir le défendre contre d'autres peuples venus de Pannonie (Hongrie) ou de plus loin encore.

Ce sont les Huns. Ils chevauchent, pillent. Contre eux s'allient, sous le commandement d'un dernier chef de l'armée romaine (Aetius), Francs, Burgondes, Wisigoths, pour résister aux hordes d'Attila. Celles-ci seront vaincues sur la Marne (entre Châlons et Troyes, sans doute) en 451, à la bataille des champs Catalauniques.

Victoire symbolique en une région qui sera, tout au long de l'histoire, une zone de confrontation.

Victoire lourde de sens : les barbares ligués pour combattre les Huns, les repousser, cessent, par ce simple fait, d'être des barbares. Ils ont choisi de se fixer sur ce sol, de s'allier pour le défendre.

Plus significatif encore : Burgondes et Wisigoths sont chrétiens, même s'ils sont hérétiques, adeptes de l'arianisme, qui récuse la divinité du Christ.

À Paris, cette ville vers laquelle se dirigeait Attila, c'est Geneviève, une aristocrate gallo-romaine, catholique, qui a rassuré la population, prédit la défaite des Huns, incarné cette civilisation nouvelle issue de l'Empire romain, voué au Christ depuis l'empereur Constantin (330).

Restent les Francs qui sont encore païens mais qui, en combattant les Huns, en créant leur royaume entre Rhin et Seine, sont pris par cette terre qui les conquiert autant qu'ils croient la posséder.

Car peu à peu, en deux siècles – des années 300 aux années 500 –, la Gaule romaine s'est, comme l'Empire, mais plus que la plupart des autres provinces, christianisée. Un tournant majeur de l'histoire s'est ainsi accompli. L'empreinte la plus profonde a été creusée dans l'âme des peuples qui vivent et vivront sur ce sol.

Vers l'an 500 – le 25 décembre 496 ? –, le chef franc Clovis reçoit le baptême à Reims. Le païen devient chrétien. Il renonce, comme le lui demande l'évêque Remi, à ses amulettes, il courbe la tête. Et, avec lui, ses guerriers, son peuple, s'agenouillent et reconnaissent la foi dans le Christ. Clovis devient ainsi le premier souverain issu d'un peuple barbare à choisir le catholicisme, à ne pas être l'un de ces chrétiens hérétiques comme sont les Wisigoths et les Burgondes.

Il y gagne l'appui de l'Église.

Or celle-ci détient la mémoire de Rome, la langue et les fastes de l'Empire. Les évêques sont issus depuis deux siècles de l'aristocratie romaine, et quand le dernier empereur, Romulus Augustule, disparaît, en 476, et que sombre ainsi l'empire d'Occident, la Gaule résiste encore dix années. L'Église et ses évêques maintiennent parmi les barbares la foi nouvelle et le souvenir de l'Empire.

Clovis et les Francs s'enracinent ainsi sur une terre où, dès 314, un concile a réuni en Arles douze évêques venus de toutes les cités de Gaule.

Où, à la fin du IVe siècle, un ancien soldat romain né en Pannonie, Martin, a créé un premier diocèse et commencé à évangéliser les paysans. Premier évêque élu par les fidèles, « barbare » et non issu de l'aristocratie gallo-romaine, il incarne une foi charitable – il a partagé son manteau avec un pauvre –, simple et populaire.

Les pèlerins accourent pour le rencontrer. Sulpice Sévère, un aristocrate et lettré gallo-romain, écrit sa biographie, dresse la liste de ses miracles. Ce livre se répand dans tout l'Occident, jusqu'en Égypte et en Grèce. La basilique de Tours, où repose Martin, devient le cœur de ce catholicisme qui gagne toute l'ancienne Gaule, laquelle fait figure de foyer chrétien de l'Europe. Des monastères sont fondés : ceux de l'île de Lérins (dans la baie de Cannes) et de Saint-Victor (à Marseille). Arles et Lyon – la ville qui connut les premiers martyrs chrétiens en 177 – sont des villes d'où la foi rayonne.

En se convertissant et en entraînant son peuple dans sa foi, Clovis s'appuie sur cette chrétienté déjà présente, et la renforce.

Lui qui a vaincu les Alamans – à Tolbiac, en 496, et sa conversion constitue peut-être une manière de remerciement à Dieu pour cette victoire – s'ouvre, à la bataille de Vouillé, près de Poitiers, la route de Bordeaux et de Toulouse. Il bat les Wisigoths hérétiques. Il annexe les pays situés entre la Loire et les Pyrénées. Il assemble ainsi – même s'il ne contrôle pas la côte méditerranéenne – un « royaume » dont les contours annoncent ceux de la France. Et il n'est pas jusqu'à la frontière de l'Est, tenue par les Alamans parlant le germanique, qui ne préfigure les limites françaises.

Mais Clovis ne fixe pas de frontières, celles-ci ayant été déjà esquissées par César.

Abandonnant Soissons, il choisit le futur centre national du pouvoir lorsqu'il fait de Paris – ville romaine d'importance moyenne, comparée à Lyon, Arles, Vienne, Trèves – sa capitale.

Déjà, en 502, il a choisi l'emplacement d'un mausolée sur l'une des collines de la rive gauche de la Seine, en face des îles.

Le palais du roi est situé dans la ville que domine ce sanctuaire.

Les choix sont donc clairs et dessinent un trait majeur de l'âme française : les liens tissés entre le roi et l'Église, entre monarchie et catholicisme.

Mais l'évêque Remi l'a rappelé au jeune catéchumène qu'était Clovis : les deux pouvoirs, celui de l'Église et celui du roi, restent séparés.

Si la France devient la « fille aînée de l'Église », le roi, pourtant baptisé et sacré, n'est pas confondu avec un homme d'Église.

Le roi prie. Les prêtres prient pour le roi. Mais celui-ci n'est pas l'égal d'un dieu.

Détentrice de l'héritage de Rome, l'Église ne confond pas pour autant pouvoir politique et pouvoir religieux. Elle refuse d'idolâtrer le roi comme l'était l'empereur.

Cependant, en juillet 511, c'est le souverain Clovis qui convoque à Orléans les évêques de son royaume.

Dans cette ville qui fut la première à se rebeller contre César et dont le nom va résonner tout au long de l'histoire nationale, Clovis définit les relations entre le roi et les évêques, les églises et les monastères.

Le roi des Francs veut que « son » Église échappe à l'influence de Rome et que « ses évêques » lui obéissent.

Ainsi s'annonce la singularité des rapports entre la France et Rome. Clovis est déjà un « gallican ».

La Gaule romaine et chrétienne a donc assimilé les barbares francs. Dans toute l'Europe occidentale, à ce titre, ce royaume franc catholique constitue une exception en ce début du VIe siècle.

Près d'un millénaire et demi plus tard – en 1965 –, de Gaulle, devenu président de la République, confiait : « Pour moi, l'histoire de France commence avec Clovis, choisi comme roi de France par la tribu des Francs qui donnèrent leur nom à la France... Mon pays est un pays chrétien, et je commence à compter l'histoire de France à partir d'un roi chrétien qui porte le nom de Franc. »

Écho lointain de la conversion d'un chef barbare qui lança sa hache à deux tranchants pour déterminer le lieu où s'élèveraient, sur la colline parisienne, son mausolée et celui de sainte Geneviève.

7

En ce début du VIe siècle, dans le royaume franc dont Paris est la capitale, le peuple prie.

Il s'agenouille devant les reliques de sainte Geneviève et le tombeau de Clovis.

Il communie à Tours devant le mausolée de saint Martin. Il participe à la messe dans ces églises qui s'élèvent ici et là, en des lieux où depuis toujours on célébrait le culte des dieux païens, qu'un seul Seigneur désormais remplace.

Parmi ce peuple des croyants, cette cohue de pèlerins qui donnent à leurs fils le nom de Martin, on ne sait plus distinguer ceux qui sont d'origine germanique de ceux issus de ces villes et de ces villages gallo-romains.

L'Église est un immense baptistère qui rassemble et unit, préside à la naissance de cet enfant encore vagissant et fragile : le peuple français.

Il est présenté sur les fonts baptismaux par la tradition romaine dont le catholicisme est l'héritier et dont l'Église conserve la richesse. C'est en latin qu'on prie.

Mais il a aussi un parrain germanique, homme libre portant les armes, se plaçant au service d'une aristocratie franque qui fusionne elle aussi avec l'aristocratie gallo-romaine. Et c'est la religion, la foi, le baptême, qui rendent possible et sanctifient cette union.

Il y a d'un côté la loi germanique – la loi salique – qui fixe les amendes à payer pour chaque délit commis et précise les conditions des successions, dont la femme peut être exclue. De l'autre, il y a les commandements catholiques qui imposent eux aussi le respect de règles, de principes.

Le royaume franc fait ainsi le lien – incarne la rencontre et l'union – entre le monde germanique et l'héritage antique. Et la conversion de Clovis, l'église vouée à sainte Geneviève, le mausolée au cœur de Paris, affirment ce rôle décisif de la terre « française » entre les deux versants majeurs de la civilisation européenne telle qu'elle commence à apparaître.

Mais les reliques d'une sainte et le tombeau d'un roi, les prières d'un peuple, ne suffisent pas à maintenir l'unité du royaume franc.

À la mort de Clovis, le partage entre ses fils crée quatre royaumes avec à leur tête un *Rex Francorum*. Ils ont chacun une ville emblème pour capitale : Paris avec Childebert, Reims avec Thierry, Orléans avec Clodomir, Soissons avec Clotaire.

Une logique d'affrontement, exprimant le désir de réunir ce qui vient d'être partagé, se met inéluctablement en branle. En 561, après un demi-siècle de luttes, Clotaire aura reconstitué l'unité du royaume.

Mais, autour du royaume franc, au sud et au nord, d'autres royaumes se sont constitués : la Septimanie (la région de Montpellier) wisigothe, la Provence des Ostrogoths, le royaume burgonde.

En même temps, l'aller et retour entre fragmentation et réunification se prolonge, trace de nouvelles frontières, et surgissent de nouveaux chefs : Mérovée, Dagobert. L'Austrasie (entre Rhin, Meuse,

Escaut : la Lorraine, la Champagne, l'Alsace avec Metz) côtoie la Neustrie (Paris et Soissons). Et, s'associant à l'un ou à l'autre au fil des rivalités et des guerres qui les opposent, subsistent le royaume de Bourgogne et celui d'Aquitaine.

En 632, le roi Dagobert fait à son profit l'unité des différentes royautés.

Ces conflits, ces retrouvailles, ces séparations, révèlent la tendance forte et contradictoire à l'émiettement de la terre hexagonale, qu'elle soit celtique, gauloise, romaine ou franque.

Durant ces siècles, c'est un incessant va-et-vient entre éclatement et cohésion, les forces qui séparent et celles qui soudent.

Mais, face à cet avenir à chaque fois incertain, le pouvoir royal, malgré l'appui que lui porte l'Église, s'affaiblit. L'aristocratie, les comtes, les maires du palais, s'en emparent.

Dès le VIIe siècle, la famille de Pépin de Landen, maire du palais d'Austrasie au temps de Dagobert (qui règne de 629 à 639), s'impose.

Au début du VIIIe siècle, l'un de ses descendants, Pépin de Herstal (il meurt en 714), devient le chef de fait de toute la monarchie franque.

C'en est fini des descendants de l'aïeul de Clovis, Mérovée, les Mérovingiens.

8

Pour que le royaume franc recouvre l'unité et donc la force qu'il avait acquise en sa prime jeunesse, au temps de Clovis, à l'orée du VIe siècle, il ne suffit pas qu'une dynastie succède à une autre et que les descendants de Pépin de Herstal écartent définitivement les Mérovingiens.

Il faut que chacun des nouveaux maîtres du pouvoir fasse la preuve de sa capacité à maintenir la cohésion de son royaume et à le défendre. S'il y réussit, alors il bénéficiera de l'appui de l'Église et du peuple des croyants.

On enfouira le souvenir des Mérovingiens dans le mépris et la réprobation, et l'âme du peuple se convaincra qu'il y a pour ce royaume – peut-être parce que les hommes et les femmes qui l'habitent, qui en labourent et en sèment le sol, sont chrétiens – une attention particulière de la Providence qui l'arrache aux abîmes pour le faire renaître.

C'est ce sentiment que les croyants éprouvent et que l'Église et ses évêques confortent quand Charles Martel – fils bâtard de Pépin de Herstal – repousse, le 17 octobre 732, sur la voie romaine reliant Poitiers à Tours – la ville de saint Martin –, les Arabes et les Berbères musulmans qui, depuis près d'une décennie, avaient commencé, à partir de l'Espagne, à lancer des razzias sur les villes de Septimanie et d'Aquitaine, s'emparant et pillant Nîmes et Carcassonne, mettant le siège devant Toulouse, saccageant Autun et Sens, Lyon, Mâcon, Beaune, toute la Bourgogne, lançant des raids dans le Rouergue, l'Aveyron, menaçant Avignon.

La victoire de Charles Martel en 732 est donc loin d'être un épisode secondaire.

Le royaume franc ne sera pas conquis, islamisé par ces guerriers qui, rassemblés à Pampelune, ont répondu à l'appel à la guerre sainte lancé par le gouverneur d'Al-Andalus, nom donné à l'Espagne occupée.

Mais, pour être un coup d'arrêt, cette victoire ne met pas fin à la menace.

La poussée musulmane conduit le duc de Provence – Mauronte – à traiter avec l'adversaire afin de partager avec les Sarrasins la domination de la vallée du Rhône. Le duc de Provence ouvre aux musulmans les portes de Saint-Remy, d'Arles et surtout d'Avignon.

On mesure là cette tentation de la séparation, de la trahison, du choix de l'« étranger », fût-il un infidèle, pour échapper à la tutelle du pouvoir central.

Périsse le royaume pourvu que je règne en maître sur ma province ! Tous les moyens sont alors bons pour y parvenir.

Mais, en 734, à la tête de l'armée franque, Charles Martel vient mettre le siège sous les murs d'Avignon, bientôt conquise, et les Arabes sont passés au fil de l'épée avec leurs alliés. La ville est pillée et incendiée.

Bientôt, après quarante années de lutte, la présence musulmane, à l'exception de quelques lieux sur la côte méditerranéenne, est chassée de la terre franque.

Et Charles Martel est inhumé en 741, à Saint-Denis, parmi les rois.

Il reste dans le légendaire français comme celui qui a préservé la terre chrétienne – et « nationale ».

Il est le vrai fondateur de la dynastie carolingienne.

Après le règne de son fils Pépin le Bref (751 à 768), c'est le fils aîné de ce dernier, Charlemagne, qui va régner, de 768 à 814.

Une autre histoire alors commence.

D'abord se confirme le rôle majeur que joue cette terre franque dans la civilisation chrétienne.

Les armées de Charles Martel ont refoulé les infidèles. Charlemagne et son frère Carloman ont été sacrés à Saint-Denis par le pape Étienne II.

Le premier est empereur en 800.

Ainsi, la tradition romaine donne sa forme à la nouvelle « race » royale issue du monde germanique. Le fils de Charlemagne, Louis le Pieux, sera lui aussi sacré. La royauté est désormais de droit divin.

L'empereur est entouré de conseillers issus de l'Église : Alcuin et Éginhard.

Ce sont eux, les lettrés, qui renouent avec la tradition antique des études et assurent ainsi la perpétuation du savoir. Les évêques sont les relais du pouvoir impérial.

Le royaume franc est certes étendu vers l'est, et Aix-la-Chapelle en devient la capitale au lieu de Paris, mais c'est tout l'ancien territoire hexagonal, la Gaule gallo-romaine, qui bénéficie de cet ordre impérial et de l'action des *missi dominici*.

Une « administration » se met en place. Les hommes doivent prêter serment de fidélité à la personne de l'empereur.

Avec Charlemagne s'incarne ce lien particulier qui unira l'ouest et l'est de la civilisation franque.

Il y a un peuple français et un peuple germanique, mais, au-delà de leurs parlers, de leurs antagonismes, s'exprime cette lointaine origine commune, cette union carolingienne. Charlemagne est inhumé en 814 dans la chapelle palatine, à Aix.

Cet empire de traditions romaine et franque est fort. Il peut surmonter les défaites face aux Basques alliés des musulmans – à Roncevaux en 778 –, consolider la frontière sud en Aquitaine contre les incursions musulmanes, envoyer aussi une ambassade au calife de Bagdad, Haroun al-Rachid (802), recevoir l'ambassadeur du calife en 807, obtenir pour les Francs le droit de garder les Lieux saints.

À ce moment se noue pour des siècles le lien singulier et contradictoire qui unit le monde musulman et ce peuple franc. Il résiste, refoule l'avancée musulmane, mais, dans le même temps, il obtient du calife cette reconnaissance symbolique qu'est la concession de la garde des Lieux saints.

C'est aussi cette présence en Palestine qui vaudra à la royauté « franque » son rôle majeur dans les croisades.

Bien des aspects fondamentaux de l'âme française, du légendaire dans lequel elle puise, naissent ainsi au cours de cette période carolingienne qui peu à peu se dégrade.

Dès le VIIIe siècle, il lui faut faire face aux incursions normandes sur toutes les côtes de l'ancienne Gaule.

À la mort de Louis le Pieux, en 840, l'empire se divise. Du serment de Strasbourg et du traité de Verdun (842-843) – en langues romane et germanique – naissent trois États dont les frontières vont rejouer sans fin durant plus de onze siècles !

L'un des fils, Louis, obtient tout ce qui se trouve au-delà du Rhin et en outre, sur la rive occidentale du fleuve, Mayence, Worms et Spire. Le royaume de Lothaire – le deuxième fils – comprend le territoire situé entre Rhin et Escaut jusqu'à la Meuse, et sa frontière occidentale longe le cours de la Saône et du Rhône jusqu'à la mer. Tout le reste revient à Charles le Chauve.

Empire partagé, royaumes affaiblis.

Comment résister à ces envahisseurs normands qui remontent la Seine jusqu'à Paris, massacrent les évêques de Chartres, de Bourges, de Beauvais, de Noyon, longent les côtes jusqu'au delta du Rhône, pillent Arles, Nîmes, Valence ?

Les paysans s'arment ou fuient, échappant ainsi souvent à la condition d'esclaves, et c'est en hommes libres qu'ils s'établissent sur d'autres terres.

Pendant que ces incursions normandes atteignent le cœur des royaumes francs, leurs rois s'entre-déchirent dans l'espoir de reconstituer à leur profit l'unité impériale perdue.

Quête vaine, épuisement d'une dynastie dans des guerres fratricides, qui tente en vain de réunir ce qu'on peut commencer d'appeler la France et l'Allemagne.

C'est l'Église qui va choisir de soutenir une nouvelle dynastie.

L'Église est d'autant plus puissante que les ordres monastiques se sont développés – l'abbaye bénédictine de Cluny est fondée en 920.

L'Église réussit au Xe siècle à imposer le respect d'une « trêve » puis d'une « paix de Dieu ». Elle entend rétablir l'ordre public en protégeant les églises, les clercs désarmés, les marchands et le bétail, sous peine d'excommunication par les évêques. Des « assemblées de paix » se tiennent à l'initiative et sous l'autorité de ceux-ci. Le poids de l'Église devient ainsi déterminant.

Quand l'archevêque de Reims, Adalbéron, choisit de soutenir Hugues Capet – héritier de Hugues le Grand –, duc des Francs, contre le dernier des Carolingiens, la balance penche en faveur de ce nouveau souverain.

Hugues Capet renonce à la Lotharingie, qui restera sous l'influence allemande. Il choisit de régner sur la partie occidentale de l'ancien empire de Charlemagne, cette *Francia* qui devient alors la France.

Ainsi commence, avec le règne d'Hugues Capet (987-996), la dynastie capétienne.

Elle est déjà l'héritière d'une longue histoire qui a façonné un territoire et son âme.

9

C'est le temps des rois de France, et c'est aussi l'an mil.

Le sacre confère aux souverains capétiens le pouvoir de faire des miracles.

Rois thaumaturges, ils sont les représentants du Christ sur la terre, les vicaires de Dieu en notre monde.

Rois-prêtres, ils ont accès au surnaturel.

Le sacre a fait d'eux des « oints du Seigneur ». Ils font sacrer leur héritier, l'aîné de leurs fils. Attenter à leur pouvoir, les menacer, les agresser, est naturellement un acte sacrilège qui se paie de la vie.

Ils sont rois de droit divin, participent à la liturgie et deviennent ainsi des hommes au-dessus des autres hommes.

Ils protègent les hommes d'Église, tous les lieux de culte : les premières cathédrales qui surgissent à Orléans, Chartres, Nevers, Auxerre, ainsi que les monastères. Et ils condamnent au bûcher les hérétiques.

Ce roi qui, le jour de son sacre, guérit en touchant les écrouelles, qui accomplit des miracles, répète les gestes de Jésus.

Il lave les pieds des pauvres assemblés autour de lui durant la semaine sainte. Il distribue du pain, des légumes, un denier. Et il peut même, tel le Christ, rendre la vue à un aveugle.

Ainsi, l'âme française s'imprègne du respect qu'elle doit à ces monarques au pouvoir surnaturel.

Elle est d'autant plus marquée par ce caractère de représentant du Christ que la peur est au cœur de ce XIe siècle durant lequel se succèdent Robert II le Pieux (996-1031), Henri Ier (1031-1060) et Philippe Ier (1060-1108).

Les chroniqueurs, les prédicateurs, les devins, annoncent la fin des temps.

Car qui pourrait réfuter, en cette millième année depuis la Passion du Seigneur, la prophétie de l'Apocalypse : « Mille ans écoulés, Satan sera relâché de sa prison et s'en viendra séduire les nations des quatre coins de la terre. »

Cette certitude fait de chaque événement un signe.

L'éclipse donne au soleil la couleur du saphir. Les hommes, se regardant les uns les autres, se voient pâles comme des morts. Les choses semblent toutes baignées d'une vapeur couleur safran. Une stupeur et une épouvante jamais vues s'emparent alors du cœur des hommes.

Comment ne se tourneraient-ils pas vers ce roi de la *Francia*, comment ne s'agenouilleraient-ils pas devant lui ? Ne tient-il pas son pouvoir de Dieu, et ne représente-t-il pas le Christ ici-bas ?

Ainsi s'amorce le mouvement qui pousse vers le souverain les habitants du royaume que tenaillent la peur, la misère, la famine, l'insécurité, la terreur devant l'apocalypse.

On saisit à l'origine ce lien particulier – religieux – qui va, siècle après siècle, unir les sujets du royaume de France à l'« oint du Seigneur ».

Le roi n'a de comptes à rendre qu'à Dieu, mais sa mission est de protéger ceux qui sont rassemblés autour de lui. S'il rompt ce lien avec Dieu – et avec l'Église, qui, elle aussi, représente Dieu en ce bas monde –, alors les régicides se lèvent pour le punir d'avoir failli à sa fonction.

Mais le meurtre du roi blesse le peuple. Il faut qu'un autre souverain renoue le lien avec le « surnaturel ».

« Le roi est mort, vive le roi ! »

Et quand la monarchie est rejetée par les représentants de toute la nation (ainsi, en 1793, avec le verdict condamnant à mort Louis XVI), un vide se crée, qu'il faut combler : Empire et Restauration d'abord, puis exaltation de la République protectrice.

L'État hérite de la divinité du roi.

Mais la force du roi de France est d'abord religieuse, intimement liée à sa personne. Et si fort est son caractère surnaturel, si personnel le lien entre lui et Dieu, entre lui et le peuple, que l'excommunication – dont Robert et Philippe sont un temps frappés pour avoir rompu des liens conjugaux – ne parvient pas à effacer l'aura surhumaine que le sacre leur a attribuée.

En outre, le royaume de France est devenu, après le temps des incertitudes, un territoire aux frontières plus précises, au centre bien identifié. C'est bien au cœur de la France que le roi réside.

Quand ses chevauchées ne le conduisent pas d'un bout à l'autre du royaume – il doit se montrer à son peuple, à ses vassaux –, il demeure à Orléans, à Étampes, à Chartres, dans cette Beauce couverte de blés, à Paris. Les grands fleuves – la Loire, la Seine, la Marne, l'Oise, la Meuse – sont les nervures de ce territoire dont Paris devient la ville la plus active.

Le roi est ainsi à même de protéger les reliques de saint Martin à Tours, celles de sainte Geneviève, le tombeau de Clovis à Paris et celui de Dagobert à Saint-Denis.

Il est sacré à Reims, où, avant d'être le pape de l'an mil, l'évêque Gerbert d'Aurillac crée des écoles. Non loin se trouvent Troyes et ses foires, où les marchands venus d'Italie et du Nord se rencontrent. Là, le rabbin Rashi (Salomon Ben Isaac, 1040-1105) rédige ses commentaires sur la Bible et le Talmud, que les moines savants consultent, méditent et contestent.

La France trouve ainsi son assise. Elle est le grand royaume de l'Ouest, et c'est la Meuse qui lui sert de frontière avec l'Empire teutonique.

Les deux souverains – le roi Robert II le Pieux et l'empereur Henri – se rencontrent au bord de ce fleuve en 1023, à Ivois.

L'empereur est reçu sur la rive « française », le roi, sur la rive « germanique ». On s'embrasse. On célèbre la messe. On échange des cadeaux.

« Ils resserrent ainsi les liens de leur fraternité, et chacun regagne ses terres. »

Les deux identités se renforcent mutuellement.

À la périphérie du royaume de France s'affirment des entités régionales : duché de Bourgogne, duché d'Aquitaine, marquisats de Toulouse, de Provence, duché de Lorraine, duché de Normandie d'où le duc Guillaume appareillera avec une flotte et 7 000 combattants pour se lancer à la conquête de l'Angleterre (1066, bataille d'Hastings).

Dès ce XIe siècle, le royaume de France apparaît donc bien comme la clé de voûte d'une civilisation européenne qui, désormais, ne connaît plus ces grandes ruées « barbares » qui l'ont transformée au fil des siècles. Les peuples se sont enracinés.

Il y a certes encore des incursions scandinaves, ou, au sud, des razzias musulmanes (Narbonne est attaquée par les Sarrasins en 1020), mais l'heure est à l'éclosion d'une société féodale qui va structurer l'âme française.

Le roi de France est le suzerain de vassaux qui disposent à leur tour d'hommes liges.

Des châteaux, le plus souvent en bois, surgissent. « Un blanc manteau d'églises neuves » couvre le royaume. Des divisions sociales nouvelles se font jour : « Les uns prient, les autres combattent, les autres travaillent », écrit en 1030 Adalbéron, évêque de Laon.

Dans le royaume où l'espace inoccupé apparaît immense, les « pauvres » – paysans, manants – sont unis par la misère et le travail, la famine et l'absence de droits.

L'égalité entre eux s'établit, la distinction ancienne qui séparait l'esclave de l'homme libre disparaît peu à peu : c'est le « peuple ».

Au-dessus, le deuxième ordre est celui des hommes de guerre, les chevaliers, dont la monture et les armes constituent les biens les plus précieux.

Ils servent le seigneur féodal, qui les adoube.

Enfin il y a le premier ordre, celui des hommes d'Église. Certains d'entre eux choisissent de vivre retirés dans les monastères (La Chartreuse est créé en 1084) et suivent des règles strictes.

La prière et l'étude sont leur quotidien. Apparaît ainsi une génération intellectuelle séparée du peuple et des hommes de guerre, mais inculquant à ces deux ordres le sens de leur vie et régnant par là sur les âmes.

Ce sont les « hommes d'Église » qui veulent établir la « paix de Dieu », empêcher que les hommes de guerre ne se combattent. Ce sont eux qui organisent les grands pèlerinages : à Rome pour prier sur le tombeau de saint Pierre, à Compostelle pour rendre grâce à saint Jacques, à Jérusalem pour retrouver les pas du Christ.

Mais, en 1009, le Saint-Sépulcre aurait été profané par les hommes du calife du Caire. Et c'est une souffrance pour la chrétienté, en ce millième anniversaire de la Passion du Seigneur. Une preuve décisive de la présence et de l'action de Satan. Pour le combattre et le vaincre, il faut que les chrétiens cessent de s'entretuer, « car c'est répandre sans aucun doute le sang du Christ ».

On peut expulser les juifs, brûler les hérétiques, mais la trêve et la paix de Dieu doivent s'imposer aux chevaliers chrétiens ainsi qu'aux pauvres enfants de Dieu. Il ne doit y avoir de guerre que sainte.

Ainsi, peu à peu, l'âme française se constitue, acquiert une identité forte.

Il faut, dans le royaume, autour du roi et de ses vassaux, que règne la paix. Que la violence soit dirigée exclusivement contre les ennemis de Dieu.

En 1095, à Clermont, le moine clunisien Eudes de Châtillon, devenu le pape Urbain II, préside un concile de paix pour toute la chrétienté.

Les hommes de guerre, les princes et les chevaliers doivent veiller à la faire respecter. Et à protéger les chrétiens qui désirent se rendre à Jérusalem, au Saint-Sépulcre profané par les infidèles.

Il faut « délivrer » Jérusalem.

Le légat du pape, Adhémar de Monteil, évêque du Puy, va diriger cette « croisade » dont le projet s'impose peu à peu. Ainsi va se déverser sur la terre du Christ le trop-plein de chevaliers et d'hommes de guerre qui commencent à troubler la paix de Dieu en terre chrétienne.

Un religieux, Pierre l'Ermite, va prêcher les pauvres, les laïques qui ne sont pas gens de guerre, pour qu'ils se joignent au comte de Flandre, au duc de Normandie, au duc de Basse-Lotharingie, Godefroi de Bouillon, qui partent avec leurs chevaliers.

La croisade est l'affaire de toute la chrétienté. Ainsi, parmi les princes, chevauche Hugues de Vermandois, frère de Philippe Ier, roi de France.

L'âme française et son royaume sont inséparables, dès le XIe siècle, des destinées de l'ensemble de la chrétienté.

10

L'an mil et les inquiétudes du XIe siècle s'éloignent. Quand ce siècle s'achève, qui se souvient encore des prophéties de l'Apocalypse ?

Durant les règnes de Louis VI (1108-1137) et de son fils Louis VII (1137-1180), le royaume de France s'épanouit.

Le XIIe siècle est, pour la France, comme une adolescence vigoureuse, quand s'affermissent les traits du visage et ceux du caractère, annonçant la personnalité et l'âme de l'âge adulte.

L'essor de Paris, qui devient capitale de fait, symbolise ce développement d'un royaume dont le nombre des habitants s'accroît.

Ils défrichent. Les clairières, les cultures, s'étendent au détriment des forêts.

Ils se déplacent le long des routes des grands pèlerinages. La moitié des chevaliers du royaume partent en croisade en Terre sainte (Jérusalem a été conquise en 1099) ou en Espagne. Les marchands vont d'une foire à l'autre. Celles de Champagne (Troyes, Bar-sur-Aube) et de Brie sont fréquentées par des Italiens, des Flamands, des Catalans.

Même si ces centres d'échanges et ces voies commerciales sont situés aux marges orientales du royaume de France, celui-ci ne reste pas à l'écart, car Paris est devenue la ville unique qui attire marchands, visiteurs, « étudiants » de tout le royaume et du reste de l'Europe.

« Elle est assise au sein d'un vallon délicieux, au centre d'une couronne de coteaux qu'enrichissent à l'envi Cérès et Bacchus, écrit Gui de Bazoches. La Seine, ce fleuve superbe qui vient de l'Orient, y coule à pleins bords et entoure de ses deux bras une île qui est la tête, le cœur, la moelle de la ville entière. Deux faubourgs s'étendent à droite et à gauche, dont le moins grand ferait encore l'envie de bien des cités. Chacun de ces faubourgs communique avec l'île par deux ponts de pierre. Le Grand Pont, tourné au nord [...], est le théâtre d'une activité bouillonnante, d'innombrables bateaux l'entourent, remplis de marchandises et de richesses. Le Petit Pont appartient aux dialecticiens qui s'y promènent en discutant. Dans l'île, à côté du palais des Rois qui domine toute la ville, on voit le palais de la Philosophie où l'étude règne seule en souveraine, citadelle de lumière et d'immortalité. »

Entouré de forêts giboyeuses – pour le plaisir des rois et des chevaliers –, Paris acquiert ainsi une prépondérance absolue sur tout le royaume.

La ville de sainte Geneviève et de Clovis, voisine de l'abbaye de Saint-Denis, où l'abbé Suger fait construire une basilique imposante, verra bientôt se dresser le chœur de la cathédrale Notre-Dame (1163), puis sa nef (1180). Les « écoles » s'y multiplient.

Le maître Pierre Abélard s'installe sur la rive gauche, sur la montagne Sainte-Geneviève, donnant ainsi naissance à un « Quartier latin » qui est l'un des visages de la ville. Il est le premier « professeur », celui qui veut concilier foi et raison : « N'emploie jamais la contrainte pour amener ton prochain à la croyance qui est la tienne, dit-il. C'est par ses lumières seules que l'esprit humain doit se déterminer. En vain essaieras-tu d'obtenir violemment une adhésion mensongère ; la foi ne vient pas de la force mais de la raison. »

Un débat s'engage : contre Paris, contre la raison, pour la « Sainte Ignorance », la mystique, la prière, la contemplation.

Bernard de Clairvaux – saint Bernard, fondateur de l'abbaye de Clairvaux, âme de l'ordre cistercien qui sème dans tout le royaume et en Europe les « filles » de l'abbaye mère, et qui « fait » les papes –, exhorte professeurs et étudiants : « Fuyez du milieu de Babylone, fuyez et sauvez vos âmes ! » Il faut s'enfermer dans la solitude des monastères : « Vivre dans la grâce pour le présent, et attendre avec confiance l'avenir. » « Tu trouveras plus dans les forêts que dans les livres. Les bois et les pierres t'apprendront plus que n'importe quel maître. »

Cette « dispute » – c'est saint Bernard qui l'emportera ; Abélard, condamné, sera contraint de se retirer dans une dépendance de l'abbaye de Cluny – fait de Paris le centre intellectuel non seulement du royaume de France, mais de l'ensemble de l'Europe chrétienne. Dès ce XIIe siècle, Paris est bien cette cité de lumière et d'immortalité qu'elle demeurera au fil du temps.

Mais, en fait, c'est tout le royaume de France qui devient le lieu où s'élaborent les idées, les controverses, les tendances, les formes qui vont ensuite se répandre d'un bout à l'autre de l'Europe chrétienne.

La France est un creuset. Elle concentre, elle transmute, elle invente, elle diffuse, elle rayonne.

Les abbayes cisterciennes essaiment à partir de Cîteaux et de Clairvaux dans toute l'Europe.

« Regardez les arbres de la forêt, dit saint Bernard. Notre ordre cistercien est comme le plus puissant d'entre eux. Il y a le tronc, c'est notre abbaye de Cîteaux, et quatre branches maîtresses, les premières filles : Morimond, La Ferté, Pontigny, Clairvaux. Chacune d'elles, dont Clairvaux la plus puissante, a donné à son tour naissance à d'autres. L'ordre est comme un arbre qui se ramifie ; de chaque branche surgit un nouveau rameau et toutes montent, verticales, vers le ciel. »

C'est saint Bernard qui, au concile de Troyes, en 1129, rédige les règles des Templiers, ces chevaliers chargés de la défense des pèlerins en Terre sainte.

Ils sont des moines-soldats qui ne craignent ni de pécher en tuant des ennemis, ni de se trouver en danger d'être tués eux-mêmes. C'est pour le Christ, en effet, qu'ils donnent la mort ou qu'ils la reçoivent ; ils ne commettent ainsi aucun crime et méritent une gloire surabondante. S'ils tuent, c'est pour le Christ ; s'ils meurent, le Christ est en eux.

C'est saint Bernard encore qui, en Aquitaine, tente d'empêcher que se développe l'hérésie cathare qui voit des chrétiens rechercher la « perfection », entrer en contact direct – sans l'intermédiaire de l'Église – avec le Christ. Ils conçoivent la vie comme une lutte implacable entre le Bien et le Mal. Eux veulent être des « Parfaits ».

Ainsi, c'est sur la terre du royaume de France que naissent aussi bien les orientations majeures de l'Église que les hérésies.

Et c'est encore saint Bernard qui prêche la croisade à Vézelay en 1146 : « « Dieu le veut, et son souverain pontife sur cette terre nous le commande : emparons-nous pour toujours du Saint-Sépulcre ! »

Le pape Eugène III a été moine cistercien, et le roi Louis VII rejoint les croisés, laissant la régence du royaume à l'abbé de Saint-Denis, Suger.

Le royaume de France est bien le lieu d'où partent, en ce XIIe siècle, les impulsions qui orientent le destin de la chrétienté.

Le royaume a été le berceau de l'art cistercien aux fortes colonnes, aux voûtes puissantes, à l'austérité de la pierre nue, et chaque abbaye en Europe se modèle sur celles de Sénanque ou du Thoronet.

Et, de même, c'est en Île-de-France, à Sens (1140), à Chartres (1145-1155), à Senlis (1155), à Noyon (1151), à Laon (1155-1160), à Paris (1163-1180), que les cathédrales « gothiques », avec leurs croisées d'ogives, leurs vitraux, leurs nefs inondées de lumière, lancent leurs flèches verticales vers le ciel.

Le XIIe siècle voit ainsi l'âme française être l'une des sources prééminentes de l'Europe.

C'est l'abbé de Cluny, Pierre le Vénérable, qui réunit autour de lui des chrétiens espagnols qui ont vécu sous la domination musulmane. En ces temps de croisade, il veut entreprendre la traduction du Coran.

« Qu'on donne, écrit-il, à l'erreur mahométane le nom honteux d'hérésie ou celui, infâme, de paganisme. Il faut agir contre elle, c'est-à-dire écrire. »

Il ajoute : « Pour que la fidélité de la traduction soit entière et qu'aucune erreur ne vienne fausser la plénitude de notre compréhension, aux traducteurs chrétiens j'en ai adjoint un, sarrasin. »

Le royaume de France est ainsi à l'avant-garde : c'est sur son sol que la raison et la connaissance sont au travail et que l'âme française se nourrit de cette ouverture aux autres, afin de comprendre ce « qui a permis à ce poison mortel d'infester plus de la moitié du globe ».

Au XIIe siècle, le royaume de France est celui du mouvement, du débat intellectuel, du changement. Ce climat modifie les habitudes, les comportements.

La femme, oubliée du monde féodal du XIe siècle, est redécouverte en même temps que se répand le culte de Notre Dame, de sainte Madeleine.

C'est dans le sud de la France, en Guyenne, en Gascogne, qu'on commence à la chanter, à dresser pour elle les autels de l'amour courtois qu'exaltent les troubadours.

La reine Aliénor d'Aquitaine, un temps épouse de Louis VII (de 1137 à 1152), encourage cette évolution, en même temps que son remariage avec Henri Plantagenêt – qui est à la tête d'un domaine angevin et roi d'Angleterre – représente une menace pour le royaume de France.

Sur ses flancs ouest et sud, la présence « anglaise » obscurcit l'avenir.

Mais Louis VII, tout en proclamant la « paix du roi » pour dix ans dans tout le royaume (1155), ne cède rien aux Plantagenêts.

C'est que s'est lentement affirmé un « amour de la France » comme germe du patriotisme, comme l'un des traits majeurs de l'âme du royaume.

À la fin du XIe siècle, un clerc d'Avranches a composé la première chanson de geste, 4 002 vers dans une langue qui se dégage du latin à la façon dont se brise la coquille d'un œuf.

En vers de dix pieds, le clerc raconte l'histoire du neveu de Charlemagne qui commandait l'arrière-garde de l'empereur et qui tombe, le 15 août 778, dans une embuscade tendue par les Basques – alliés des Sarrasins – à Roncevaux.

Cette *Chanson de Roland* évoque le chevalier blessé qui se soucie de ne pas laisser son glaive entre des mains ennemies.

Puisse jamais ne t'avoir un homme capable de couardise
Dieu, ne permettez pas que la France ait cette honte !

Et le poète d'ajouter :

Il vaut mieux mourir
À honneur qu'à honte vivre [...]
Que jamais de France ne sorte
La gloire qui s'y est arrêtée.

Et le « comte Roland, étendu sous un pin, la face tournée vers l'Espagne, sent que la mort l'envahit : de la tête elle gagne le cœur... Il se met à se ressouvenir de bien des choses, de toutes les terres qu'il a conquises, de la douce France »...

Le royaume de France n'est plus seulement le domaine personnel des Capétiens.

Il est la « douce France », qui appartient à tous ceux, chevaliers, clercs, poètes, manants, qui la peuplent et qui l'aiment.

Tous font vivre et se partagent l'âme de cette « douce France ».

11

Le roi Philippe Auguste, qui hérite à la mort de son père Louis VII de la « douce France », et qui va régner d'un siècle à l'autre (1180-1223), quarante-trois ans, ne veut plus se nommer « roi des Francs », comme c'était encore l'usage pour les premiers Capétiens.

Il est le « roi de France ».

Et ce changement de titulature dit son ambition, la conscience qu'il a de n'être plus seulement le suzerain de grands vassaux, le maître d'un domaine royal, mais celui de tout un peuple qui commence à faire « nation ».

Le chanoine de Saint-Martin de Tours qui brosse son portrait écrit : « Beau et bien bâti, chauve, d'un visage respirant la joie de vivre, le teint rubicond, il aimait le vin et la bonne chère, et il était porté sur les femmes. Généreux envers ses amis, il convoitait les biens des adversaires et il était très expert dans l'art de l'intrigue... Il réprimait la malignité des Grands du royaume et provoquait leurs discordes, mais il ne mit jamais à mort nul qui fût en prison. Recourant au conseil des humbles, il n'éprouvait de haine pour personne, sinon un court moment, et il se montra le dompteur des superbes, le défenseur de l'Église et le nourrisseur des pauvres. »

Sur le socle construit par ses prédécesseurs, il bâtit un État. Et tout au long de son règne prolongé par celui de son fils Louis VIII (1223-1226), avec l'aide de ses baillis, de ses prévôts, de ses sénéchaux, il agglomère autour du domaine royal de nouveaux territoires. Il domine les grands vassaux de la Flandre, de la Champagne, de la Bourgogne. Au mitan du XIIIe siècle, le royaume aura atteint la Manche, l'Atlantique et la Méditerranée.

C'est la France, et le pape Innocent III reconnaît qu'aucune autre autorité temporelle en ce monde n'est supérieure à celle de son roi.

Ainsi, en ces cinquante années qui terminent le XIIe siècle et commencent le XIIIe, la France s'est-elle imposée comme la grande puissance continentale.

Elle est riche d'hommes, chevaliers, marchands, paysans. Elle a les fleuves et les routes pour le transport des marchandises qui vont et viennent du sud au nord. Le roi lève les impôts, et, quand il le juge bon, il pressure, menace, expulse, rouvre ses portes aux Juifs, manieurs et prêteurs d'argent. C'est le commandeur de l'ordre du Temple, Aimard, qui gère la trésorerie du roi. Les Templiers, présents en Terre sainte et dans toute l'Europe, assurent les transferts de fonds. On tient des comptes précis. On dispose d'archives. Une administration se met ainsi en place à Paris.

C'est la plus grande ville d'Occident (50 000 habitants). Philippe Auguste la protège par une enceinte fortifiée. Deux grandes voies pavées – Saint-Martin et Saint-Denis – la parcourent sur la rive droite de la Seine. La rue Saint-Jacques, reprenant le tracé de la voie romaine, gravit sur la rive gauche la montage Sainte-Geneviève. La ville s'étend. Les vignes reculent. L'Université conquiert des privilèges (1215), un statut qui, entre le pape et le roi, lui assurent son indépendance.

Paris révèle la puissance du roi. Dans la tour du Louvre, on enferme les trésors et les prisonniers. Dans le donjon du Temple, on entasse les coffres emplis d'argent. Qui douterait que le souverain qui dispose d'une telle capitale ne soit le plus grand ? Il peut acheter des alliés, corrompre des adversaires, garder sur pied une armée de deux à trois mille hommes, noyau autour duquel s'agrègent, en cas de besoin, des mercenaires, des routiers, des soudards, des « cotteraux » qui ne sont plus des chevaliers, mais des hommes d'armes aguerris, sergents et arbalétriers montés, fantassins.

Ainsi se constitue un pouvoir d'État disposant d'une administration, avec ses hommes et ses rouages, d'une « diplomatie », d'une force militaire capable de briser les résistances que peut rencontrer le roi de France dans ses désirs de conquête.

Le pape lui-même est contraint de composer avec ce souverain.

Quand il prononce en 1198 l'interdit du royaume pour punir Philippe Auguste d'avoir voulu répudier son épouse, cette sanction, qui prive tout un peuple des sacrements, est de peu d'effet. Le pape doit négocier, lever l'interdit (1200).

La puissance capétienne peut ainsi se déployer, et le royaume de France, se dilater jusqu'aux rives des mers qui bordent l'Hexagone.

C'est une longue entreprise où les alliances, les guerres, les trêves, les mariages, s'entremêlent.

L'avancée capétienne se fait en direction de la Flandre, au nord.

Elle vise le Languedoc et le comté de Toulouse au sud, là où, malgré les prêches des Cisterciens et des

Dominicains – ordre créé en 1215 –, l'hérésie cathare s'est enracinée.

À l'ouest (de la Normandie à la Guyenne, de la Seine à la Loire et à la Garonne), le roi de France se heurte au roi d'Angleterre Henri II Plantagenêt et à ses fils Richard et Jean.

À l'est, il lui faut se mesurer à l'empire germanique d'Otton IV.

C'est encore et toujours la situation géopolitique de la France qui suscite les convoitises de l'Angleterre et de l'Allemagne, parce qu'elle est un môle qui peut empêcher la domination ou de l'Anglais ou du Germain.

L'âme de la France se forge dans ces confrontations qui, pacifiques ou guerrières, naissent de la situation géographique et des intérêts contradictoires qu'elle génère. Dans ces quatre directions – nord, ouest, est, sud –, en un demi-siècle, le roi de France l'emporte.

L'Artois, le Valois, le Vermandois, l'Amiénois, sont acquis par le mariage avec Isabelle de Hainaut, qui descend en ligne directe des Carolingiens.

Et le Capétien peut ainsi se présenter en héritier de l'empereur Charlemagne.

À l'ouest, il faut briser la puissance anglo-angevine et aquitaine, lutter contre Richard Cœur de Lion et Jean sans Terre. La mort de Richard en 1199 facilite la tâche. Mais la guerre – avec des intervalles de paix – dure près de vingt ans. Combats difficiles, impitoyables. Ce ne sont plus seulement des chevaliers qui s'affrontent dans une guerre « réglée », mais des « routiers », des « soudards », des « cottereaux », des mercenaires qui égorgent les prisonniers. Les forts construits par les Anglo-

Aquitains sont conquis (ainsi, en 1204, Château-Gaillard, censé protéger Rouen).

Jean sans Terre et ses troupes sont mis en fuite à La Roche-aux-Moines, le 2 juillet 1214.

La Normandie, l'Anjou et la Touraine passent aux mains du roi de France.

Année de victoire ! Au nord, vingt-cinq jours plus tard, le dimanche 27 juillet 1214, à Bouvines, les troupes de Philippe Auguste écrasent celles d'une coalition regroupant l'empereur Otton IV, Jean sans Terre et de grands féodaux.

Ce dimanche de Bouvines est le jour de l'irruption éclatante de la nation. Les chroniqueurs exaltent les « fils de France » « à la bouillante valeur » qui « n'hésitent jamais à braver toute sorte de dangers ».

En face d'eux, il y a « ces fils d'Angleterre que les plaisirs de la débauche et les dons de Bacchus attachent avec plus de charmes que les présents de Mars ». Il y a surtout les « Teutons ».

D'un côté, des combattants « issus de parents français » (« Vous, enfants de la Gaule, vous combattez toujours à cheval ! »), de l'autre, les Germains, des fantassins redoutables mais sans noblesse de cœur !

L'âme française se trempe à Bouvines en s'opposant, en construisant un mythe, en célébrant une victoire qui n'est plus seulement celle du roi, mais celle de tout un peuple : « Dans tout le royaume, on n'entend partout qu'un applaudissement ; toute condition, toute fortune, toute profession, tout sexe, tout âge chantent les mêmes rythmes d'allégresse… Les innombrables danses des gens du peuple, les chants suaves des clercs, les sanctuaires parés au-dedans comme au-dehors, les rues, les maisons, les routes, dans tous les villages et dans toutes les villes, tendues de courtines et d'étoles de soie, tapissées de fleurs, d'herbe et de feuillage vert... Ceci se passa sur la route jusqu'à ce qu'on fût arrivé à Paris. Les bourgeois parisiens et par-dessus tout la multitude des étudiants, le clergé et le peuple allaient au-devant du roi, chantant des hymnes et des cantiques... Durant toute la nuit, les cierges ne cessent de briller dans les mains de tout le monde, chassant les ténèbres, de telle sorte que la nuit, se trouvant subitement transformée en jour et resplendissant de tant d'éclats et de lumières, dit aux étoiles et à la lune : Je ne vous dois rien ! Tant le seul amour du roi portait les peuples à se livrer aux transports de leur joie dans tous les villages... »

L'âme de la France naît de cette représentation d'un peuple uni autour de son souverain, de cette fusion de tous et de cette ville capitale, Paris, qui l'exprime.

Ce mouvement magnifié – rêvé pour une bonne part – renforce le pouvoir royal.

Le roi soutient les seigneurs et les moines cisterciens qui ont conduit la croisade contre les terres et les villes opulentes du Languedoc, ces populations converties à l'hérésie cathare.

Simon de Montfort et l'abbé de Cîteaux, Amalric, organisent la conquête, massacrent et pillent (sac de Béziers en 1209).

Le roi d'Aragon, venu au secours de Raymond VI de Toulouse, son vassal, est battu à Muret (1213). Louis, le fils de Philippe Auguste, cueille ces territoires et massacre à son tour (Marmande, 1218).

Roi en 1223, il apportera au royaume de France le Poitou et la Saintonge, La Rochelle et Avignon.

Le royaume de France atteint désormais la Méditerranée.

Le Nord a conquis les peuples du Sud.

En 1244, l'hérésie cathare brûle avec Montségur.

L'âme de la France se nourrit aussi de la cruelle violence de l'État.

Le peuple de France – et d'abord celui du Sud – ne l'oubliera pas.

12

L'enfant de douze ans qui, en 1226, devient le roi Louis IX, sait que son royaume de France est, avec ses 13 millions d'habitants, le plus peuplé, le plus puissant, le plus riche, le plus influent de la chrétienté.

Il a vu son grand-père Philippe Auguste et son père Louis VIII gouverner, repousser et vaincre les Anglais et les Impériaux.

Il est entouré de leurs conseillers, de leurs évêques, de leurs chapelains, et sa mère Blanche de Castille exerce la régence avec autorité.

L'État, avec ses agents, sa monnaie, ses prévôts – le plus important est celui de Paris, qui siège au Châtelet –, a déjà sa vie propre, même quand le roi est un enfant ou bien quand, plus tard, en 1249, Louis IX partira en croisade, sera fait prisonnier et restera hors de France pendant près de cinq années.

Louis dira à ses proches, conseillers, laïques et clercs : « Gardez-vous de croire que le salut de l'Église et de l'État réside en ma personne. Vous êtes vous-mêmes l'État et l'Église ! »

Humilité d'un souverain qui veut être l'incarnation du roi chrétien idéal et qui, promulguant une Grande Ordonnance (1254), déclare :

« Du devoir de la royale puissance nous voulons moult de cœur la paix et le repos de nos sujets… et avons grande indignation encontre ceux qui injures leur font et qui ont envie de leur paix et leur tranquillité. »

Au fur et à mesure que son règne se déroule – il durera quarante-quatre ans, de 1226 à 1270, faisant de ce XIIIe siècle le siècle de Saint Louis, puisque Louis IX est canonisé en 1297 par le pape Boniface VIII –, sa grande et maigre silhouette semble s'affiner encore dans une austérité mystique, comme s'il voulait mieux exprimer l'essence de la monarchie française, chrétienne en son principe fondateur.

« Le Roi, dit Joinville, son conseiller et biographe, se maintint si dévotement que jamais plus il ne porta ni vair ni petit-gris, ni écarlate, ni étriers ou éperons dorés. Ses vêtements étaient de camelin ou de drap bleu-noir. Les fourrures de ses couvertures et de ses robes étaient de peaux de daims ou de pattes de lièvres. Il était si sobre qu'il ne choisissait jamais sa nourriture. »

Ainsi, dans l'âme française, le souverain, déjà placé au-dessus des hommes par le sacre, devient-il aussi l'homme qui doit – au-delà de la politique qu'il mène – incarner la piété, le souci de la justice et de la paix pour ses sujets.

Il n'est pas seulement respecté, vénéré ou craint. Il est aimé pour ses vertus. Il est « saint » avant même d'être canonisé.

Et quand, en 1228, le jeune roi de quatorze ans, pour éviter d'être enlevé par des grands qui veulent ainsi prendre barre sur lui, se réfugie, rentrant d'Orléans, derrière l'enceinte fortifiée de Montlhéry, les milices communales de Paris et d'Île-de-France, les chevaliers du domaine royal, le délivrent, et le peuple en cortège lui souhaite longue vie en le reconduisant dans sa capitale, Paris.

La vie exemplaire de Louis IX, l'amour de son peuple, le rayonnement de Paris, la puissance de l'État, tout concourt alors à faire du royaume de France et de son roi les acteurs majeurs de la chrétienté.

C'est dans cette source rayonnante du XIIIe siècle que s'épanouit l'âme de la France en sa singularité.

Il y a en effet une exception française qui s'affirme au XIIIe siècle.

La vigueur et l'attrait de l'université parisienne – qui compte 5 000 étudiants, et Thomas d'Aquin est l'un d'eux –, de celles de Montpellier, de Toulouse, d'Orléans, d'Angers, font de la France le centre intellectuel de la chrétienté. Chaque « nation » d'Europe fonde son collège sur la montagne Sainte-Geneviève. En 1257, le chapelain de Louis IX, Robert de Sorbon, crée un collège destiné aux clercs séculiers, boursiers. Ces étudiants veulent voir confirmer leur autonomie universitaire. Ils cessent de suivre leurs cours (1299) et obtiennent qu'un droit de grève leur soit reconnu. Le pape garantit ces droits.

Dans le royaume de France, joyau de la chrétienté, le nombre de cardinaux passe de deux à huit. Mesure de l'influence de la France, le pape Urbain IV, élu en 1261, est un Champenois, et en 1265 c'est un Provençal, conseiller de Louis IX, qui devient pape sous le nom de Clément IV.

Cependant, le souverain de France – le roi aux fleurs de lis, emblème peut-être lié au culte marial – ne s'interdit pas de résister aux pressions de la papauté.

Une fusion intime s'opère néanmoins entre l'Église et la monarchie française.

L'abbaye du Mont-Saint-Michel, le monastère de Royaumont, l'abbaye de Maubuisson et la Sainte-Chapelle – qui contient les reliques de la Passion, un morceau de la vraie croix et la couronne du Christ – témoignent de la volonté du roi – il suscite les initiatives, finance les travaux – d'élever des chefs-d'œuvre à la gloire du Christ.

Les dernières flèches des cathédrales se dressent, et le sourire de Reims, et le Bon Dieu d'Amiens, expriment dans la pierre la foi de toute une société que magnifie la piété du roi.

Celui-ci part pour la Terre sainte. Son long emprisonnement en Orient (de 1249 à 1254) exalte sa foi. Après sa libération, lors de son débarquement à Hyères, il s'entretient avec un moine cordelier qui lui dit : « Or prenne garde le roi, puisqu'il va en France, à faire si bien justice à son peuple qu'il en conserve l'amour de Dieu et que Dieu ne lui ôte pas, pour la vie, le royaume de France. »

On saisit le lien – au XIIIe siècle, c'est une spécificité française – entre la foi exigeante et les mesures que le monarque met en œuvre. Il se veut *Rex Pacificus*, signant des traités avec le roi d'Aragon Jean Ier ou le roi d'Angleterre Henri III. Il n'utilise pas la puissance du royaume pour imposer par la guerre ses solutions.

De même, ses Grandes Ordonnances veillent à ce que les pouvoirs s'exercent avec équité. Le chêne de Vincennes, au pied duquel le roi rend la justice, en est le symbole.

Il vise à une politique « vertueuse ».

Il dit dans l'ordonnance de 1254 : « Que tous nos baillis, vicomtes, prévôts, maires et tous autres, en quelque affaire que ce soit, fassent serment qu'ils feront droit à chacun sans exception de personne, aussi bien aux pauvres qu'aux riches et à l'étranger qu'à l'homme du pays ; et ils garderont les us et coutumes qui sont bons et éprouvés, [sinon] qu'ils en soient punis en leurs biens et en leurs personnes si le méfait le requiert. »

Oui, exception française, au XIIIe siècle, que cette moralisation de l'action politique !

Cette volonté est fondée sur la foi, sur le refus du péché et sur la crainte du blasphème qui habitent Louis IX.

« Vous devez savoir qu'il n'y a pas de lèpre aussi laide que d'être en péché mortel, dit-il. Je vous prie de préférer que toutes les infortunes arrivent à votre corps, lèpre ou toute autre maladie, plutôt que le péché mortel advienne à votre âme. »

Mais alors, il faut poursuivre ceux qui sont en état de péché.

D'abord les hérétiques (massacre des cathares à Montségur), et le royaume de France sera terre d'Inquisition.

On enterre vivant. On brûle (en mai 1239, dix-huit hérétiques sont voués aux flammes au Mont-Aimé, en Champagne). En 1242, dans un grand autodafé, on brûle vingt charretées de livres talmudiques.

Il faut que « tous les Juifs vivent du labeur de leurs mains ou des autres besognes qui ne comportent pas d'usure ». En 1269, on exige qu'ils portent sur leurs vêtements un signe permettant de les reconnaître. On les dénonce parce qu'ils « font circuler sous le nom de Talmud des livres emplis de blasphèmes et d'injures contre le Christ, la Vierge, les chrétiens et Dieu même ».

Certes, Lombards, Cahorsins, chrétiens qui se livrent à l'usure, sont condamnés eux-mêmes au bannissement. Mais l'antijudaïsme chrétien de Louis IX est un fait. Et il pénètre l'âme française avec d'autant plus de virulence que le roi et son royaume sont l'expression la plus achevée – et les modèles – de la chrétienté.

Louis IX est déjà le Roi Très-Chrétien quand, en 1270, il embarque une seconde fois à Aigues-Mortes – port qu'il a fait construire – pour la Terre sainte.

Il s'arrêtera à Tunis et y mourra le 25 août 1270 après avoir vu s'éteindre son fils cadet. Et c'est son aîné, Philippe III le Hardi, qui lui succédera.

Cette mort en croisé fait de lui une figure sacrée de la chrétienté, l'image pieuse de ce royaume qui a vu aussi l'épanouissement de l'art gothique, la gloire de l'université de Paris, le prestige de la langue française illustrée par un Jean de Meung – deuxième partie du *Roman de la Rose* – et les œuvres de Rutebeuf – *Renart le Bestourné.*

Quelques années avant de se croiser (en 1267), Louis IX avait voulu procéder à la réorganisation de la basilique de Saint-Denis afin qu'on pût lire dans l'agencement des tombeaux l'histoire de la dynastie du royaume de France.

Ce nouvel ordonnancement, cette réécriture de l'histoire, plaçant dans la partie sud de la nef les Mérovingiens et les Carolingiens, au nord les Capétiens, et, entre ces deux rangées, Philippe Auguste et Louis VIII, qui appartenaient aux deux lignées – ils descendaient à la fois, affirmaient les généalogistes, de Charlemagne et d'Hugues Capet –, étaient une manière d'incarner la glorieuse continuité de la royauté française.

Ces gisants conduisent à Louis IX, dont la sainteté exprime l'essence de ce royaume.

L'âme de la France en reçoit la grâce.

Louis est saint.

« Mais, dit son chroniqueur Joinville, on n'en fit pas assez quand on ne le mit pas au nombre des martyrs pour les grandes peines qu'il souffrit au pèlerinage de la Croix, et aussi parce qu'il suivit Notre Seigneur dans le haut fait de la Croix. Car si

Dieu mourut sur la Croix, il fit de même, car il était croisé quand il mourut à Tunis. »

Le roi de France n'est pas seulement saint, mais martyr.

Comment certains n'imagineraient-ils pas, après un tel apogée, que la France est promise à un destin exceptionnel, qu'elle est une nation sainte ?

« J'ai d'instinct l'impression que la Providence l'a créée pour des succès achevés ou des malheurs exemplaires », écrira de Gaulle.

13

Saint Louis, le roi martyr, le Roi Christ, aura régné quarante-quatre années. À eux tous, ses cinq successeurs – les derniers Capétiens en ligne directe – n'auront, de 1270 à 1328, gouverné le royaume de France que durant cinquante-huit ans.

Mais c'est comme si peu importait désormais la durée de chaque règne, et même la personnalité de chacun des souverains. Il y a pourtant bien des différences entre le fils de Saint Louis, Philippe III le Hardi – qui règne quinze ans : 1270-1285 –, son petit-fils Philippe IV le Bel (1285-1314 : vingt-neuf ans de règne), et les fils de ce dernier, Louis X le Hutin (1314-1316), Philippe V le Long (1316-1322) et Charles IV le Bel (1322-1328), auquel succédera Philippe de Valois.

Ce que Saint Louis a légué, c'est l'idée que la royauté française est au-dessus de tout.

« Dans toute la chrétienté, le roi de France n'a jamais d'égal », dit un chroniqueur italien.

La couronne royale transcende toutes les circonstances, toutes les personnalités. La canonisation de Louis IX a exalté le sacre qui déjà plaçait le souverain au-dessus des simples mortels.

Les rois de France sont de la lignée d'un saint.

« Grand déshonneur à ceux de son lignage qui voudront mal faire, dit Joinville, car on les montrera du doigt et on dira que le Saint Roi dont ils sont issus eût répugné à faire une telle méchanceté. »

En fait, le grand manteau bleu à fleurs de lis d'or de Saint Louis les protège.

Ils font de son corps, qu'ils fractionnent, des reliques.

En présence de Philippe le Bel, les ossements de Saint Louis sont placés en 1298 dans une châsse d'or derrière l'autel de l'abbaye de Saint-Denis. En 1306, Philippe le Bel obtiendra que la tête du Saint Roi soit transférée à la Sainte-Chapelle. Mais on laissera le menton, la mâchoire et les dents aux moines de Saint-Denis.

Puis on fragmentera le squelette pour offrir des reliques à tel ou tel souverain, à tel ou tel homme d'Église.

Une phalange du doigt de Saint Louis sera ainsi envoyée à un roi de Norvège...

Le roi de France bénéficie de l'immunité que lui confère son ascendance sainte. Mais il tire aussi son pouvoir de lui-même :

« Que veut le roi si veut la loi », disent les conseillers, les légistes qui forment autour de lui un groupe de plus en plus nombreux.

Ils sont membres des Chambres – la plus importante est la Chambre des comptes (1320) –, des Conseils.

Ils sont rassemblés dans le palais de l'île de la Cité, que Philippe le Bel agrandit et fortifie d'épais et hauts remparts.

Il fait édifier une immense salle à deux nefs enrichies par les statues des rois de France et qui est destinée aux avocats et à leurs clients.

Les services de juridiction criminelle sont installés dans les grosses tours. L'ensemble du « personnel » royal, de leurs familles et de leur domesticité représente près de 5 000 personnes, l'équivalent de la population d'une ville du royaume.

Personne – ni grands féodaux, ni étudiants ou professeurs, ni marchands ou moines prêcheurs – ne peut échapper à l'attraction de Paris, qui est la plus grande ville de la chrétienté avec – peut-être ? – 61 098 feux ou foyers fiscaux, soit plus de 200 000 personnes.

L'État centralisé, organisé, apprend à compter.

En 1328, une enquête sur l'état des feux les évalue pour tout le royaume à 2 469 987 répartis entre 23 671 paroisses, soit plus de 13 millions d'habitants.

Ainsi s'affirme l'un des traits constitutifs de l'histoire nationale : le pouvoir est centralisé à Paris.

Il enserre tout le territoire dans une « administration » dirigée de la capitale, du palais royal, où sont concentrés tous les rouages.

Le centre est le roi.

« Le roi est empereur en son royaume. » « Le roi ne tient son royaume que de son épée et de lui. » « Le roi ne tient de personne, sauf de Dieu et de lui. » Telle est la thèse des « conseillers », qui sont souvent des « gradués en droit » issus des universités de Toulouse, de Montpellier, d'Orléans et naturellement de celle de Paris.

Ces légistes sont avocats ou procureurs de la Couronne. Quelques-uns d'entre eux accéderont au Conseil du roi ou à la Chambre des comptes.

Ils annoncent une « haute administration ».

Les légistes les plus proches du roi (pour Philippe le Bel, Pierre Flotte, Guillaume de Nogaret, Enguerrand de Marigny) concentrent sur eux les accusations, les haines et le mépris dont on ne peut pas même concevoir d'accabler le roi.

Trahi êtes chacun le pense
Par vos chevaliers de cuisine...

écrit-on au souverain.

Et les barons, les féodaux qui subissent l'autorité royale s'indignent de la place tenue par ces

Petites gens parvenus
Qui sont à la cour maîtres devenus
Qui cousent, règnent et taillent
Toutes les bonnes coutumes défaillent
Justice désormais
À la cour on ne nous rend jamais
Serfs vilains avocassiers
Sont devenus empereurs.

Ces légistes, « boucs émissaires » jalousés, paient de leur vie leur pouvoir qu'une succession royale remet en cause.

En 1278, le chambellan de Saint Louis, Pierre de la Brice, est accusé et pendu au gibet de Montfaucon comme un détrousseur ou un crocheteur. Enguerrand de Marigny connaîtra le même sort en 1315.

Car l'État royal qui concentre, centralise le pouvoir, et dont le souverain n'a pas la même exigeante vertu, la même humilité que Saint Louis, peut se montrer une machine impitoyable.

Les cinq derniers rois capétiens ont d'abord poursuivi la politique d'élargissement de leur royaume.

Agenais, Poitou, Languedoc, Guyenne, Bourgogne – et la ville de Lyon – entrent dans le domaine royal.

Mais le Comtat Venaissin, avec Avignon, est « donné » au pape en vertu d'une promesse de Saint Louis.

Et au nord-cst, en Flandre, le roi de France et ses chevaliers aux « éperons dorés » sont battus à Courtrai en 1302 par les fantassins des milices des villes drapières. La Flandre industrieuse, « bourgeoise » et « marchande », résiste ainsi à l'attraction capétienne.

La France trouve là une résistance qui ne cédera pas au cours du temps. C'est un autre « monde ».

Et pourtant la « machine royale » est puissante.

Elle fait reculer le pape Boniface VIII qui voulait que tous les chrétiens, y compris le roi de France, relèvent de sa justice (1296).

En convoquant à Notre-Dame en 1302 une assemblée de plus de mille délégués – clercs et laïques –, Philippe le Bel en appelle à la fidélité monarchique qui commence à prendre les couleurs du sentiment national. Et il ne craint pas d'envoyer Guillaume de Nogaret, son légiste, tenter de s'emparer, à Agnani, de Boniface VIII, qui mourra des suites de cet « attentat » (1303).

Pour défendre ou accroître leur pouvoir, faire respecter leur souveraineté, briser les résistances, obtenir les moyens qui leur sont nécessaires, l'État, le roi, ses légistes, sont prêts à toutes les violences.

On voit s'affirmer là une raison d'État qui marque l'âme de la France et la structure.

Capable de faire plier la papauté, elle n'hésite pas à réprimer les émeutes, les insurrections populaires (à Provins, en 1280, lorsqu'on veut prolonger la durée du travail d'une heure sans augmentation), voire à manipuler la monnaie (1295) ou à créer de nouveaux impôts (la maltôte en 1290).

On confisque les biens des Juifs (1306). Pour les condamner au bûcher et les spolier, on profite des rumeurs qui les accusent d'empoisonner les puits et de se liguer avec les lépreux, à l'instigation des musulmans, aux fins d'assassiner des chrétiens.

L'État étend son empire, se ramifie. Il a besoin de ressources. Il diminue la teneur en métal fin des monnaies, lève de nouveaux impôts. Et si on dresse en 1328 un état des feux, preuve de l'efficacité administrative de l'État, c'est d'abord pour des raisons fiscales.

L'argent et le pouvoir vont de concert.

De même, quand, à partir de 1307, Philippe le Bel s'attaque à l'ordre du Temple, c'est à la fois parce que cette organisation internationale échappe à son pouvoir, et peut même s'imposer à lui, et parce qu'elle est une puissance financière.

L'ordre est supprimé en 1312.

Par la torture et au cours d'un procès, il faut obtenir les aveux des maîtres des Templiers. Mais Jacques de Molay et Geoffroy de Charnay, devant la foule rassemblée face à Notre-Dame, proclament leur innocence et la sainteté de l'ordre. Ils seront cependant livrés aux flammes le 18 mars 1314.

Procès politique organisé par un État pour qui la justice n'est qu'un instrument parmi d'autres servant à contrôler la « totalité » des activités du royaume.

La famille royale elle-même n'est pas préservée de cette violence. D'autant que – une punition, une malédiction, murmurent certains – aucun des trois fils de Philippe le Bel n'a d'héritier mâle.

Il faut donc se montrer impitoyable avec tous ceux qui, par leur comportement, peuvent mettre en cause la légitimité de la lignée royale.

Les accusées – donc les coupables – vont être les belles-filles de Philippe le Bel : elles ont commis le péché d'adultère ou en ont été témoins. Elles sont enfermées à Château-Gaillard. Leurs amants – deux jeunes chevaliers – sont châtrés et torturés à mort (1314).

Exemplarité archaïque du châtiment, violence de cet État qui mêle modernité et barbarie, religiosité et cynisme.

Le roi vénère les reliques de Saint Louis et n'a de comptes à rendre qu'à Dieu.

Vicaire du Christ, il est à l'abri de toute critique.

Son « absolutisme » croît parce que l'État qui se construit est plus efficace, donc plus redoutable.

Au moment où, en 1328, un Valois succède aux Capétiens, l'âme de la France, la tradition nationale conjuguent dès ces XIIIe et XIVe siècles la cruauté et la sainteté, tendances contradictoires et complémentaires.

3

LE ROYAUME DÉVASTÉ ET RENAISSANT

1328-1515

14

Le ciel s'obscurcit vite au-dessus du royaume de France lorsque meurt en 1314 Philippe IV le Bel.

Pourtant, la France est l'État le plus peuplé, le plus riche, le plus puissant de la chrétienté.

Aucune autorité temporelle, pas plus un autre roi que l'empereur germanique, ne peut imposer sa loi au roi de France, souverain de la fille aînée de l'Église.

Le pape lui-même n'y parvient pas.

Un Capétien est maître comme Dieu en son royaume.

Et il n'est pas une seule ville qui puisse rivaliser avec sa capitale.

Paris est la ville des étudiants et des clercs, des bourgeois, des marchands, des maîtres de métier et des théologiens.

Tous ceux qui pensent et écrivent en Europe – donc tous ceux qui prient – rêvent de séjourner quelques années à l'ombre de Notre-Dame et sur les pentes de la montagne Sainte-Geneviève, dans ce Quartier latin où l'on étudie et ripaille.

Et cependant l'orage approche, dont on entend les grondements. Aucun des trois fils de Philippe IV le Bel n'a eu de descendant mâle. Seule la fille du roi, Isabelle, a donné naissance à un fils ; mais il a été couronné roi d'Angleterre.

Cet Édouard III possède les terres immenses de Guyenne. Il est le descendant lointain de Henri Plantagenêt, l'Angevin, duc de Normandie, qui, en 1154, avait épousé Aliénor d'Aquitaine, devenant ainsi le grand vassal du roi de France, et roi d'Angleterre pouvant prétendre à la couronne à Paris.

Mais les légistes français argumentent. Ils sont déjà imprégnés de ce sentiment national qu'on a vu sourdre au XIIIe siècle. Les barons, les princes, ne veulent pas, eux non plus, être soumis à l'Anglais.

Certes, dans les vignobles, sur les quais du port de Bordeaux, là où l'on charge dans les navires les barriques à destination de l'Angleterre, on soutient la prétention d'Édouard à être aussi roi de France, puisqu'il est le fils de la fille de Philippe IV le Bel.

Les légistes contestent la valeur de cette ascendance : « Mais, écrivent-ils, si le fils d'Isabelle avait quelque droit à alléguer, il tenait ce droit de sa mère ; or, à cause de son sexe, sa mère n'avait aucun droit. Il en allait donc de même du fils. »

Le moine chroniqueur ajoute : « Les Français n'admettaient pas sans émotion l'idée d'être assujettis à l'Angleterre. »

On va donc sacrer à Reims, le 29 mai 1328, le comte de Valois, fils d'un des frères de Philippe IV le Bel. Et à sa mort, en 1350, lui succédera son fils, Jean le Bon.

La chaîne dynastique des Valois va se dérouler durant deux siècles et demi.

Mais qui peut croire qu'Édouard III acceptera, lui, roi d'Angleterre, d'être le vassal du roi de France alors qu'il se sent par le sang plus proche de Philippe le Bel que ce Valois sacré à Reims, célébré dans sa Cour, la plus brillante de la chrétienté ?

Qui peut croire qu'il ne trouvera pas d'alliés parmi ces barons et ces princes, français, certes, mais également des féodaux que le poids d'une administration royale commence à irriter ? Ils se veulent vassaux, mais non sujets.

L'un d'eux, Charles de Navarre – Charles le Mauvais –, fils d'une petite-fille de Philippe le Bel, descend directement du roi capétien. Il faudra bien compter avec lui, qui possède Normandie, Picardie, Flandre, Champagne, Lorraine !

Et puisque s'exacerbent au sommet du royaume de telles rivalités, comment ces bourgeois de Paris, ces riches marchands que le fisc royal s'évertue à pressurer, ne joueraient-ils pas leur partie, se servant de l'un ou l'autre prétendant et des querelles entre rois pour acquérir puissance et influence ?

Ainsi s'annonce le temps des conflits, d'une guerre qui peut durer cent ans.

Il suffit de quelques années pour que le beau, le grand, le saint royaume de France soit dévasté.

Nul ne saurait l'envisager quand, après le sacre de Reims, Philippe VI de Valois préside, après avoir touché les écrouelles, les réjouissances. On y dévore 82 bœufs, 85 veaux, 289 moutons, 78 porcs, 13 chevaux ; on y met en perce des centaines de tonneaux de vin.

Trois mois plus tard, en août 1328, Philippe VI rétablit l'ordre dans les Flandres, terre de l'un de ses vassaux, et au mont Cassel, guidés par le roi, les chevaliers français, à coups d'estoc et de taille, massacrent les milices piétonnes des villes flamandes toujours rétives.

Point de quartier pour ces gens du commun, ces ouvriers tisserands !

Les barons et jusqu'à Édouard III sont enchantés de ce souverain de France, chevalier courageux, fidèle à l'ordre aristocratique.

En fait, cette victoire sur les « ongles bleus » flamands, cette tuerie de gueux qui, un temps, semble recréer l'unité de la chevalerie contre les marchands, les artisans, les ouvriers, les villes, ne peut effacer les contradictions.

Les rivalités entre grands, entre monarques, sont trop fortes, et, derrière elles, se profile le conflit entre deux nations qui s'affirment : la France et l'Angleterre.

Il suffit d'une dizaine d'années (1337-1347) pour que la guerre devienne la gangrène de ce XIVe siècle. Elle le sera pour « cent ans ».

Philippe VI a voulu s'emparer de la Guyenne. Édouard évoque avec mépris un « soi-disant roi de France ». La flotte anglaise détruit la française, censée transporter les troupes pour l'invasion de l'Angleterre (bataille de L'Écluse, 24 juin 1340). À Crécy (26 août 1346), les archers anglais déciment la chevalerie française. Et le 4 août 1347, les bourgeois de Calais livrent les clés de leur ville à l'Anglais, qui s'en empare pour deux siècles.

Ainsi, un conflit aux origines dynastiques et féodales se transforme en guerre entre nations, chacune d'elles gardant la cicatrice de ces premiers affrontements qu'a suscités une naissance commune.

Le Français est le cousin de l'Anglais, et l'un et l'autre sont les plus anciens ennemis.

L'Anglais affirme sa supériorité militaire. Il détruit la flotte d'invasion – naissance d'une tradition ! Il tue méthodiquement les chevaliers français qui combattent comme autrefois et que le « soldat » anglais perce de ses flèches ou égorge au coutelas.

Face à l'Anglais, l'âme française éprouve un sentiment d'admiration et d'impuissance. Les Anglais l'emportent toujours. Après la mort de Philippe VI, en 1350, c'est son fils Jean le Bon qui est battu à Poitiers en 1356, fait prisonnier, gardé à Londres, délivré contre forte rançon. Par le traité de Brétigny-

Calais en 1360, il sera contraint d'abandonner à l'Anglais plus du tiers de son royaume avant d'aller mourir à Londres, où – noble chevalier – il est allé remplacer l'un de ses fils prisonnier, qui s'était enfui.

En dépit de la prise de possession par Philippe VI du Dauphiné (1343), de Montpellier (1349), puis de l'affirmation de la suzeraineté royale sur la Bourgogne, ce milieu du XIVe est, pour le royaume de France, un abîme où il s'enfonce.

Pour la toute jeune nation, c'est l'un de ces « malheurs exemplaires » qui blessent son âme et vont se répéter tout au long de son histoire.

Car le sol du royaume de France n'est pas seulement jonché des corps des chevaliers percés de flèches ou égorgés par les archers et les « routiers » anglais à Crécy puis à Poitiers. Les dix ans – 1346-1356 – qui séparent les deux défaites françaises voient s'amonceler les cadavres.

La peste noire a commencé de faucher en 1347-1348. Qu'elle soit bubonique ou pulmonaire, elle tue souvent un habitant sur deux, et, dans certains villages, c'est la totalité de la population qui disparaît, les corps enfouis dans des fosses communes ou entassés sur des bûchers.

Au début du XIVe siècle, la population du royaume était devenue si abondante que la disette – parfois la famine –, après des décennies de récoltes suffisantes, était réapparue.

La peste noire vide les campagnes sans faire disparaître la famine. Et les survivants tuent ceux qu'ils jugent responsables de l'épidémie.

On dit que les Juifs empoisonnent les puits et les sources. On les traque et on les brûle. Ceux qui le peuvent se réfugient à Avignon, où le pape Clément VI les protège, excommuniant ceux qui les persécutent. Mais des milliers périssent, comme si l'épidémie de peste noire réveillait une autre maladie endémique, l'antijudaïsme, comme si celui-ci était caché au plus profond d'un repli de l'âme de la France et se tenait prêt à l'infester si les circonstances s'y prêtaient, s'il fallait désigner un bouc émissaire responsable des malheurs du temps.

Dans le désarroi et la terreur provoqués par la peste noire, des milliers de chrétiens se flagellent, « batteurs » fouettant leurs corps jusqu'au sang, zébrant leurs torses et leurs cuisses en hurlant, longues processions ensanglantées parcourant des campagnes appauvries.

D'autres paysans – ces « jacques » – affamés se rebellent. Quand la jacquerie devient menaçante, on la taille en pièces – ce que fait Charles le Mauvais en 1358, massacrant plus de vingt mille jacques après avoir, par traîtrise, capturé puis décapité le chef (Guillaume Carle, en Beauvaisis) que ces paysans se sont donné.

Sur fond de peste noire – et donc de « grande peur », comme on dira en 1789 –, de disette, de jacqueries – donc de violences – se met en place une « mécanique » sociale et politique qui caractérisera souvent l'histoire nationale.

Le pouvoir royal est affaibli : le Dauphin Charles, fils de Jean le Bon, réunit les états généraux (1357).

On voit surgir des « réformateurs » parmi lesquels s'imposent le prévôt des marchands de Paris, Étienne Marcel, l'évêque de Laon, Robert le Coq, du parti de Charles de Navarre.

Cet engrenage – querelles dynastiques, jacqueries, états généraux, volonté de réforme, rôle des « bourgeois » de Paris – « invente » un assemblage qui se recomposera à maintes reprises au cours de l'histoire de France.

À Paris, une foule en armes massacre les « mauvais conseillers » du roi (22 février 1358).

Étienne Marcel pénètre dans les appartements du Dauphin et ordonne la mise à mort des « maréchaux » de Champagne et de Normandie, qui incarnent la chevalerie incapable de remporter des victoires militaires contre les Anglais et opposée aux réformes.

Le Dauphin Charles assiste au massacre de ses proches, qu'il est contraint d'approuver. Étienne Marcel le prend alors sous sa protection, le coiffant d'un chaperon rouge et bleu, couleurs de la bourgeoisie parisienne !

On pense ici à Louis XVI qui, le 20 juin 1792, face aux sans-culottes qui ont envahi le palais des Tuileries, est contraint de « boire à la santé de la nation » et de coiffer le bonnet rouge. C'est comme si les émeutiers rejouaient, quatre siècles plus tard, la scène de février 1358 !

Les peuples ont une longue et fidèle mémoire. Les souvenirs jaillissent, ressuscitent des gestes inscrits dans l'inconscient collectif comme si, au cours des temps, s'était élaborée une génétique de la nation.

Ces mécanismes politiques et psychologiques vont s'inscrire dans l'âme de la France, où s'affirme le sentiment national.

Les partisans d'Étienne Marcel se retournent contre lui – en juillet 1358 – quand le prévôt des marchands, devenu l'allié de Charles le Mauvais, sera rendu responsable de l'entrée dans Paris de troupes anglaises.

Il est assassiné à la porte Saint-Antoine après que Jean Maillart, qui a été l'un de ses soutiens, a refusé de lui remettre la clé de la porte, et a fait au contraire appel au Dauphin, qui va pouvoir rentrer dans Paris.

On mesure ici combien la question « nationale » est intriquée avec les questions de politique « intérieure ».

Charles le Mauvais, rival du Dauphin, et Étienne Marcel, le réformateur, ont recours aux Anglais. Car ceux-ci sont certes des étrangers, mais aussi issus de la même origine « française ». Dès lors, rechercher leur appui, est-ce prendre le parti de l'étranger ? On peut d'autant plus se poser la question que le système féodal – vassalité – enserre encore le royaume.

Cependant, choisir l'Anglais pour allié, c'est déjà être, aux yeux de Français de plus en plus nombreux, du « parti de la trahison ».

Et c'est cette coalition des féodaux avec l'étranger, de Charles le Mauvais avec les Anglais, qui est défaite à Cocherel, le 16 mai 1364, par le capitaine breton Bertrand Du Guesclin.

Le Dauphin Charles, dont le père Jean le Bon vient de mourir prisonnier à Londres, peut sortir de Paris et se rendre à Reims pour s'y faire sacrer avec son épouse Jeanne de Bourbon, le 19 mai 1364.

L'abîme ne s'est pas refermé sur le royaume de France et ses souverains.

15

En 1364, après l'avènement et le sacre de Charles V, le peuple espère que les souffrances, la disette, la peste noire, mais aussi ces compagnies de routiers, de soudards, de pillards, d'Anglais qui, entre deux batailles, écument le pays, vont s'éloigner.

Charles V n'est-il pas de « sainte lignée » ? Ne dit-il pas qu'il veut placer sa couronne sous la protection du « bienheureux Louis, fleur, honneur, bannière et miroir, non seulement de notre race royale, mais de tous les Français » ?

Il déclare que le roi « doit seigneurier au commun profit du peuple ». Il incarne la figure du souverain français tel qu'on le rêve, soucieux du sort de son peuple. Et donc ne le pressurant pas fiscalement, supprimant même certaines impositions – ce qui attire à lui les seigneurs gascons auxquels l'Anglais réclame des taxes. Un roi qui s'entoure d'hommes sages, légistes, professeurs, théologiens, lecteurs d'Aristote et de saint Thomas d'Aquin – Nicolas Oresme et Philippe de Mézières –, qui accumule dans une tour du Louvre plus de mille manuscrits, autant qu'en possède le pape. Et ses propagandistes écrivent, et on recopie leur *Traité du Sacre*, le *Songe du Vergier*, dans lesquels ils exaltent les caractères du monarque, mystique et divin, de la royauté française, tout en affirmant son indépendance vis-à-vis de la papauté.

Ce souverain-là ne veut conduire qu'une guerre victorieuse. Assez de Crécy et de Poitiers ! Ses chefs de guerre, Bertrand Du Guesclin et Olivier de Clisson, sont de prudents hommes d'armes, non des chevaliers téméraires et écervelés, cibles des archers anglais. Du Guesclin et Clisson conseillent de ne combattre les Anglais que s'ils sont en mauvaise posture : c'est ainsi seulement qu'on doit « prendre un ennemi ».

Et prudemment, de manière retorse, Charles V se réapproprie le Poitou, la Saintonge et l'Angoumois.

En 1380, à sa mort, l'Anglais ne possède plus qu'une bande de terre entre Bordeaux et Bayonne, et les villes de Calais, Brest et Cherbourg.

Le royaume reprend son souffle après des temps où la peste, la disette et la guerre l'étouffaient.

On peut semer et moissonner. On peut vendre son grain en échange d'une monnaie – un franc d'or – que de trop rapides changements de teneur en métal précieux ne dévaluent pas d'une saison à l'autre. Et à Paris on peut s'imaginer que l'ordre et la sécurité vont régner.

Charles V entreprend de renforcer les défenses de la ville. Une nouvelle enceinte est construite, englobant les nouveaux quartiers.

Il protège ainsi sa résidence de l'hôtel Saint-Paul, immense bâtiment qui possède sept jardins, une ménagerie, une volière, un aquarium. Il poursuit la construction du donjon de Vincennes et commence à ériger, à la porte Saint-Antoine, une Bastille qui comportera huit donjons reliés par un mur de vingt-quatre mètres de hauteur.

Aucune ville chrétienne ne recèle une telle forteresse. Mais Paris n'est-elle pas la plus grande ville de la chrétienté ?

Ainsi, tout au long du règne de Charles V (1364-1380), se dessine et se précise dans l'âme française le modèle du « bon souverain », lettré (on dira de Charles V qu'il est « le Sage »), entouré de conseillers dévoués – savants eux-mêmes –, prudent mais courageux défenseur du royaume, soucieux du bien commun, et, comme l'écrit sa biographe Christine de Pisan, fille d'un médecin conseiller du roi, « désireux de garder et maintenir, et donner exemple à ses successeurs à venir que par solennel ordre doit se tenir et mener le très digne degré de la haute couronne de France ».

Roi administrateur veillant à la bonne gestion du royaume, il promulgue de Grandes Ordonnances afin d'organiser sa succession – son fils Charles n'a que douze ans en 1380 – en créant un conseil de régence, mais est tout aussi préoccupé de veiller au sort de la forêt française, cette richesse du royaume dont une ordonnance, à compter de 1376, fixe les règles d'exploitation.

Ce souverain-là sait écouter son peuple.

Quand des émeutes urbaines – à Montpellier, notamment – et des jacqueries – celles des *tuchins* qui se mettent sur la touche (1379) – soulèvent le peuple contre le fisc, il réprime mais diminue les impôts. Et, peu avant sa mort, il annonce la suppression des impôts directs, les fouages (calculés par « feux »).

C'est le roi juste et sage, celui que recherchent tout au long de leur histoire les Français, et qui, parce qu'il y a eu Saint Louis et Charles V – puis d'autres, plus tard, de cette « sainte lignée » –, ne surgit ni d'un rêve ni d'une utopie. C'est celui qu'on attend dans les temps sombres, et qu'on regrette après sa mort.

« Au temps du trépassement du feu roi Charles V, l'an 1380, les choses en ce royaume étaient en bonne disposition et avaient fait plusieurs notables conquêtes. Paix et justice régnaient. N'y avait fait obstacle, sinon l'ancienne haine des Anglais… »

Il n'y a pas que l'Anglais.

Le chroniqueur Jean Juvénal des Ursins oublie que l'étranger, dans un royaume comme la France, ne peut rien s'il ne bénéficie de la complicité, de l'alliance d'une partie des grands.

Or l'œuvre de rétablissement accomplie par Charles V est minée par les privilèges, les apanages qu'il a accordés à ses trois frères : Jean de Berry, Louis d'Anjou et Philippe de Bourgogne. Ce sont eux qui vont composer le conseil de régence, puisque, à la mort de Charles V, son fils Charles VI est mineur.

Et lorsque Charles VI trépasse à son tour, en 1422, le royaume de France est plongé au plus profond des abîmes de son histoire.

Charles VI a déshérité son fils, l'a banni, l'accusant d'« horribles crimes et délits ». Il a marié sa fille Catherine au roi d'Angleterre, Henri V de Lancastre, qu'il a légitimé comme « son vrai fils et héritier ». Et le traité de Troyes conclu en 1420 a stipulé que la couronne de France est échue à Henri V et pour toujours à ses héritiers.

Il n'y a donc plus qu'une double monarchie : le roi d'Angleterre est roi de France.

Aussi, quand en 1422 Charles VI et Henri V décèdent et que le fils de l'Anglais ne peut régner, puisqu'il n'a que dix mois, c'est le duc de Bedford qui devient régent d'une France occupée par les Anglais ; quant au fils de Charles VI, qui l'a déshérité, il peut bien prendre le titre de Charles VII, il est celui que, par dérision, on surnomme « le roi de Bourges » !

C'est le duc de Bedford qui a présidé à Saint-Denis aux obsèques de Charles VI, et le héraut s'est écrié : « Vive le roi Henri de France et d'Angleterre ! »

Était-ce le royaume de France que l'on portait en terre ?

« Chacun vit mourir là rien que plus qu'il aimât », écrit un témoin.

Ainsi, en l'espace de quarante-deux années, le royaume est-il retombé au fond d'un abîme bien plus profond que celui d'où Charles V le Sage avait réussi à l'arracher.

En 1422, dans ce pays occupé, le seul espoir gît dans cette blessure intime de chaque Français qui souffre de la présence anglaise, de la perte de souveraineté du royaume, gouverné au nom de Henri VI par le duc de Bedford.

Or cela fait quatre décennies que le peuple subit le malheur.

Peste, disette, famine, violences des Grandes Compagnies, pillage par les Anglais, châtiment à la moindre rébellion.

Les oncles de Charles VI, maîtres du conseil de régence, massacrent les jacques ou les bourgeois quand ils protestent contre la levée d'impôts trop lourds, ou bien quand ils ont la disgrâce de figurer dans le camp de l'un des princes et que celui des autres est vainqueur.

Car les oncles du roi sont divisés.

Le plus puissant est Philippe de Bourgogne, opposé à ses deux frères, Louis d'Anjou et Jean de Berry.

Et l'Anglais, entre ces rivaux, peut jouer l'un ou l'autre. Il est d'autant plus fort que le royaume est appauvri, que sa population n'a jamais été aussi réduite – à peine une douzaine de millions d'habitants.

Marchands, artisans, jacques, manouvriers, bourgeois de Rouen, de Paris ou d'Orléans ont le sentiment que les oncles du roi dilapident les biens du royaume et remplissent les coffres avec des impôts de plus en plus lourds.

Dans les villes et les campagnes, on s'insurge. On massacre les percepteurs, on pourchasse les Juifs (ils seront expulsés du royaume en 1394), on ouvre les portes des prisons.

À Paris, les émeutiers s'emparent, à l'Hôtel de Ville, des deux mille maillets de plomb que le prévôt avait fait entreposer là pour servir en cas d'attaque des Anglais.

Ces mouvements populaires échappent aux riches bourgeois qui voudraient les utiliser pour faire pression sur les oncles du roi.

Ceux-ci répriment. Les têtes roulent, les corps se balancent aux gibets. Mais le calme ne revient dans le royaume qu'au moment où le roi, en 1388, met fin au gouvernement des princes, et, avec l'aide des « sages » conseillers de son père Charles V, règne effectivement.

Court moment d'apaisement. C'est le temps des fêtes. Charles VI a vingt-deux ans, son épouse Isabeau en a dix-neuf, son frère Louis d'Orléans, dix-huit. Danses, jeux, déguisements. Louis d'Orléans guide le roi son frère et la reine Isabeau dans les labyrinthes du plaisir. La tragédie n'est jamais bien loin. Des travestis vêtus en sauvages, la peau enduite de poix et couverte de poils, meurent brûlés vifs à un bal donné à l'hôtel Saint-Paul.

Ce bal des Ardents est le symbole de cette période : Paris brille des milliers de feux d'une fête qui attire artistes et artisans. Louis d'Orléans

« ne gouverne aucunement à son plaisir et fait jeunesses étranges ».

Le pouvoir entre les mains des oncles du roi était divisé ; il est maintenant débauché sans que cessent les rivalités. Et le peuple continue de souffrir.

Seule la présence du roi légitime empêche la désagrégation du royaume.

Mais, le 5 août 1392, dans la forêt du Mans, il suffit de la rencontre d'un mendiant, mauvais présage, et du choc bruyant d'une lance sur un casque pour que Charles VI bascule dans la démence.

Ce roi fou, Charles VI, qui dans ses périodes de lucidité sombre dans la dépression ou est influencé – manœuvré – par son entourage, va « régner » ainsi entre démence et prostration trente ans durant.

Le royaume de France s'enfonce dans l'abîme parce que son roi a sombré dans la folie et que les grands s'entre-déchirent, peu soucieux du sort du royaume.

Ce pays commence à découvrir un trait majeur de son histoire : qu'il pourrit toujours par la tête. C'est le cas avec la guerre civile entre le frère du roi, Louis d'Orléans, et son fils, Charles d'Orléans, marié à la fille du comte d'Armagnac, d'une part, et, de l'autre, Philippe de Bourgogne et son fils Jean sans Peur.

Ces deux factions – Armagnacs et Bourguignons – sont les deux fauteurs de guerre civile. Assassinats et massacres, utilisation des éléments les plus violents du peuple, sont de règle.

Jean sans Peur, le Bourguignon, fait assassiner en 1407 Louis d'Orléans, frère du roi, l'Armagnac. Dès lors, les Bourguignons traquent dans Paris tous les Armagnacs.

« On n'avait pas plus de pitié à tuer ces gens-là que des chiens : c'est un Armagnac. »

Les Bourguignons contrôlent le roi fou, s'appuient sur de « méchantes gens, tripiers, bouchers et écorcheurs, pelletiers, couturiers et autres pauvres gens de très bas état faisant de très inhumaines, détestables et très déshonnêtes besognes ».

L'un d'eux est Simon Caboche (1413), qui, avec les siens – les cabochiens –, fait régner la terreur dans Paris. Le monarque est terré dans sa folie. On impose une « ordonnance cabochienne », mais l'anarchie qui s'installe, les meurtres qui se multiplient, isolent les Bourguignons et poussent les marchands, la bourgeoisie parisienne, à changer de camp. Jean sans Peur quitte Paris, qui devient Armagnac avec Charles d'Orléans.

Que fait le camp perdant dans une guerre civile ? Il devient le parti de l'étranger. Le prince bourguignon s'allie alors avec l'Anglais.

Une pratique française se confirme : la division au sommet de l'État provoque la crise du royaume et la guerre civile dont l'étranger tire profit.

Le nouveau roi d'Angleterre, Henri V, est un souverain remarquable, grand chef de guerre, fin politique et homme pieux. Il entend se réapproprier l'héritage des Plantagenêts.

Son armée débarque en Normandie, gagne les pays de la Somme.

Les chevaliers français sont entassés sur le plateau d'Azincourt. Le sol est boueux, ce 25 octobre 1415. L'armure pèse au moins vingt kilos. Si l'on tombe à terre, on ne peut se relever. Alors on charge les archers anglais sans attendre qu'arrive la piétaille des gens d'armes. Les chevaux se heurtent, renversent leurs cavaliers, qu'il ne reste plus aux Anglais qu'à égorger, car Henri V a ordonné qu'on ne fasse prisonniers que les grands et qu'on tue tous les autres.

Ils seront trois mille chevaliers, barons, baillis, grands officiers de l'administration du royaume à être ainsi massacrés.

Charles d'Orléans, prisonnier, est transféré en Angleterre, où, de prison en prison, il passera vingt-cinq années à se morfondre et à rimer :

En regardant vers le pays de France
Un jour advint à Douvres sur la mer
Qu'il me souvint du doux plaisir
Qu'en ce pays je trouvais
Et mon cœur commença à soupirer
Mais à mon cœur amer
Voir la France faisait grand bien.

Cette nostalgie charnelle du royaume perdu, cette souffrance et cette humiliation, il n'est pas besoin d'être prisonnier en Angleterre pour les ressentir.

On souffre de la guerre civile : les Bourguignons massacrent encore les Armagnacs à Paris en 1418 ; Jean sans Peur le Bourguignon est assassiné à Montereau le 10 avril 1419 – est ainsi vengé Louis d'Orléans, qu'il avait fait tuer le 23 novembre 1407.

On souffre de l'avancée des troupes anglaises, armée d'occupation qui prend possession sans ménagements du royaume de son roi, imposant à Rouen un siège impitoyable, remontant la Seine : « Les Anglais font autant de mal que les Sarrasins. » Mais on en veut aussi au Dauphin Charles, devenu lieutenant général du royaume en 1417.

On désire la paix.

On approuve donc le traité de Troyes (20 mai 1420). Henri V de Lancastre épouse la fille de Charles VI et devient, de fait, fils et héritier du roi de France.

Charles le Dauphin n'est plus qu'un banni.

Le 1er décembre 1420, Henri V, Charles VI, le pauvre roi fou, son épouse Isabeau et Philippe le Bon, le nouveau prince bourguignon, entrent dans Paris.

« Jamais princes ne furent reçus à plus grande joie qu'ils furent. »

La capitale du royaume de France est aux mains des Anglais, mais la foule assoiffée de paix applaudit.

Après la mort de Henri V et celle de Charles VI, en 1422, le duc de Bedford est régent du royaume au nom de Henri VI de Lancastre.

Malheureux Charles VII, roi de Bourges !

Un pouvoir divisé, une guerre civile, un parti de l'étranger, un peuple exsangue et désorienté, la souffrance d'une âme française humiliée, bafouée, niée : tel est l'abîme où a chuté le royaume de France.

Quelle providence ou quelles circonstances, quels héros pourront-ils lui permettre de resurgir au grand jour de l'unité et de la souveraineté nationales ?

16

Où s'est réfugiée l'âme de la France, puisque le territoire du royaume est partagé et que celui qui se proclame roi de France, ce pauvre Charles VII, n'a même pas été sacré à Reims, qu'il tient sa Cour à Bourges et qu'Orléans est assiégée par l'Anglais ?

Car le roi anglais, Henri VI de Lancastre, est roi de France, lui aussi, fort de la légitimité que lui confère le traité de Troyes. Et à Paris, qu'il contrôle, les bourgeois, les maîtres de l'Université, les marchands, les évêques, « collaborent » avec le régent anglais, le duc de Bedford.

D'autant plus que l'Anglais a pour allié Philippe le Bon, le Bourguignon, le plus fastueux des princes de la chrétienté, qui possède trois capitales : Lille, Bruges et surtout Dijon. Riche, il l'est par les vignobles de Beaune – on construira dans cette ville, en 1443, un magnifique hôpital –, par les voies commerciales qu'il contrôle, par les Flandres ou cliquètent les métiers mécaniques à tisser.

Il attire peintres, artistes, sculpteurs.

Le duc de Bretagne, à l'autre extrémité du territoire, est lui aussi l'allié de l'Anglais.

Ainsi, cette « France anglaise » dispose de presque tout le pays au nord et à l'est de la Loire, et il faut encore y ajouter la Guyenne.

Telle est ainsi brisée l'ancienne unité française liée à la « sainte lignée » des rois de France.

Et lorsque les chevaliers du roi de Bourges tentent une fois encore de bousculer les archers anglais, ceux-ci, comme à Crécy, Poitiers, Azincourt, les massacrent de leurs flèches et de leurs coutelas, le 17 août 1424, à Verneuil-sur-Avre.

Charles VII doute aussi de lui, de ses droits. Hésitant, il songe parfois à se retirer en Dauphiné, à renoncer à la reconquête du royaume, qui lui paraît si difficile qu'elle en devient improbable.

Cependant, les provinces qu'il contrôle sont riches – les pays de Loire, notamment –, elles ont été peu touchées par les ravages de la guerre. Il a autour de lui non seulement les membres du vieux parti Armagnac, mais ceux qui sont restés fidèles à la dynastie capétienne.

Sans doute certains membres de sa Cour sont-ils tentés par des rapprochements avec les Bourguignons, et lui-même, miné par l'incertitude, n'est-il pas capable de prendre la tête de la résistance à l'Anglais, de se faire le héraut du royaume de France.

Élites collaborant avec l'occupant, pouvoir royal impuissant, armée défaite : l'âme de la France réside encore et résiste dans son peuple humilié et exploité par l'Anglais.

« Toujours le régent Bedford enrichissait son pays de quelque chose, et quand il en revenait il n'en rapportait rien qu'une nouvelle taille », écrit un témoin.

En Normandie, où l'Anglais, de Rouen à Caen, s'est fortement implanté, on se rebelle contre les impôts nouveaux. Et l'occupant réprime, sévit, pend, décapite.

Un patriotisme populaire naît de cette résistance. Il s'exprime partout, l'Anglais agissant partout selon son intérêt.

On murmure même à l'université de Paris, quand les professeurs y apprennent que Bedford veut créer une université à Caen afin d'y former des « administrateurs » au service des Anglais.

On mesure l'âpreté et la rapacité anglaises. Dans les années qui suivent le traité de Troyes, un témoin écrit : « Les Anglais ont détruit et gâté tout le royaume, et tant de dommages y ont fait au temps passé et de présent que si tout le pays d'Angleterre était rendu et mis à deniers, on n'en pourrait pas recouvrer la centième partie des dommages qu'ils ont faits audit royaume de France. »

L'âme de la France se forge ainsi dans la défaite et l'occupation étrangère. Un « parti français » s'affirme au sein du peuple.

Jeanne la Pucelle, fille de « labours aisés » – mais analphabète, donc –, est l'une de ces Françaises qui, au nom de Dieu, protecteur du royaume de France, répondent à l'appel de ces voix – celle du Seigneur, celles du peuple – qui les incitent à se lever pour sauver le royaume.

Jeanne, qui est née entre la Champagne et le Barrois, est l'incarnation de ce mouvement surgi des profondeurs nationales.

Mais il y avait aussi Péronne, de Bretagne, et Catherine, de La Rochelle. Et combien de femmes et d'hommes agenouillés prient pour que soit sauvé le royaume et sacré le roi français ? La foi chrétienne enflamme le sentiment national. Jeanne est portée par cette croyance qui l'« oblige » à agir, lui insuffle la force de conviction bousculant les hésitations.

Le représentant du Dauphin, Robert de Baudricourt, capitaine de Vaucouleurs, bien que sa terre relève du duc de Bourgogne, va l'aider, lui permettre de rejoindre Chinon. Elle y reconnaîtra le Dauphin et s'imposera aux chefs de guerre après avoir été reconnue pucelle.

C'est une vierge qu'on attendait, puisqu'une débauchée, la reine Isabeau, avait corrompu le roi Charles VI et perdu le royaume.

Jeanne convainc les théologiens chargés de l'interroger : « Au nom de Dieu, les gens d'armes batailleront et Dieu donnera la victoire. »

De Blois elle prévient le roi d'Angleterre : « Je suis venue ici de par Dieu le Roi du Ciel pour vous bouter hors de France. »

En trois mois, Jeanne va changer la donne de cette guerre de cent ans en révélant la force du patriotisme populaire.

De la Bourgogne à la Normandie, de la Bretagne à l'Aquitaine, et à Paris même, on va rapidement savoir qu'une pucelle, menant au combat Dunois le Bâtard, demi-frère de Charles d'Orléans, La Hire, le duc Jean d'Alençon, et ses capitaines de compagnie, a, le 8 mai, fait lever le siège d'Orléans, et, le 18 juin, remporté la victoire de Patay.

Le Dauphin peut enfin, l'étreinte anglaise desserrée, se rendre à Reims et s'y faire sacrer le 7 juillet 1429.

Il est désormais le roi de France légitime.

« Gentil roi, dit la Pucelle, ores est exécuté le plaisir de Dieu qui voulait que levasse le siège d'Orléans et que vous emmenasse en cette cité de Reims recevoir votre Saint Sacre, en montrant que vous êtes vrai Roi de France et celui auquel le royaume de France doit appartenir. »

Victoire miraculeuse, née du peuple patriote et de la foi en Dieu.

Victoire décisive et pourtant gaspillée.

Charles VII et sa Cour n'agissent pas, veulent d'abord se réconcilier avec le duc de Bourgogne. Le roi laisse Jeanne, sans appui, tenter de prendre Paris (elle y est blessée), La Charité-sur-Loire. Elle entre dans Compiègne qu'assiège une armée bourguignonne. Mais elle ne connaît pas la fortune des armes comme à Orléans. Elle est faite prisonnière le 24 mai 1430 et vendue pour 10 000 écus aux Anglais.

Elle est jugée hérétique et schismatique à Rouen suivant une procédure inquisitoriale. Les clercs sont français (l'évêque de Beauvais, Pierre Cauchon) ; les soldats, anglais. Condamnée, elle est brûlée vive le 30 mai 1431, place du Marché, à Rouen : « Elle fut arse cestui jour. »

Rien n'avait été tenté par Charles VII pour arracher celle que les Anglais et les juges ecclésiastiques à leur service tenaient pour une sorcière, et qui avait tiré le royaume de France de l'abîme.

Mais Jeanne la Pucelle n'allait pas être oubliée, devenant dans l'âme de la France, le symbole du patriotisme, et, pour les chrétiens, la preuve que la Providence veille sur le royaume.

Son procès en réhabilitation aura lieu en 1456. Mais la Pucelle continue de chevaucher tout au long de l'histoire nationale : patriote revendiquée par la IIIe République, béatifiée en 1900, elle est canonisée en 1920 par Benoît XV. Et le 8 mai fut proclamé fête nationale.

« Lance au poing et dans son étui de fer aussi claire que le soleil d'avril à sept heures,

« Voici Jeanne sur son grand cheval rouge qui se met en marche contre les usurpateurs [...]

« Et maintenant écoutez, Messieurs les hommes d'État, et vous tous, Messieurs les diplomates, et vous tous, Messieurs les militaires...

« Jeanne d'Arc est là pour vous dire qu'il y a toujours quelque chose de mieux à faire que de ne rien faire...

« Cette Pucelle et cette patronne et cette conductrice au plus profond de la France arrachée par l'aspiration du Saint-Esprit... »

On peut refuser cette vision mystique de « sainte Jeanne » et de la France qu'exprime Paul Claudel, mais, après son « passage » – « Cette flamme déracinée du bûcher ! elle monte ! » –, tout change. Comme si le patriotisme populaire et la foi qu'il exprime obligeaient les « élites » à constituer ce « parti français » qui fait de l'Anglais l'ennemi dans tout le royaume, et Charles VII, sacré à Reims, le seul roi de France.

Une paix est conclue entre Bourguignons et Armagnacs (Arras, 1435). Charles VII entre le 12 novembre 1437 dans un Paris ruiné où errent les loups, mais c'est sa capitale. Elle est à l'image d'un royaume dévasté, parcouru par les Grandes Compagnies. Les campagnes sont vides d'habitants ; de rares paysans affamés y sont guettés par les « écorcheurs », les routiers en maraude, ou frappés par les retours de la peste noire (ainsi en 1438).

De tout le royaume monte vers le roi le désir de le voir agir.

« Il faut que vous vous éveilliez, car nous n'en pouvons plus », lui lance Jean Juvénal des Ursins.

Charles VII acquiert de la détermination. Il se montre combatif et volontaire. Il affiche ses maîtresses – Agnès Sorel –, et le Dauphin Louis supporte mal cette autorité nouvelle. Le futur Louis XI s'éloignera de ce père devenu, pour les vingt dernières années de son règne, un vrai roi de France.

Charles VII réforme. Par les ordonnances de mai 1445, à partir de ces routiers, de ces écorcheurs, de ces soldats désœuvrés entre deux batailles, il crée une armée soldée par le Trésor royal et donc permanente. Ces « Compagnies de l'Ordonnance du Roi » sont logées en forteresse ou chez l'habitant, et complétées par des « francs archers » à raison d'un par cinquante feux. Le franc archer, dispensé d'impôts, doit s'entraîner au tir à l'arc ou à l'arbalète.

Le roi tire enfin la leçon des défaites de la chevalerie française en créant cette « infanterie à l'anglaise ».

Pontoise (1441), Le Mans (1448), Rouen, Caen, Cherbourg (1449) sont reconquises. Et, avec ces villes, le prestige royal.

L'entrée de Charles VII à Rouen est solennelle. Ce 10 novembre 1449, il est accueilli par l'archevêque Raoul Roussel, par les évêques qui furent les acteurs du procès de Jeanne d'Arc et par les témoins de son supplice.

Mais, après avoir été les alliés intimes des Anglais, les dignitaires s'inclinent désormais devant Charles VII, qui avance sous un dais, précédé par un cheval portant le sceau aux trois lis.

La fonction royale est séparée du corps du roi.

La victoire de Castillon, en Guyenne – le 17 juillet 1453 –, clôt la guerre de Cent Ans.

Trois cents bouches à feu ont écrasé la chevalerie et l'infanterie anglaises dans cette Aquitaine liée à l'Angleterre depuis trois siècles.

Tant de batailles perdues sont ainsi vengées.

Le pouvoir a toujours besoin de gloire. Dans l'histoire nationale, depuis les origines, ce sont les glaives et les armées qui l'ont apportée.

Le chevalier, le soldat – et le clerc – sont en France, plus que les marchands, faiseurs de prestige. L'argent, le commerce plient devant le pouvoir. Et Charles VII fait emprisonner Jacques Cœur (1451), grand argentier et grand marchand. L'argent n'est jamais une fin, pour un roi de France, au contraire de la gloire.

Ce n'est qu'un indispensable moyen.

Quand, le 22 juillet 1461, Charles VII s'éteint, le royaume de France a recouvré une part de sa puissance, de sa gloire et de sa richesse.

Est-ce par une attention de la Providence ?

Celui qui n'avait jamais été qu'un « gentil Dauphin », Charles VII, est devenu, grâce à Jeanne la Pucelle, grâce à tous les Français, attachés à leur nation, et aux conseillers qui l'ont à sa Cour assisté, Charles VII le Bien servi.

17

« Je suis France », dit Louis XI.

Il vient enfin, à trente-huit ans, de succéder à son père, Charles le Bien servi.

Voilà près de vingt ans qu'il attend, plein d'impatience et même de rage. Il a quitté le royaume de France pour se réfugier chez le Bourguignon, Philippe le Bon. Il a conspiré contre son père, organisé complots et même prises d'armes.

Enfin Charles VII est mort.

Le 13 août 1461, Louis entre dans la cathédrale de Reims : cérémonie fastueuse dont les détails et la magnificence ont été voulus par le duc de Bourgogne ; c'est d'ailleurs lui qui a posé la couronne sur la tête de Louis XI.

C'est à ses côtés qu'il entrera dans Paris, le 31 août.

« Je suis France », dit alors Louis.

Manière d'affirmer qu'il sera souverainement roi de France, donc prêt à secouer toutes les tutelles qu'on voudrait lui imposer. Et d'abord celle de l'héritage de Charles VII. Il renvoie les conseillers de son père : vingt-cinq baillis et sénéchaux. Et il suffit de quelques semaines pour que l'on comprenne que ce souverain au visage de fouine, d'une piété superstitieuse, remuant entre ses doigts des médailles saintes comme s'il s'agissait d'amulettes, est un monarque déterminé et autoritaire.

Il se méfie des grands, donc en tout premier lieu du duc de Bourgogne, le plus puissant. Il préfère s'entourer d'hommes simples mais dévoués corps et âme – Tristan L'Hermite, Olivier Le Daim, l'évêque Balue, bientôt disgracié et emprisonné sans procès –, le chroniqueur Commynes, corrompu, et Francesco Sforza, venu de l'Italie de Machiavel et des Médicis.

Ainsi, pour la première fois dans l'histoire nationale, un souverain esquisse un pouvoir « absolutiste » en s'appuyant non plus sur ses vassaux, les grands, mais sur des hommes liés à lui par un lien de « service », serviteurs du roi et donc de l'État.

Gouvernement impitoyable : le roi réprime avec sauvagerie – pendaisons, mutilations, bannissements – la « tircotterie » d'Angers et la « mutemaque » de Reims, des émeutes antifiscales.

Car ce pouvoir qui se ramifie a besoin d'argent. Il multiplie par quatre la taille. Il resserre les rouages de l'État, contrôle les villes, le clergé. Il renforce l'armée des compagnies d'ordonnances. Il favorise les cités marchandes. Il crée une quatrième foire à Lyon, ce qui fait de cette ville un centre d'attraction pour les banquiers et marchands italiens. De nombreuses routes sont pavées et les « chevaucheurs » du roi, qui transportent les plis officiels, trouvent aux relais des montures fraîches.

Et à sa manière autoritaire, en renforçant l'État, le roi exprime les souhaits du peuple, de ce « parti français » né dans la guerre contre le « parti de l'étranger », et qui, même s'il en craint la violence, approuve un souverain affirmant : « Je suis France. »

Avec Louis XI surgit ainsi un nouveau type de souverain français, de pouvoir national, peu respectueux des « règles » et de la morale – les conseillers de Louis XI sont des hommes de police, et même, à l'occasion, des bourreaux –, comme si le service du royaume autorisait – au nom de Dieu aussi, car le roi est pieux, il invoque saint Michel – l'emploi de toutes les habiletés et de toutes les violences.

Parce que la ville d'Arras a résisté en 1479, tous les habitants en sont chassés, remplacés par d'autres, et la ville, débaptisée, devient un temps « Franchise ».

Mais ce pouvoir est national. Louis XI se rend en pèlerinage à l'abbaye du Mont-Saint-Michel, il crée l'ordre de Saint-Michel parce que, dix ans durant – 1424-1434 –, la place a résisté au siège des Anglais, parce que Jeanne d'Arc a invoqué saint Michel qui allait l'aider à terrasser l'Anglais comme il avait terrassé le dragon.

Et les premières imprimeries qui se créent à Paris à partir de 1470 – il y en aura neuf, contre quarante en Italie – diffusent à des centaines d'exemplaires, peut-être même à un ou deux milliers, ces invocations à saint Michel et ces apologies du roi de France. Les grands qui ont montré contre les Anglais leur impuissance, leur désir de collaborer avec l'occupant et de constituer un parti de l'étranger, et les chevaliers qui ont donné la preuve de leur incapacité à vaincre les archers anglais voient ainsi leur pouvoir réduit au bénéfice de celui du roi et de l'État.

Au contraire, comme jamais, les marchands, les bourgeois, les manouvriers, considèrent que le pouvoir royal est le garant de leur prospérité :

Et quand Anglais furent dehors
Chacun se met en ses efforts
De bâtir et de marchander
Et en biens superabonder.

Ce « parti français », ce peuple « patriote », n'est évidemment pas conscient de la politique que conduit Louis XI, mais, lorsqu'il est averti de ce qui se trame, il soutient l'« universelle aragne » qui tisse sa toile pour réduire les ducs et les princes à l'impuissance et les dépouiller de leurs possessions au profit du royaume.

Tel est l'axe de cette politique française de Louis XI, qui parfois trébuche sur les propres pièges qu'elle tend à ses adversaires.

Les grands ont jaugé la menace. Ils mènent dès 1465 une guerre ouverte contre Louis XI. Le duc de Bourgogne, Philippe le Bon et son fils Charles le Téméraire, le duc de Bretagne, ont formé ce qu'ils appellent la ligue du Bien Public et ont enrôlé dans leurs rangs le propre frère du roi.

Après la bataille incertaine de Montlhéry (16 juillet 1465), les ligueurs menacent Paris. Louis XI négocie (traité de Conflans, 1465), mais sa détermination ne faiblit pas. Il incite les Flandres à se soulever contre Charles le Téméraire, et prend le risque de se rendre à Péronne, défier le duc de Bourgogne et négocier avec lui en dépit de l'insurrection des Liégeois, que, l'accord une fois intervenu, on réprimera (1468).

Ce souverain bavard, retors et superstitieux, auteur de plus de sept volumes de lettres, a une vision claire des dangers qui menacent le royaume. Il doit briser le duché de Bourgogne, empêcher que Charles le Téméraire ne conquière l'Alsace et la Lorraine, réunissant ainsi territorialement la Flandre et la Bourgogne. Et il doit plus encore empêcher que se renoue l'alliance anglo-bourguignonne.

Or Édouard IV débarque en 1475 une armée de 25 000 hommes à Calais. Pour le faire renoncer, il faut lui verser 75 000 écus plus 50 000 écus de rente annuelle.

Le peuple approuve cette politique. Les villes ont résisté aux Bourguignons (ainsi Jeanne Hachette à Beauvais). Il se félicite de l'accord intervenu entre Louis XI et Édouard IV d'Angleterre (à Picquigny, 1475) :

J'ai vu le Roi d'Angleterre
Amener son grand ost
pour la Française terre
Conquérir bref et tost
Le Roi voyant l'affaire
Si bon vin leur donna
Que l'autre sans rien faire
Content s'en retourna.

Ce roi réussit. Charles le Téméraire, qui a repris la guerre, meurt devant Nancy (1477), et en jouant des successions, en mêlant habile diplomatie et menaces, Louis XI agrandit le royaume de France du Roussillon, de la plus grande partie de la Bourgogne (duché), de la Picardie, de l'Anjou, du Maine et de la Provence.

Avec Marseille, le royaume s'ouvre ainsi sur la Méditerranée et recouvre les limites de la Gaule romaine.

Certes, il a fallu accepter que Marie de Bourgogne – fille de Charles le Téméraire – épouse l'empereur Maximilien d'Autriche. Les Habsbourg sont aux portes du royaume de France. Mais Louis XI a obtenu que la fille de Marie de Bourgogne épouse le Dauphin Charles, et elle apporte dans sa dot la Franche-Comté, l'Auxerrois, le Mâconnais et l'Artois.

Au sud, Isabelle de Castille a épousé Ferdinand d'Aragon, et ces Rois Catholiques vont reconquérir toute l'Espagne, en chasser les musulmans.

Ces modifications portent en germe une nouvelle géopolitique de l'Europe occidentale. Le royaume de France ne peut qu'y être directement impliqué.

Le 30 août 1483, quand meurt Louis XI à Plessis-lès-Tours, le royaume de France n'est plus l'État exsangue de la première moitié du XVe siècle.

L'âme du pays a été trempée par la guerre. Elle se sait et surtout se veut française.

Au lent processus d'agrandissement et d'unification du royaume, Louis XI, en vingt-deux ans de règne, a apporté une contribution majeure.

Dans le fonctionnement du pouvoir, il a tout subordonné au succès de la politique qui sert la gloire et les intérêts du royaume tels que le roi les conçoit.

Ceux qui ne partagent pas cette vision doivent être brisés. Le royaume de France ne doit compter que des sujets soumis au pouvoir royal.

L'âme de la France se souviendra de l'« universelle aragne ».

18

La mort a saisi Louis XI et c'est un enfant de treize ans qui est sacré roi de France. Point de conseil de régence pour Charles VIII : le défunt roi a choisi deux tuteurs, sa fille Anne et son époux, Pierre de Beaujeu, un Bourbon dont il sait qu'ils continueront sa politique avec ténacité et prudence. « Anne, disait-il, est la femme la moins folle du monde. »

Et, précisément, elle doit faire face avec Pierre de Beaujeu à la « Guerre folle » que mènent contre ces deux tuteurs les princes qui veulent dominer le roi, retrouver leur influence. Parmi eux, il y a le cousin du souverain, Louis d'Orléans, fils du poète Charles d'Orléans, retenu si longtemps prisonnier en Angleterre. Vaincu par les troupes royales, Louis d'Orléans passera trois années en prison (1488-1491) avant de devenir, à la mort de Charles VIII (1498), Louis XII, roi de France.

Et, revêtant les habits du souverain, il combat à son tour les princes. Il peuple son Conseil de roturiers, comme l'avaient fait Louis XI et Charles VIII. Il écoute les avis de cet « humaniste » nommé Guillaume Budé (1467-1540) – un des hérauts de la révolution culturelle qui, portée par l'imprimerie, bouleverse des valeurs réputées immuables –, et dont Charles VIII avait fait son secrétaire.

Fini le temps des chroniqueurs à la Commynes. Charles VIII les a renvoyés.

Avec le roturier progresse l'esprit profane.

La Sorbonne admet les *studia humanitatis* – études profanes. Un Robert Gaguin publie pour Charles VIII les *Commentaires* de César, et une *Histoire française* qui se donne Tite-Live pour modèle.

Les imprimeries se multiplient à Paris et à Lyon. En 1514, Louis XII dispensera les livres de taxe à l'exportation. Les libraires disposent en réserve de plusieurs dizaines de milliers de volumes à eux tous.

On imprime, on réimprime François Villon, sa *Ballade des dames du temps jadis* :

Où est la très sage Héloïse
Pour qui châtré fut et puis moine
Pierre Abélard à Saint-Denis [...]
Et Jeanne la bonne Lorraine
Qu'Anglais brûlèrent à Rouen [...]
Mais où sont les neiges d'antan ?

La nation naît de cette langue qui s'affine, se crée en forgeant des mots neufs, en exprimant une sensibilité nouvelle et en donnant à des milliers de lecteurs la conscience forte d'appartenir à une communauté nationale. Le chant profane, les livres, la poésie, tous ces textes qui commencent à circuler constituent une mémoire collective, une légende et une mythologie partagées.

La France commence à vivre en chaque Français grâce au pouvoir des mots :

Frères humains qui après nous vivez
N'ayez les cœurs contre nous endurcis [...]
Mais priez Dieu que tous nous veuillent absoudre !

Heureusement, entre le moment où Villon écrit cette *Ballade des pendus* – vers 1461 – et la fin du siècle (Charles VIII : 1483-1498 ; Louis XII : 1498-1515), la mort recule.

Les grappes de pendus au gibet de Montfaucon sont moins serrées.

La peste noire et la disette frappent encore au début du règne de Charles VIII, mais le pays se repeuple ; les étrangers sont admis sans avoir à payer le droit d'aubaine pour obtenir la « naturalité ».

Castillans et Italiens arrivent nombreux dans les villes, dont la population augmente (Paris : 250 000 ; Lyon, Nantes, Rouen, Toulouse : entre 25 000 et 50 000).

Les défrichements reprennent, les villages abandonnés retrouvent vie.

À Lyon, à Troyes, à Paris, du tissage à la fabrication de papier pour l'imprimerie, les ateliers se multiplient, en même temps que des modes nouvelles, venues d'Italie, répandent le goût du luxe, des tissus en soie, de la joaillerie.

En deux décennies, la France a retrouvé sa richesse. Elle est la plus vaste des nations – 450 000 kilomètres carrés –, la plus peuplée – 20 millions d'habitants –, celle dont l'organisation étatique, la plus élaborée, permet de recouvrer les impôts avec le plus d'efficacité.

Ainsi s'inscrit dans la mémoire nationale l'expérience à la fois du malheur exemplaire et du redressement miraculeux qui remet la France à sa place : au premier rang.

Le passage de la dévastation provoquée par la guerre – civile et étrangère – à ce renouveau, cet éloignement des temps de malheur sont des éléments déterminants dans l'élaboration de l'âme de la France.

Hier, c'était la peur qui étreignait les campagnes menacées par les routiers des Grandes Compagnies.

À la fin du XVe siècle, Claude de Seyssel publie *Louanges du Roi Louis XII*, et il décrit une France paisible, gouvernée par un « Père » :

« Tous, dit-il, labourent et travaillent, ainsi avec les gens croissent les biens, les revenus et les richesses. »

La croyance s'enracine qu'il existe un miracle français, que la Providence veille sur le royaume.

Mais, rassurés, satisfaits, les souverains et leur entourage – et, naturellement, les grands, soucieux de recouvrer leur influence – ne réalisent pas que la France ne regarde pas vers l'Atlantique, où Portugais, Espagnols et Italiens s'aventurent (1492 : Christophe Colomb aborde les terres américaines), et qu'ainsi le royaume de France ne participera pas à ce partage du monde – et de l'or ! Les souverains français préfèrent chevaucher en Italie, qui, émiettée, sans État, est cependant le grand pôle économique et financier de l'Europe avec les Flandres.

S'il ne peut être question de conquérir ces dernières, l'Italie, elle, semble facile à saisir.

C'est le mirage de la monarchie française. Pour le matérialiser, on veut avoir les mains libres.

On rend le Roussillon à Ferdinand d'Aragon, l'Artois et la Franche-Comté aux Habsbourg. Une « politique étrangère » française se dessine, où l'illusion, le souci de la gloire l'emportent sur la raison. Et dans laquelle on sacrifie le gain sûr, réalisé, au rêve.

Charles VIII entre dans Naples en février 1495, vêtu du manteau impérial et de la couronne de

Naples, de France, de Jérusalem et de Constantinople.

Car le roi de France entend aussi libérer ces deux dernières villes (Constantinople a été conquise en 1453 par les musulmans). Mais il lui faudra rebrousser chemin devant la coalition italienne qui se forme, et quitter l'Italie malgré la *furia francese* victorieuse à Fornoue (5 juillet 1495).

Mêmes difficultés pour Louis XII, qui se heurte à une Sainte Ligue animée par le pape Jules II, peu soucieux de voir le grand royaume de France dominer l'Italie.

De cette aventure italienne resteront le renforcement d'un courant d'hommes et d'idées, et l'influence dominante de la création artistique italienne dans le royaume de France.

D'un côté, les hommes d'armes (Charles VIII est entré en Italie à la tête de près de trente mille hommes) ; de l'autre, les peintres, les musiciens, les architectes, les théologiens, les philosophes, de Savonarole à Machiavel.

D'un côté le roi, de l'autre le pape.

Un lien ambigu est ainsi noué entre l'âme de la France et celle de l'Italie, qui, quelles que soient les circonstances – incompréhensions, rivalités, conflits –, ne sera jamais tranché.

C'est que les libres décisions des hommes sont orientées par des logiques enserrées dans des structures qui posent les termes d'une équation que, par leurs choix, les acteurs auront à résoudre ou à compliquer.

Le royaume de France n'a, en matière de politique extérieure, le choix qu'entre une expansion vers le nord-est (la Flandre, les Pays-Bas), l'est (au-delà du Rhin), le sud-est (l'Italie) et le sud (l'Espagne).

L'Italie est le seul territoire qui, par son morcellement et sa richesse, attire les convoitises. Et il en sera ainsi jusqu'à ce qu'il soit unifié.

À l'intérieur du royaume, le pouvoir royal est aussi confronté à des problèmes qui ne sont jamais définitivement résolus, puisqu'ils font partie de la nature même de la société française.

Que faire des grands ?

Les tuteurs de Charles VIII ont brisé leur « Guerre folle ». Et, comme Louis XI avant lui, comme Louis XII après lui, Charles VIII s'appuie sur des « roturiers », des « bourgeois » qui deviennent ses conseillers.

De même, comme Charles VII – qui avait, dans la Pragmatique sanction de Bourges, affirmé en 1438 la nécessaire obéissance du clergé français au roi de France et non au pape, sauf en matière théologique –, Charles VIII favorise l'indépendance du clergé français.

Reste le troisième ordre (après l'aristocratie et le clergé), représenté au sein des états généraux, qui reflètent l'ensemble de la nation.

Charles VIII réunit les états en 1484 et leur annonce… une réduction des impôts (de la taille).

Quant à Louis XII, il les assemble à Tours en 1506 pour leur faire rejeter le projet de mariage entre l'héritière du duché de Bretagne – sa fille Claude de France – et le petit-fils de Maximilien d'Autriche, Charles de Habsbourg… futur Charles Quint !

Quel roi de France et quels représentants des Français eussent accepté de voir le royaume pris en tenailles par les Habsbourg, écrasant l'Ile-de-France entre leurs possessions de l'Est et de l'Ouest ?

C'eût été retrouver, en pis, la situation qui avait donné naissance à la guerre de Cent Ans.

En 1514, Claude de France épouse François de Valois et apporte en dot le duché de Bretagne.

Lorsque, le 1er janvier 1515, Louis XII, « Père du Peuple », meurt sans héritier mâle, c'est son cousin, François de Valois, qui monte sur le trône sous le nom de François Ier.

Des temps nouveaux commencent, dont on pressent qu'ils sont porteurs de bouleversements majeurs dans l'ordre des valeurs – mais l'âme de la France est déjà si forte, si structurée, qu'on ne pourra la nier.

CHRONOLOGIE I

Vingt dates clés (des origines à 1515)

35 000 avant J.-C. : L'homme de Cro-Magnon, aux Eyzies-de-Tayac-Sireuil (Dordogne).
15 500 avant J.-C. : Grotte de Lascaux.
620 avant J.-C. : Fondation de Marseille.
500 avant J.-C. : Début des invasions celtes.
58-52 avant J.-C. : Jules César en Gaule.
177 : Martyrs chrétiens de Lyon.
498 : Baptême de Clovis.
800 : Charlemagne empereur.
843 : Partage de Verdun.
910 : Fondation de Cluny.
987-996 : Hugues Capet.
1096-1099 : Première croisade.
1180-1223 : Philippe Auguste.
1244 : Prise de Montségur, citadelle cathare.
1285-1314 : Philippe le Bel.
1348 : Épidémie de peste noire.
1429 : Jeanne d'Arc délivre Orléans (8 mai), est suppliciée à Rouen le 30 mai 1431.
1461-1483 : Louis XI.
1495 : Entrée de Charles VIII (1483-1498) à Naples.
1511 : Sainte Ligue (pape, Angleterre, Espagne, Venise, Suisse) contre la France de Louis XII (1498-1515).

LIVRE II

GUERRES CIVILES, GLOIRE DU ROI, PUISSANCE DE L'ÉTAT

1515-1715

1

LA GUERRE AU NOM DE DIEU

1515-1589

19

Que devient le royaume de France après que Luther a affiché, en 1517, sur les portes de la chapelle du château de Wittenberg, 95 propositions pour réformer l'Église catholique, et que dans toute l'Europe, et d'abord dans l'Empire germanique, se déchaîne la guerre des religions entre huguenots et papistes, réformés et catholiques ?

Quelles blessures seront infligées à l'âme de la France dans cet affrontement des croyants qui devient vite une guerre civile et une guerre sociale ?

Comment un royaume dont le roi est le représentant de Dieu sur terre, qui accomplit en son nom des miracles, qui détient de fait un pouvoir quasi sacerdotal, pourrait-il traverser cette épreuve sans que les passions le bouleversent et le déchirent ?

Cependant, durant quarante-cinq ans, de 1515 à 1560, la tourmente qui ravage l'Allemagne – la révolte des paysans, une vraie guerre aux arrière-plans religieux, y commence en 1524 – semble épargner la France. On y poursuit les hérétiques, on y brûle les imprimeurs, on y conspire déjà, mais le royaume ne s'embrase pas.

Le vent souffle fort, la mer se creuse dès 1520, mais le royaume continue de voguer. Ce n'est qu'en

1559-1560 que la tempête se lève et que s'approche l'heure des massacres.

Les deux premiers souverains Valois, François Ier (1515-1547) et Henri II, son fils (1547-1559), ont affirmé avec force leur foi catholique et ont condamné les huguenots.

La guerre civile, la persécution généralisée n'éclatent pas pour autant.

Mais voici que, le 30 juin 1559, au cours d'un tournoi – vestige d'un rituel médiéval –, Henri II a l'œil et le crâne transpercés par un morceau de la lance de son adversaire, Gabriel de Montgomery. Longue agonie, symbole de la souffrance nationale à venir.

Son frêle fils aîné (quinze ans), François II, lui succède, mais régnera à peine un an et demi.

Va commencer alors le temps de la guerre civile. Mais l'on se souviendra des quarante-cinq premières années du XVIe siècle comme d'une époque encore paisible.

Et pourtant, entre le 25 janvier 1515, sacre du duc de Valois, devenu François Ier, et la mort tragique de Henri II en 1559, que de transformations dans la vie du royaume, qui déterminent son avenir et marquent pour des siècles l'âme de la France !

D'abord le roi.

Il est, avec François Ier, glorieux vainqueur des Suisses à Marignan (13 et 14 septembre 1515) après avoir franchi les Alpes au col de l'Arche, 3 000 sapeurs ouvrant la route à 40 000 hommes et à 300 canons.

La tradition militaire nationale s'enracine. Sur le champ de bataille, le roi se fait sacrer chevalier par Bayard. Ce geste n'est pas la vaine tentative de faire revivre un rituel anachronique, mais l'expression d'une volonté de nouer le présent au passé. François Ier et Bayard sont des chevaliers. Il n'y a pas rupture entre les époques. L'institution monarchique est éternelle. Ainsi se créent et se renforcent les mythes nationaux.

François Ier annonce les campagnes de Bonaparte en Italie – les cols d'où l'on tombe par surprise sur l'ennemi, l'emploi de l'artillerie pour arracher la victoire. Et les avantages qu'on glane : concordat avec le pape en 1516 – le roi nomme aux charges de l'Église de France et bénéficie ainsi de sa richesse, qui devient un instrument politique pour s'attacher les candidats aux fonctions ecclésiastiques.

Il signe un traité de paix perpétuelle avec les cantons suisses : coûteux, parce qu'il faut les acheter, mais le royaume dispose ainsi d'une frontière sûre et de mercenaires courageux, dévoués, aguerris.

François Ier se sent si fort qu'il brigue en 1519 la dignité impériale. Mais l'argent des banquiers augsbourgeois – les Fugger – permet à Charles d'Espagne d'acheter les électeurs et de devenir Charles Quint.

Toute la géopolitique française s'en trouve changée : l'ennemi n'est plus l'Anglais. En 1520, François Ier accueille Henri VIII au camp du Drap d'or, mais le Habsbourg, Charles Quint, prend le royaume de France en tenailles entre le Rhin et les Pyrénées, et revendique l'héritage bourguignon.

L'Italie n'est plus seulement la terre des richesses, des arts, des créateurs qu'il faut attirer en France (Léonard de Vinci et sa *Joconde*, le Primatice, le Rosso, Cellini), mais le champ clos de l'affrontement entre le roi de France et l'empereur Charles Quint et son fils Philippe II. Entre le Français et les Habsbourg, dix-huit ans de guerre.

À la victoire de Marignan – jamais oubliée, magnifiée – succèdent les défaites, et d'abord la plus grave, le 24 février 1525 : le « désastre » de Pavie.

François Ier est fait prisonnier : « De toutes choses ne m'est demeurée que l'honneur et la vie sauve », dit-il. Transféré à Madrid, il n'est libéré qu'en signant sous la contrainte un traité léonin et en donnant ses fils en gage contre sa libération.

Humiliation.

Nécessité de trouver contre le Habsbourg des alliances nouvelles : celles des hérétiques allemands ! Et celle, encore plus scandaleuse, de Soliman le Magnifique.

Avec la complicité française, la flotte turque viendra bombarder Nice en 1543, et, pour que les équipages et les navires de Soliman puissent hiverner, François Ier les accueillera à Toulon après avoir vidé la ville de ses habitants.

L'intérêt dynastique et le « patriotisme monarchique » sont plus forts que la foi catholique !

La France inaugure ainsi une diplomatie « nationale » et « laïque » qui ne répugne pas à chercher l'appui de l'infidèle contre l'empereur chrétien, qu'il soit Charles Quint ou Philippe II d'Espagne.

Stratégie fructueuse qui permet de compenser la puissance des Habsbourg (deux souverains après l'abdication et la mort de Charles Quint – 1556, 1558 : l'empereur Ferdinand et le roi d'Espagne Philippe II) et de consolider la présence française en Orient.

Les « capitulations » de 1536 accordent des avantages aux vaisseaux et aux marchands français au Levant, et confirment que la France est la protectrice des Lieux saints.

Au terme des affrontements (victoire française à Cérisoles en 1544, résistance de Metz en 1554, puis défaite française à Saint-Quentin en 1557), le traité du Cateau-Cambrésis (1559) marque l'épuisement des deux adversaires.

Henri II conserve les trois évêchés (Metz, Toul et Verdun), rend ses États au duc de Savoie, et les Anglais rétrocèdent Calais.

Mais ces aléas de la guerre – et même la captivité de François Ier – n'ont en rien atteint le prestige du roi.

François Ier est le « César triomphant », l'égal de Cyrus et de Constantin.

Il est pour la première fois « Sa Majesté ».

Les états généraux ne sont plus convoqués (de 1484 à 1560). « Car tel est notre bon plaisir. » « Car ainsi nous plaît-il être fait. »

Le roi gouverne en réunissant des conseils : Conseil secret, Conseil étroit, Conseil des affaires.

La centralisation renforce l'absolutisme.

L'ordonnance de Villers-Cotterêts, le 10 août 1539, manifeste cette volonté royale de réglementer, de contrôler, de tenir d'une main ferme tout le royaume.

Pièce maîtresse dans cette unification, c'est, au bénéfice du roi et de toutes les juridictions du royaume, un acte juridique et politique majeur qui marque profondément l'âme de la France.

Il vise, en 192 articles, à créer une nation « homogène » :

« Le langage maternel français » est obligatoire dans les actes publics.

La langue est l'instrument de la politique : le français est la langue de l'État.

La justice devient une arme étatique : les juridictions ecclésiastiques ne peuvent juger que les affaires concernant l'Église.

Dans la procédure pénale, l'accusé se voit privé de moyens de défense au bénéfice de l'accusation. Le pouvoir royal a tiré la leçon des émeutes qui se sont produites à Lyon en 1529, et la nouvelle législation permettra de réprimer avec encore plus de sévérité la révolte de 1543-1548 qui dresse la Guyenne contre les hausses d'impôts. De même, parce qu'il a fallu faire face en 1539 à une grève des imprimeurs lyonnais, l'ordonnance de Villers-Cotterêts interdit les confréries de métier.

Une monarchie absolue se met en place au moment où l'humanisme de la Renaissance imprègne les élites tout en les séparant du reste du peuple.

Le pouvoir se ramifie. Il construit ou réaménage les châteaux de Chambord, Fontainebleau, Amboise, Anet, ainsi que le Louvre. Il augmente sa puissance militaire : il paie les mercenaires suisses, « solde » les compagnies, les dote d'armes nouvelles (arquebuses, bombardes, couleuvrines, pistolets). Il se veut resplendissant – la Cour autour du roi compte plusieurs milliers de courtisans –, rayonnant : Bibliothèque royale, Typographie royale, Collège des lecteurs royaux, « noble et trilingue Académie » – latin, grec, hébreu –, futur Collège de France.

Et il a dès lors de plus en plus besoin d'argent.

Il faut, pour lever l'impôt, connaître le nombre des habitants.

Les curés sont chargés de tenir des registres des naissances et des baptêmes.

En 1523 est créé un Trésor de l'épargne. On emprunte aux villes. On multiplie les créations d'« offices » qui sont vendus afin d'augmenter les recettes.

On applique avec rigueur le concordat de 1516 :

« Le Roi nomme, dit l'ambassadeur de Venise, à 10 archevêchés, 82 évêchés, 527 abbayes, à une infinité de prieurés et canonicats. Ce droit de nomination lui procure une grandissime servitude et obéissance des prélats et laïques par le désir qu'ils ont des bénéfices. Et de cette façon il satisfait ses sujets, mais encore il se concilie une foule d'étrangers. »

Les sujets paient et reçoivent, mais le pouvoir absolu exige obéissance.

« En quelque chose que le Roi commande, il est obéi aussitôt comme l'homme l'est des bêtes ! » dit Maximilien d'Autriche.

Et ceux qui ne plient pas, ou ceux qui, dans le domaine financier, essentiel pour la monarchie absolue, fraudent, sont châtiés.

Le roi ne peut pardonner les malversations, même s'il en bénéficie un temps. À la fin, il condamne et s'approprie.

Ainsi le surintendant Jacques Beaume de Semblançay est-il pendu le 9 août 1527 au gibet de Montfaucon :

Frères humains qui après nous vivez
N'ayez les cœurs contre nous endurcis...

Mais l'« humaniste » François Ier ne transige pas à propos de son pouvoir.

« Il n'y a qu'un roi de France, dit-il, et garderais bien qu'il n'y aurait en France un Sénat comme à Venise... »

Pas de Parlement outrepassant ses fonctions judiciaires :

« Le roi vous défend que vous ne vous entremettiez en quelque façon que ce soit du fait de l'État ni d'autre chose que de la justice. »

Ainsi, dans cette première moitié du XVIe siècle, on ne peut se contenter de regarder les tableaux inspirés de l'école italienne ou les châteaux. Il ne faut pas s'en tenir à cette Renaissance qui change le décor, les costumes et les mœurs.

On assiste en fait à l'affirmation d'une monarchie nouvelle, centralisatrice, unificatrice, autoritaire.

L'absolutisme encadre la nation, dicte ses ordonnances. En imposant la langue de l'État, le français, la monarchie entend régir l'âme de la France. Elle renforce la nation, même si sa rigidité tout comme le mécanisme de vente des offices nécessaire à son financement portent en eux, à long terme, des éléments de faiblesse.

Mais, vers 1550, c'est la force de la royauté française qui frappe.

Pour Machiavel, elle est un modèle. Nation la plus peuplée d'Europe, elle est efficacement gouvernée.

« Nul pays n'est aussi uni, aussi facile à manier que la France, écrit un ambassadeur vénitien en 1546. Voilà sa force, à mon sens : unité et obéissance. Les Français, qui se sentent peu faits pour se gouverner eux-mêmes, ont entièrement remis leur liberté et leur volonté aux mains de leur roi. Il lui suffit de dire : « Je veux telle ou telle somme, j'ordonne, je consens », et l'exécution est aussi prompte que si c'était la nation entière qui eût décidé de son propre mouvement. »

Cette relation particulière entre un peuple et son souverain est la traduction politique d'un sentiment partagé entre celui-ci et les Français : le patriotisme.

Et les poètes, les écrivains – ils forment une Pléiade incomparable, de Clément Marot à Ronsard, de Rabelais à Du Bellay, de Montaigne à

Desportes –, les juristes, l'expriment, chantent la patrie :

Plus me plaît le séjour qu'ont bâti mes aïeux
Que des palais romains le front audacieux
Plus que le marbre dur me plaît l'ardoise fine
Plus mon Loire gaulois que le Tibre latin
Plus mon petit Liré que le mont Palatin
Et plus que l'air marin la douceur angevine,

dit Du Bellay, évoquant son village natal et rêvant de « vivre entre ses parents le reste de son âge ».

Il ajoute en 1559 :

Laisse-moi donques là ces Latins et Grégeois
Qui ne servent de rien au poète françois
Et soit la seule cour ton Virgile et Homère
Puisqu'elle est, comme on dit, des bons esprits la mère.

Les auteurs anonymes de chansons populaires riment autour des mêmes thèmes.

Ils exaltent « le noble roi François », vainqueur à Marignan, et pleurent lors de sa détention à Madrid après le désastre de Pavie.

Mais, durant toute sa captivité – un an –, la fidélité au souverain n'est jamais remise en cause.

Alors que la régente – Louise de Savoie, mère du roi – est à Lyon, les Parisiens, craignant l'invasion, créent une assemblée représentative qui s'arroge certes des pouvoirs, mais qui s'affirme décidée à combattre l'ennemi « impérial ». Et il en est ainsi dans tout le royaume.

Ce « patriotisme » est une des spécificités françaises, et les femmes en sont souvent les porte-parole, comme si elles reprenaient le glaive de Jeanne d'Arc.

D'ailleurs, autour de François Ier et de Henri II, les femmes jouent un rôle décisif.

Louise de Savoie mène les négociations pour la libération de son fils. Sa sœur Marguerite, sa maîtresse Anne, duchesse d'Étampes, sont des actrices de la vie culturelle et favorisent la diffusion de l'humanisme.

Diane de Poitiers, maîtresse de Henri II, et naturellement son épouse Catherine de Médicis, fille de Laurent de Médicis, nièce de deux papes, mère de François II, puis de Charles IX (1560-1574) et de Henri III (1574-1589), d'une reine d'Espagne et d'une reine de Navarre, ont elles aussi un grand poids politique.

Ce rôle des femmes au sommet de l'État, dans le cœur du pouvoir absolutiste, que Jeanne d'Arc avait incarné au siècle précédent, se trouve ainsi confirmé au XVIe siècle et devient l'un des traits majeurs de l'« âme de la France ».

Ce sentiment national, ce patriotisme, cet absolutisme, se renforcent mutuellement et accroissent le pouvoir du roi.

Ils vont être confrontés à la Réforme, c'est-à-dire à la possibilité, pour l'un des sujets du royaume, d'opter pour une autre religion que celle de son souverain.

Et, de surcroît, une foi souvent étrangère, hérétique (Luther a été excommunié par la diète de Worms en 1521).

Le risque d'une résurgence d'un « parti de l'étranger » est, au fur et à mesure que le siècle s'avance, de mieux en mieux perçu par ceux qui, « politiques », souhaitent préserver l'unité du royaume et donc organiser la « tolérance » pour les adeptes de la « religion prétendument réformée ».

Durant toute la première moitié du XVIe siècle – jusqu'en 1560, date de la mort de François II –, la situation oscille.

Marguerite, sœur de François Ier, humaniste, influence le roi, favorable à ceux (Lefèvre d'Étaples, un érudit ; Briçonnet, évêque de Meaux), qui veulent, en bons lecteurs de la Bible – dont les exemplaires imprimés se répandent –, purifier l'Église.

Le 5 février 1517, François Ier a même chargé Guillaume Budé d'inviter Érasme à venir à Paris : « Je vous avertis que si vous voulez venir, vous serez le bienvenu », lui écrit le monarque.

La création du Collège trilingue (latin, grec, hébreu) des lecteurs royaux participe de cette ouverture humaniste tolérée et même souhaitée dès lors qu'elle ne touche que le monde intellectuel et ne met pas en cause le pouvoir politique.

Mais l'excommunication de Luther, la publication en français de *L'Institution chrétienne* de Calvin, le choix de l'« hérésie » par près de la moitié de la noblesse (les Condés, les Montmorencys, les Bourbons), inquiètent les souverains.

C'est leur pouvoir absolu que leur « tolérance » remet en cause.

Et l'Église catholique, dont ils sont en fait les maîtres politiques, est un rouage trop important de leur système absolutiste pour qu'ils acceptent de la voir attaquée ou simplement concurrencée.

Pour un roi de France – même prince de la Renaissance, même humaniste comme François Ier –, le fait que certains de ses sujets rompent avec le pape, refusent les sacrements, quittent donc l'Église catholique, la religion dont il est le « représentant » par le sacre, est inacceptable.

Dès lors, durant cette première moitié du XVIe siècle, la persécution des huguenots va s'accentuer, sans provoquer encore de guerre civile.

Dès 1523, des hérétiques sont brûlés à Paris, place Maubert.

Il suffit qu'une statue de la Vierge ait été mutilée pour que d'autres soient torturés, condamnés au bûcher.

En 1529, un gentilhomme, Berquin, est ainsi exécuté.

En 1534, le roi s'indigne et s'inquiète qu'on ait osé placarder sur la porte de sa chambre, à Amboise, mais aussi au Louvre, des textes hostiles à la messe.

Cette « affaire des placards » le persuade que les huguenots sont des ennemis du pouvoir royal.

La persécution s'intensifie. On torture. On brûle. L'imprimeur Étienne Dolet est ainsi exécuté (1546), et le roi laisse le parlement d'Aix exterminer dans le Luberon 3 000 hérétiques « vaudois » dont les villages sont détruits.

La machine à massacrer est en marche.

Une « Chambre ardente » est créée dès 1551 auprès du parlement de Paris, et un inquisiteur dominicain y siège. Elle rendra en trois ans plus de 500 arrêts contre l'hérésie.

Un édit d'Écouen autorise en 1559 à abattre tout huguenot révolté ou en fuite. Et le conseiller Anne Du Bourg, qui s'oppose à cet édit, est étranglé et brûlé.

Mais cette persécution n'empêche pas, en 1555, Calvin, réfugié à Genève, d'organiser les églises réformées de France. En 1560, on en compte plus de 150, représentant deux millions de fidèles. Un synode national se réunit même à Paris.

Sur son lit de mort, Henri II a beau murmurer : « Que mon peuple persiste et demeure ferme en la foi en laquelle je meurs », des protestants chantent des psaumes sur l'autre rive de la Seine, en face du Louvre.

Ce défi à l'autorité royale, à l'absolutisme, à la règle fondatrice – « religion du roi, religion du royaume » –, constitue une lourde menace.

D'autant plus politique que des conjurés huguenots cherchent à s'emparer du roi en résidence à Amboise. Cette conjuration ourdie par des gentilshommes va échouer, et les nobles « catholiques » conduits par François de Guise exécuteront plus d'une centaine de conjurés, dont certains sont pendus aux balcons du château.

Est-ce le temps des massacres qui commence ?

La mort de François II permet à sa mère Catherine de Médicis de faire promulguer deux édits qui tentent d'éviter la guerre civile.

Le premier amnistie les conjurés d'Amboise.

Le second, distinguant l'hérésie de la rébellion, entrouvre ainsi la porte à la tolérance religieuse dès lors qu'elle ne se mue pas en force politique hostile au pouvoir royal.

Est-ce possible ?

Un imprimeur est encore brûlé vif pour écrits séditieux ; des huguenots sont massacrés à Lyon.

Comment établir une frontière nette entre critique de l'Église et opposition au roi qui en est le protecteur ?

D'ailleurs, les protestants recommencent à conspirer. Ils tentent de s'emparer de Lyon (septembre 1560). Alors la répression s'abat sur eux.

Devant les états généraux réunis à Orléans peu après la mort du roi François II – le 5 décembre 1560 –, le chancelier Michel de L'Hospital lance un appel à la tolérance qui est aussi l'expression d'un désir d'unité française, de sagesse politique et de tolérance.

On ne peut, dit-il, convaincre les huguenots qu'avec les « armes de la charité, les prières, persuasions, paroles de Dieu qui sont propres à tel combat. Le couteau vaut peu contre l'esprit. Ôtons ces mots diaboliques, luthériens, huguenots, papistes : ne changeons pas le nom de chrétien ! »

Cette voix est aussi celle d'une autre spécificité française.

Elle affirme qu'entre les camps opposés, entre les violences qui s'exacerbent l'une l'autre, il existe un choix « médian » récusant l'extermination d'un camp par l'autre, parce que la première victime en serait le royaume, la nation elle-même.

20

La France de 1560 peut-elle entendre la voix de la sagesse et de la tolérance ?

Les passions religieuses qui se déchaînent nourrissent les ambitions, les haines, les ressentiments, les convictions, les croyances que la monarchie centralisatrice, autoritaire, marchant vers l'absolutisme, a jusque-là réussi à contenir, à refouler, à étouffer.

Et toutes les vieilles blessures se rouvrent au moment où le pouvoir se trouve affaibli.

En 1560, un enfant de dix ans est devenu Charles IX, roi de France. Il est maladif, dépressif, velléitaire.

Et c'est sa mère, Catherine de Médicis, « par la grâce de Dieu, reine de France, mère du Roy », qui exerce la régence, avec l'habileté, le sens de l'intrigue, l'absence de scrupules, le cynisme d'une fille des Médicis de Florence, élèves de Machiavel.

Elle n'a qu'un seul but : ne rien céder du pouvoir royal, celui de Charles IX, c'est-à-dire le pouvoir qu'elle détient, et peut-être demain celui de son fils préféré, Henri – sans compter qu'après lui reste encore un frère cadet, François.

Quant à sa fille Marguerite, elle la mariera le moment venu à l'un des grands, duc ou prince, et pourquoi pas au roi de Navarre, Henri de Bourbon ?

Elle se méfie de tout et de tous.

De ces Guises – François, le général ; Charles, l'archevêque de Reims – qui prétendent descendre en ligne directe de Charlemagne et qui incarnent un catholicisme intransigeant. Ils sont pénétrés de l'esprit du concile qui, réuni à Trente, après 1545, ne cède rien aux « réformés », mais élabore au contraire une Contre-Réforme, qui recrée l'Inquisition sous le nom de Congrégation de la Suprême Inquisition, laquelle s'appuie sur la Compagnie de Jésus – l'armée noire du pape – pour diriger les consciences des hommes et des femmes d'influence, et établit les listes des livres « diaboliques » à proscrire.

De ces autres grands, les Bourbon-Condé, qui soutiennent les huguenots.

Des Bourbon-Navarre, eux aussi tentés par la « religion prétendument réformée ».

Catherine de Médicis s'inquiète de voir ces protestants se doter d'une organisation militaire, exprimant, sous le couvert de la foi nouvelle, les volontés d'autonomie des grands seigneurs et des villes brisées par le pouvoir royal.

Cette situation religieuse, politique, sociale – la disette reparaît, les prix des denrées montent, la misère, qui semblait contenue, se répand à nouveau avec, ici et là, des poussées de peste noire –, est d'autant plus lourde de menaces que chaque camp regarde vers l'étranger.

Les catholiques vers l'Espagne, les huguenots, vers ces « Gueux » des Pays-Bas qui combattent l'Espagnol Philippe II et affirment leur religion et leur désir d'indépendance.

L'Allemagne s'émiette.

La religion du prince est celle de son peuple.

Il en ira ainsi en Angleterre, quand Élisabeth, après le schisme de Henri VIII, choisira en 1563 de créer l'Église anglicane, antipapiste, mais hiérarchisée à l'instar de l'Église catholique.

Dans cette nouvelle configuration des forces en Europe, la France hésite encore.

Étrange moment, révélateur du caractère complexe de l'histoire nationale et de l'âme de la France.

Autour d'elle, les peuples s'alignent. Les uns entrent au temple, les autres, dans l'Église romaine ou dans l'Église anglicane.

Les peuples obéissent à leur souverain : *Cujus regio, ejus religio*.

Mais la France, fille aînée de l'Église, hésite et débat.

Le patriotisme, le sentiment national sont déjà si forts que, durant deux années encore (1560-1562), Catherine de Médicis et ses conseillers tentent d'éviter la guerre civile.

Ronsard, « papiste », s'adresse au souverain :

Sire, ce n'est pas tout que d'être Roi de France
Il faut que la vertu honore votre enfance...

Et dans cette *Institution pour l'adolescence du roi Charles IX* (1561), il convoque l'histoire devenue référence, légende :

Du temps victorieux vous faisant immortel
Comme Charles le Grand ou bien Charles Martel...

L'invincible, l'indomptable Charles Martel...

La régente organise à Poissy, en septembre 1561, un colloque où des représentants de la religion catholique et de la religion réformée débattent, échangent avec vigueur des arguments en faveur de leur foi.

Dialogue de la dernière chance – mais significatif de la singularité française – où les plus radicaux des intervenants – Théodore de Bèze pour les huguenots, le général des jésuites Lainez – empêchent que la tolérance l'emporte.

Cependant, l'édit de Saint-Germain, le 17 janvier 1562, reconnaît dans certaines conditions le droit pour les pasteurs de prêcher à l'extérieur des villes, qui leur demeureront closes.

C'est un pas vers l'apaisement, vers la reconnaissance de l'autre.

Mais les passions débordent, entraînent le peuple.

Des protestants saccagent des églises. Des catholiques, des temples. Les uns et les autres prennent les armes, s'affrontent déjà.

Et premier massacre à Vassy, non prémédité.

Il a suffi, le 1er mars 1562, à François de Guise et à ses hommes d'entendre chanter des psaumes dans la ville – en contradiction avec l'édit de Saint-Germain – pour qu'ils tuent des dizaines de huguenots. On massacre des « religionnaires » dans plusieurs villes. En guise de riposte, les protestants s'emparent d'autres cités.

La porte de la cruauté et de la guerre civile vient de s'ouvrir, et elle ne se refermera – jamais totalement – que trente-six années plus tard, en 1598, avec l'édit de Nantes, pacification précaire.

Cependant, comme si dès 1562 les Français pressentaient que le pire pour le royaume était encore à venir, s'expriment alors le désarroi, la souffrance devant ce malheur qu'est la guerre entre Français.

Réfugié à Bâle, un huguenot (Castellion) écrit dans son *Traité des hérétiques* : « Supportons-nous l'un l'autre et ne condamnons incontinent la foi de personne. »

Quant à Ronsard, dans la *Continuation du Discours sur la misère de ce temps*, il décrit :

L'extrême malheur dont notre France est pleine […]
Comme une pauvre femme atteinte de la mort
Son sceptre qui pendait et sa robe semée
De fleurs de lis était en cent lieux entamée
Son poil était hideux, son œil hâve et profond
Et nulle majesté ne lui haussait le front.

Castellion, dans son *Conseil à la France désolée*, insiste sur le malheur absolu qu'est la guerre civile : « Ce ne sont pas les étrangers qui te guerroient comme bien autrefois a été fait lorsque par dehors tu étais affligée, pour le moins tu avais par dedans l'amour et accord de tes enfants quelque soulagement. Aujourd'hui, ce sont tes propres enfants qui te désolent et affligent. Tes villes et villages, voire les chemins et les champs, sont couverts de corps morts, tes rivières en rougissent et l'air en est puant et infect. Bref, en toi il n'y a ni paix ni repos, ni jour ni nuit, et on n'entend que plaintes, et hélas de toutes parts sans y pouvoir trouver lieu qui soit sûr et sans frayeur et meurtre, crainte et épouvantement. »

La France se déchire et les Français s'entretuent. L'âme de la France souffre.

Le patriotisme et la conscience nationale éplorés ne peuvent pourtant empêcher les affrontements de se succéder – quatre « guerres » de 1562 à 1574 –, ni les camps en présence de faire appel à leurs « coreligionnaires » des pays voisins.

Ainsi, en même temps que resurgissent, derrière les engagements religieux, les ambitions des grands féodaux, les colères sociales, on voit renaître le « parti de l'étranger ».

Les huguenots livrent Le Havre aux Anglais, en appellent aux reîtres et aux lansquenets allemands, cependant que les catholiques se tournent vers l'Espagne de Philippe II.

De même se profile le risque d'éclatement du royaume.

Des « républiques théocratiques », des places de sûreté « huguenotes », se constituent.

Les villes de La Rochelle, de Nantes, de Nîmes, de Bourges, de Montpellier, de Montauban, échappent à l'autorité royale, alors que Paris – et son parlement, dont la juridiction s'étend à une grande partie de la France, hors le sud du pays – est farouchement, fanatiquement catholique.

On voit ainsi s'organiser une sorte de république des Provinces-Unies du Midi dont les capitales sont Nîmes et Montauban et qui dispose d'un port, La Rochelle.

Mais l'attachement à l'unité nationale perdure.

Des édits (notamment celui d'Amboise en 1563), qui sont autant le résultat du rapport des forces que la manifestation de l'espérance dans le retour à la paix civile, suscitent des trêves précaires.

Et le roi continue d'incarner la nation.

Profitant d'une longue suspension des combats, Catherine de Médicis tente de rassembler les adversaires autour de Charles IX.

Elle parcourt la France à ses côtés dans un long périple de vingt-sept mois (1564-1566). Les populations divisées, les villes huguenotes, l'accueillent, se retrouvent autour de lui, attestant qu'il est la clé de voûte du pays, que sa force symbolique est grande et que ses sujets veulent croire en la fin de leurs affrontements fratricides.

À dire vrai, chaque camp voudrait avoir à sa tête ce roi-emblème. Les huguenots essaient même de l'enlever, à Meaux, en 1567 ! Ils échouent.

Catherine de Médicis ne renonce pas.

Elle veut réaliser le projet de mariage entre sa fille Marguerite et Henri de Bourbon, roi de Navarre, union d'une catholique de sang royal et d'un hérétique. Ce faisant, la réconciliation est-elle possible ? L'unité du royaume va-t-elle se reconstituer ?

Charles IX a vingt ans en 1570. L'amiral de Coligny, la plus forte personnalité huguenote, est admis au Conseil du roi.

Lui aussi a le projet de reconstituer l'unité du royaume en concevant une grande politique étrangère « nationale ». La France prendrait la tête d'une large coalition protestante en s'alliant avec les « Gueux » des Pays-Bas et en menant à leurs côtés la guerre contre Philippe II, le Habsbourg, le roi de cette Espagne ennemie de la France.

On saisit ici combien, quand il s'agit de la France – la plus grande puissance d'Europe –, sont toujours intriquées politique intérieure et politique extérieure.

La « géopolitique » commande cette liaison. C'est là une caractéristique permanente de l'histoire nationale.

Le mariage de Marguerite et de Henri de Navarre doit se célébrer en août 1572.

C'est un moment charnière. L'apparence est à l'unité retrouvée.

Les nobles huguenots entrent dans Paris pour participer aux fêtes nuptiales. Coligny est devenu le conseiller influent du roi.

Mais aucun camp n'a désarmé.

Catherine de Médicis a organisé le piège en même temps qu'elle œuvrait à la réconciliation. Les Guises n'ont pas renoncé. Une tentative d'assassinat de Coligny échoue. L'ordre est donné de massacrer les protestants pour noyer l'attentat contre Coligny dans un flot de sang.

C'est la Saint-Barthélemy, le dimanche 24 août 1572.

On poignarde. On noie. On égorge. On dépèce. On brûle. On pille.

Le peuple – femmes et enfants – arrache les membres des victimes, jette les nouveau-nés dans la Seine. On trouve des morceaux de chair dans toutes les rues de Paris. Crimes barbares et rituels.

Le peuple échappe à ses chefs.

Le massacre, à Paris, par la foule enivrée de passion, s'inscrit dans l'âme de la France, annonce d'autres massacres.

La Saint-Barthélemy devient un repère, une référence. En août-septembre 1792, on craindra – deux cent vingt ans plus tard, donc ! – une « Saint-Barthélemy des patriotes », et les massacres de Septembre rappelleront, par leur violence rituelle, leur barbarie, ceux d'août 1572.

Tout au long de notre histoire, dans nos « guerres de religion » – qui se nommeront alors guerres de classes –, on massacrera (1834, 1848, 1871, 1934, 1944).

Paris n'est pas une ville paisible, mais une capitale ensanglantée, l'épicentre des passions françaises.

Le massacre se propage et fait trembler toute la France.

On tue dans de nombreuses villes : à Meaux, Orléans, Bourges, Troyes, Rouen, Bordeaux, etc.

Les huguenots se vengent, une furie iconoclaste se répand. D'autres protestants quittent le pays.

Tuer ou être tué, combattre et se protéger dans les places de sûreté, se terrer, fuir : telles apparaissent à beaucoup les seules issues.

Le pouvoir royal ordonne les massacres ou ne les empêche pas. Dès lors, comment faire encore confiance à ce roi, hésitant, il est vrai, placé devant le fait accompli, mais finalement l'acceptant, le couvrant, le légitimant – qui a laissé égorger jusque dans les chambres du Louvre ?

Quant à Henri de Navarre, il n'a dû son salut qu'au fait qu'il a – comme Henri de Condé – promis d'abjurer (il le fera le 3 septembre 1572).

Ces massacres se poursuivent d'août à octobre 1572 et font entre 15 000 et 30 000 victimes.

Une procession royale, le 4 septembre, rend grâce pour la victoire de la Juste Foi. À Rome, le pape Grégoire XIII célèbre un *Te Deum*.

Le parti huguenot est décapité.

Le roi peut donc, dans une ordonnance, exiger que l'on arrête de tuer, d'attenter à la vie et aux biens de « ceux de la religion nouvelle ».

Mais comment le croire ?

Un protestant, Duplessis-Mornay, écrira : « L'État s'est crevassé et ébranlé depuis la journée de la Saint-Barthélemy, depuis que la foi du Prince envers le sujet et du sujet envers le Prince, qui est le seul ciment qui entretient les États en un, s'est si outrageusement démentie. »

Dans l'âme de la France plane désormais le soupçon que le pouvoir peut mentir, trahir, qu'il faut se méfier de lui.

Certes, cela n'efface pas le sentiment enraciné que le roi est, comme dit Duplessis-Mornay, « le seul ciment » de la nation.

Mais il faut, en face de lui, rester sur ses gardes, et donc le contrôler.

Et pourquoi ne pas élire le roi, affirmer la supériorité des états généraux sur le monarque, exiger de pouvoir le désavouer, le renvoyer et même le condamner ? Car le tyrannique ne peut devenir légitime.

Entre le roi et certains de ses sujets – les huguenots, en l'occurrence –, c'est l'ère du soupçon qui commence.

La Saint-Barthélemy fait naître de nouveaux adversaires de l'absolutisme, des ennemis des rois (les « monarchomaques », tels Théodore de Bèze et François Hotman).

Faut-il s'étonner que les protestants soient, trois siècles plus tard – les nations ont une longue mémoire –, parmi les plus ardents défenseurs du libéralisme politique, et qu'ils jouent un rôle majeur dans le mouvement et le gouvernement républicains ?

Ainsi, la Saint-Barthélemy, si elle a arrêté la progression de la religion prétendument réformée, a aggravé les tensions. Les blessures sont profondes.

Les « malcontents » sont nombreux même chez les catholiques, que les massacres ont effrayés.

Quand Charles IX meurt à Vincennes, le 30 mai 1574, à vingt-quatre ans, Catherine de Médicis exerce la régence, puisque son avant-dernier fils, Henri, a été élu roi de Pologne.

Henri III va succéder à Charles IX à la tête d'un royaume divisé vers lequel, quittant Cracovie, il se dirige à petite allure.

21

Ce roi qui traverse l'Europe, qu'on fête à Vienne et qui s'attarde à Venise parce qu'il aime les plaisirs, a vingt-trois ans. C'est un Valois, fils de la Renaissance, beau, séducteur, brillant et lettré.

Il raffole du luxe, des parfums, des tissus.

Il est sensible aux charmes des jeunes femmes, et, assure-t-on, des jeunes gens qui l'entourent, ces *mignons* qu'il dote et qui forment une Cour joyeuse.

Pourtant, il n'ignore rien de la cruauté des temps.

Catholique, il peut – mais joue-t-il ? – manifester une piété exaltée, baroque.

Il n'a pas hésité à participer au massacre de la Saint-Barthélemy. La Contre-Réforme lui convient, même si, dans sa vie privée, rien ne le freine.

Il est le roi, c'est-à-dire qu'il n'a de comptes à rendre qu'à lui-même et à Dieu.

Il a le sens de ses devoirs politiques. Il doit gouverner ce royaume déchiré où le sang n'en finit pas de couler. Et où, il le sait, son pouvoir royal et sa personne sont mis en cause.

Il veut renforcer l'État. Et il est lui aussi pénétré de l'idée que l'autorité du roi est la condition de l'unité et de la paix.

Il est ainsi un continuateur de Louis XI et de François Ier, cherchant à accroître l'efficacité du gouvernement, transformant le Conseil du roi en un

Conseil d'État qui se divise en Conseil des parties et en Conseil des finances.

Il gouverne avec l'aide de ces « gens de robe », nobliaux aux origines modestes mais que l'ambition et la volonté de s'enrichir transforment en grands serviteurs de l'État.

Ainsi – c'est là un trait français, une tendance longue et puissante de notre histoire –, le désir du renforcement de l'État ne disparaît pas, alors que les obstacles qu'il rencontre se multiplient, que les « monarchomaques » se nourrissent des haines religieuses pour justifier leur théorie d'un pouvoir royal contrôlé, limité.

Les ennemis du roi recrutent certes parmi les huguenots, soucieux de défendre leur « sûreté », mais aussi parmi les grands seigneurs, héritiers et nostalgiques des pouvoirs féodaux.

Les Guises sont des catholiques intransigeants – ultras et même fanatiques –, comme le roi, mais ils contestent son pouvoir. Les Bourbons sont huguenots, mais sont aussi des « féodaux », tel Condé, et l'un d'eux, Henri, est même roi de Navarre.

Qui peut croire à la sincérité de son abjuration, obtenue alors qu'on pressait la pointe d'une épée sur sa gorge durant la Saint-Barthélemy ?

Henri III doit aussi compter avec ce tiers parti des « malcontents », des « politiques », qui trouve en François de Valois, frère cadet du roi, un soutien considérable.

Ces oppositions suscitent contre le monarque et ses « mignons » – le duc de Joyeuse, le duc d'Épernon – des libelles, des pamphlets, une floraison de rumeurs et de reproches visant les mœurs dissolues, la prodigalité, les fêtes fastueuses du souverain.

Le pouvoir royal est devenu une cible.

On le vise de toutes parts pour des raisons différentes : religieuses, féodales, morales, vindicatives ou même sociales – la disette serre souvent le peuple à la gorge et l'épidémie relaie la faim.

Situation d'autant plus difficile pour le roi qu'il a besoin d'argent, qu'il demande aux états généraux de lui voter des subsides alors même qu'on le critique et le conteste.

Il suffit d'un événement – l'évasion de Paris, en 1575, de François, frère du roi, et de Henri de Navarre, tous deux retenus prisonniers – pour que la tension se mue en nouvelle guerre.

Relaps, hérétique à nouveau, Henri, roi de Navarre, va devenir le chef et le protecteur des Églises réformées de France.

Ainsi s'aggrave une crise politique et nationale complexe où se conjuguent des déterminants divers et contradictoires. Ce sera là un des traits permanents de notre histoire : le pouvoir central est toujours contraint de tenir compte de forces qui souvent s'équilibrent, s'opposent entre elles. L'unité nationale, qui est pourtant un désir permanent, demeure précaire. L'autorité de l'État – dont la puissance pourtant se renforce d'autant plus que les tendances à l'éclatement sont puissantes – ne cesse d'être remise en cause.

Quand le pouvoir ne peut être le fédérateur de toutes les forces, il doit s'allier à certaines d'entre elles, au risque de voir toutes les autres se liguer contre lui.

Henri III choisit ainsi en 1576 – après des batailles perdues – de négocier avec les huguenots et de leur concéder des avantages considérables (édit de Beaulieu, 7 mai 1576).

Quatre ans seulement après le massacre de la Saint-Barthélemy, le culte de la nouvelle religion peut être célébré partout sauf à Paris.

Les huguenots non seulement peuvent conserver huit places de sûreté, mais ils seront représentés à égalité avec les catholiques dans les parlements.

Et, décision lourde de symbole, les victimes de la Saint-Barthélemy sont réhabilitées.

On mesure, à cet édit, combien les préoccupations politiques l'emportent, chez le roi, sur les engagements religieux. C'est son pouvoir et l'unité du royaume autour de sa personne qui comptent au premier chef.

Mais, par l'étendue des concessions consenties aux huguenots, il affaiblit sa position face aux catholiques.

Des ligues se constituent, fédérées par Henri de Guise. Et lorsque les états généraux se réunissent à Blois (1576), une majorité de parlementaires obligent Henri III à renoncer à l'édit de Beaulieu et lui refusent les subsides qu'il réclame.

Pis : la tentation est grande, chez nombre d'entre eux, de contester son pouvoir, même si la majorité craint l'éclatement du royaume.

En France, la conscience nationale est déjà persuadée qu'il n'est pire malheur que la rupture de l'unité du royaume.

C'est ce qu'exprime, dans ses *Six livres de la République,* Jean Bodin, quand il développe l'idée de la nécessité d'un pouvoir fort, au-dessus des factions, assurant l'unité nationale, et, en politique extérieure, l'indépendance.

Le pouvoir central – royal – était alors seul capable d'assurer ces deux conditions de la paix civile. Et la tolérance entre religions antagonistes sera possible à condition précisément que le pouvoir soit fort.

L'idée d'un pouvoir arbitre – et, à terme, laïque – commence ainsi à sourdre.

Et, contradictoirement, les partisans d'un pouvoir limité sont aussi les adversaires de la tolérance.

Voilà encore une spécificité française qui s'esquisse.

La logique de l'affrontement est encore la plus forte. Même si, durant quelques années, la guerre cède la place à des trêves, à des paix provisoires, à des édits de conciliation qui permettent, en 1578-1579, à Catherine de Médicis de visiter, en compagnie de Henri de Navarre, les provinces huguenotes dans l'espoir d'en obtenir de l'argent, ressort indispensable du pouvoir, la situation est par trop dégradée pour qu'une paix véritable soit possible.

Disettes, tremblements de terre, inondations, épidémies et poussées de peste noire ravagent le royaume : on dénombrerait 50 000 victimes de l'épidémie rien qu'à Paris ! Et, dans les territoires qu'ils contrôlent, les Guises et Henri de Navarre se préparent à une nouvelle guerre.

Quand on apprend que le frère du roi, François, est mort, le 10 juin 1584, et que, Henri III n'ayant point de fils, c'est Henri de Navarre, chef des Églises réformées, qui est le seul héritier légitime de la couronne, les hostilités paraissent inéluctables. Les catholiques ne peuvent accepter d'avoir pour souverain un hérétique et un relaps.

C'est un nouvel abîme qui s'ouvre, où le royaume risque fort de basculer et d'être enseveli.

Une fois de plus s'opère la conjonction entre situation intérieure et politique extérieure.

Les Guises concluent un accord avec l'Espagne. C'est un grand projet politique, contraire à celui qu'avait tenté de mettre sur pied Coligny en 1572. Il s'agit, avec l'appui de Philippe II (qui verse des subsides), d'extirper l'hérésie, de s'allier avec le

Habsbourg pour faire la guerre aux « Gueux » des Pays-Bas et y assurer ainsi la domination de l'Espagne.

Naturellement, ce « parti de l'étranger » espère s'emparer en France du pouvoir royal.

Les Guises prétendent descendre de Charlemagne : ne valent-ils pas mieux qu'un roi de Navarre hérétique ? Ils peuvent compter sur la Sainte Ligue, qui a pris le contrôle de Paris.

On voit se développer en effet dans la capitale (à partir de 1576, et surtout de 1585) un vrai parti politique qui associe un catholicisme intransigeant à des aspirations et à des structures démocratiques.

Les « militants » – plusieurs milliers – sont encadrés par des « moines » ligueurs ; ils élisent des responsables de quartier. Un conseil des Seize les représente.

Cette conjonction d'une idéologie radicale et de la volonté populaire d'exercer directement le pouvoir annonce elle aussi une des lignes de force de l'histoire nationale.

La « propagande » condamne le « tyran » et ses mœurs. Elle appelle au tyrannicide.

Il n'a servi de rien à Henri III de se rallier aux positions des catholiques intransigeants (au traité de Nemours, en 1585), de ne laisser aux huguenots que le choix entre l'abjuration et l'exil, et d'interdire partout le culte protestant. On le soupçonne : n'est-il pas celui qui a, neuf ans auparavant, accordé aux mêmes hérétiques, par l'édit de Beaulieu, la possibilité pour leurs pasteurs de prêcher partout en France sauf à Paris ?

Or c'est Paris qui est le foyer le plus vif de l'intransigeance catholique. Là règne la Sainte Ligue, véritable mouvement populaire qui échappe en partie au contrôle des Guises, même si le peuple de la cité les suit.

Avantage considérable dans l'affrontement entre catholiques et huguenots, car chaque camp comprend que celui qui tient Paris peut l'emporter dans le reste du royaume. Condition nécessaire, en tout cas, même si elle n'est pas suffisante.

C'est également une donnée majeure de l'histoire nationale, et elle surgit avec force, en cette fin de XVIe siècle, pour ne plus jamais s'effacer.

Mais Paris est d'autant plus difficile à maîtriser par le pouvoir que, peu à peu, la population parisienne, consciente de la symbolique de la ville (qu'on se souvienne de Clovis et de sainte Geneviève, de Philippe Auguste et d'Étienne Marcel), est toujours prête à manifester son indépendance. Elle est nombreuse, et le pouvoir s'en méfie. Le roi n'aime plus résider à Paris : Henri III lui préfère Blois.

Quand il envoie des troupes dans la capitale, même s'il affiche désormais un catholicisme aussi radical que celui de la Ligue, la ville se couvre de barricades (12 mai 1588).

Le peuple de Paris, ligueur, craint une Saint-Barthélemy des catholiques, et vient d'inventer ainsi son mode spécifique de protestation. Celui-ci se transmettra d'un siècle à l'autre, comme si les barricades devenaient un symbole et le mode d'expression de Paris, donc aussi de la France.

Quel choix politique peut faire Henri III ?

Les Guises ont ouvert la porte à l'Espagnol. Ils visent non seulement à affaiblir le pouvoir royal, mais à s'emparer du trône. Ce serait la fin de l'unité du royaume, de sa souveraineté – Philippe II subventionne les ligueurs et leur envoie des troupes –, de son indépendance. Le roi se rebelle. Le pouvoir monarchique, le sens de l'État sont plus forts que l'appartenance religieuse.

Le 25 décembre 1588, Henri III organise à Blois l'assassinat des Guises – « À présent, je suis roi ! » s'écriera-t-il – et confirme que Henri de Navarre, l'hérétique, sera son héritier.

Pour les ligueurs, le souverain n'est plus qu'un « tyran Sardanapale » contre qui le tyrannicide est légitime.

Le 1er août 1589, le moine Jacques Clément éventrera d'un coup de poignard Henri III, qui, dans son agonie, confirmera son choix dynastique.

Henri de Navarre deviendra donc Henri IV, mais le monarque mourant lui demande de se convertir.

La France n'en a pas fini avec la guerre. Henri IV va devoir conquérir et son royaume et Paris.

Et le poète Agrippa d'Aubigné, qui, enfant de huit ans en 1560, fut témoin, à Amboise, des premiers massacres de huguenots, qui a combattu, a été blessé dans les rangs protestants, qui est devenu en 1573 l'écuyer de Henri de Navarre et, en 1589, est encore à ses côtés, décrit l'état du royaume avec la compassion et la révolte désespérée d'un « patriote » :

Je veux peindre la France une mère affligée
Qui est, entre ses bras, de deux enfants chargée.
Le plus fort, orgueilleux, empoigne les deux bouts
Des tétins nourriciers ; puis, à force de coups
D'ongles, de poings, de pieds, il brise le partage
Dont Nature donnait à son besson l'usage [...]
Elle dit : « Vous avez, félons, ensanglanté
Le sein qui vous nourrit et qui vous a portés,
Or vivez de venin, sanglante géniture,
Je n'ai plus que du sang pour votre nourriture !

Cette souffrance française devant la tragédie nationale fait la force de ceux qui veulent rétablir l'unité, la souveraineté et la paix dans le royaume.

Le « parti de l'étranger » et de la division devrait, pour l'emporter, guérir l'âme blessée de la France, or il exacerbe sa douleur.

2

LA MESSE DU ROI ET DES CARDINAUX

1589-1661

22

Comment Henri IV, hérétique et relaps, qu'un souverain a choisi pour lui succéder après avoir été frappé par le poignard d'un moine fanatique, peut-il rassembler autour de lui son royaume déchiré par les haines religieuses ?

À peine un sixième de la France l'a reconnu.

La capitale est entre les mains de la Sainte Union des ligueurs, soumise aux Guises. Les Parisiens suivent les processions des prêtres, des moines, qui, brandissant crucifix et portraits de la Vierge, exaltent le tyrannicide et la vraie foi. Le pape les soutient. L'Espagne de Philippe II finance les Guises, envoie ses soldats pour renforcer les rangs des ligueurs, et rêve de voir monter sur le trône de France Isabelle, l'infante, la petite-fille de Henri II, et de soumettre ainsi la France aux Habsbourg.

Et c'est cependant Henri IV qui va l'emporter.

Il lui faut d'abord conquérir son royaume comme s'il s'agissait d'une terre étrangère, et, pour cela, faire appel à l'aide des soldats d'Élisabeth Ire, ces anglicans, adversaires des papistes.

Il a besoin d'argent.

Il se dirige donc vers la Normandie, la grasse province qui verse le plus d'impôts et dont les ports nombreux peuvent accueillir les navires anglais.

Le 21 septembre 1589, il remporte la victoire à Arques – près de Dieppe – contre les troupes de Guise, du duc de Mayenne, et il est à nouveau vainqueur des ligueurs et des Espagnols à Ivry (le 14 mars 1590).

Il a lancé : « Ralliez-vous à mon panache blanc ! »

Cela vaut certes pour une bataille, mais le royaume ne se soulève pas en sa faveur, même si les provinces et les parlements de Rennes et de Bordeaux se rallient à lui.

Cela ne représente encore jamais que la moitié du royaume. Et s'il réussit à s'emparer de Chartres, il a échoué devant Rouen, et n'a pu longtemps faire le siège de Paris.

La France est divisée. Les moines casqués, les ligueurs, les milices, tiennent la capitale. Et ce roi qui aspire à gouverner la France commence par faire mourir de faim les Parisiens en les enfermant dans un blocus impitoyable : on fabrique du pain en broyant les os des squelettes arrachés au cimetière des Innocents ! On dénombrera près de cinquante mille victimes de la disette, de la maladie et des combats.

Ce sont les troupes espagnoles d'Alexandre Farnèse qui viennent desserrer le siège et prennent garnison dans Paris.

Telle est la France : quand elle n'est pas unie, elle s'entre-dévore, elle en appelle à l'étranger.

Les passions s'y exacerbent, mais, en même temps, dans chacun des camps, des « politiques », des « réalistes », commencent à penser qu'il faut trouver des solutions de compromis.

Et ces « raisonnables » se séparent peu à peu d'avec les plus « zélés » de leurs compagnons. La France apparaît aux « politiques » si divisée que, sous peine de la voir éclater, disparaître, il leur faut trouver des solutions qui ne satisfont pas les « zélés », mais expriment l'équilibre des forces.

Les passions françaises conduisent ainsi paradoxalement à l'« arrangement » qui permet la reconstitution de l'unité nationale. Mais cette « sagesse » ne l'emporte qu'après que l'on a éprouvé l'impossibilité et souffert des pires cruautés.

C'est à Paris que tout se joue et que se confirme le rôle décisif, *central*, de la capitale, et qu'ainsi s'accuse un trait majeur de l'histoire française.

Là s'esquissent parmi les ligueurs des revendications politiques extrêmes. Les « catholiques zélés » veulent un roi contrôlé par les états généraux. Le conseil des Seize de la Ligue et un comité secret des Dix dressent des listes de proscription de personnalités à « épurer ».

On perquisitionne. On menace.

Le « papier rouge » énumère les noms de ceux qui doivent être « pendus, dagués, chassés ». Les lettres P, D, C, indiquent le châtiment prévu.

Et trois magistrats, dont le président Brisson, soupçonnés d'être des « politiques », c'est-à-dire des modérés indulgents envers l'hérésie, donc des traîtres, sont pendus et leurs cadavres exposés en place de Grève.

Un climat de terreur s'installe ainsi dans Paris.

Les « zélés » développent dans un même mouvement une conviction religieuse radicale – contre les huguenots – et une idéologie égalitaire.

Ils contestent la transmission héréditaire des titres nobiliaires.

Ils s'en prennent à ceux qui, en pleine disette – due au blocus de Paris par les armées de Henri IV –, ont leurs plats « pleins de grasse soupe ».

Ces revendications inquiètent les gentilshommes, le duc de Mayenne et les bourgeois aisés.

Des divisions se font jour parmi les ligueurs. Le roi, redécouvre-t-on, est le garant de l'ordre, et les « zélés » répandent au contraire des ferments de désordre, voire de révolution.

On aspire à la paix, à l'unité du royaume autour du souverain. Et le patriotisme vient s'ajouter à ces motivations sociales. On se veut « vrai Français ». On rejette et on craint la présence et la politique des Espagnols.

On craint l'éclatement du pays. On s'inquiète de ces villes « qui veulent un conseil à part, comme si chacune d'elles eût voulu se former sur le modèle et le plan d'une république ». La France ne risque-t-elle pas de devenir « une Italie, et les villes changées en Sienne, Lucques et Florence, ne ressentant plus rien de leur ancien gouvernement et du bel ordre de l'illustre monarchie » ?

Ainsi le « bloc » catholique se fissure-t-il.

La passion religieuse et les revendications républicaines et égalitaires qu'elle charrie, la « terreur » qu'elle commence à répandre, rencontrent les réticences, l'opposition des « politiques », des « nobles », des « bourgeois », des patriotes attachés au modèle monarchique français.

Et le duc de Mayenne, les Guises, les chefs traditionnels de la Ligue, préfèrent en définitive choisir l'ordre.

Les plus zélés des ligueurs sont arrêtés.

Les responsables des exécutions du président Brisson et des deux autres magistrats sont pendus.

En décembre 1589, le duc de Mayenne vide de ses pouvoirs le conseil des Seize et les concentre dans ses mains.

Le « dérapage » de la Sainte Union vers des solutions extrêmes est arrêté.

En France, les poussées « révolutionnaires » sont rapidement enrayées par l'attachement à l'unité du royaume – à celle de la nation – et à l'ordre social.

Le « moment » de l'extrémisme laisse des cicatrices, développe des conséquences politiques, mais, à la fin, c'est le compromis qui s'impose.

La violence est présente dans l'histoire nationale, mais cette tempête est de brève durée et un équilibre national finit par se reconstituer, recimentant la nation et restaurant la cohésion du corps social.

L'intelligence de Henri IV est de l'avoir compris.

Il mesure qu'il ne peut conquérir son royaume par le seul usage de la force.

Il n'a pas pu entrer dans Paris. Les ligueurs ne sont pas vaincus. Il doit, s'il veut régner et être reconnu comme souverain, incarner l'unité du royaume, faire une concession majeure, abjurer à nouveau sa foi huguenote afin d'exprimer, par ce choix, qu'il s'inscrit dans la tradition nationale, et donc sacrifier sur l'autel de l'unité sa foi protestante.

Le 25 juillet 1593, en la basilique de Saint-Denis, il abjure, entend la messe et communie.

Le 27 février 1594, il est sacré à Chartres, puisque Reims est encore aux mains des ligueurs.

À Pâques, il touchera les écrouelles. Il entrera dans Paris le 22 mars 1594, entendra un *Te Deum* à Notre-Dame avant de faire son entrée solennelle dans la capitale le 15 septembre.

Les politiques, les patriotes, tous ceux qui sont soucieux d'ordre social et qui veulent « recoudre » le tissu national, sont satisfaits.

Les villes se rallient à Henri IV.

Les garnisons espagnoles quittent le pays.

Les états généraux, qui voulaient contrôler le roi, sont discrédités.

Les Jésuites, accusés de prôner le tyrannicide, sont expulsés en 1594, et le pape, dans une cérémonie d'expiation à Rome, reconnaît l'abjuration de Henri IV et son retour au sein de la Sainte Église catholique.

Les Français, écrivent les partisans du roi dans des textes de propagande, ont refusé d'avaler le « catholicon d'Espagne », cette drogue étrangère qu'on voulait leur faire boire.

« Notre roi est maintenant catholique, il va à la messe, il faut le reconnaître et il ne faut plus que l'on nous trompe. »

Mais la souveraineté de Henri IV ne sera définitivement établie qu'après qu'il aura brisé les résistances armées des Guises en Bretagne (le duc de Mercœur) et en Bourgogne (le duc de Mayenne).

En fait, ces victoires militaires ne sont que de façade. Henri IV achète les ralliements. Le Trésor royal déboursera à cette fin 32 millions de livres.

L'unité du royaume se paie cher. C'est dire que si la raison l'emporte, si les « politiques » ont triomphé, en fait les divisions demeurent. On choisit l'équilibre, non l'adhésion enthousiaste.

Et il faut encore, pour empêcher les cicatrices de se rouvrir, en finir avec l'action de l'étranger.

Henri IV déclare la guerre à l'Espagne en sorte que l'unité nationale s'affirme aussi dans le combat contre les Habsbourg. Il est victorieux des Espagnols à Fontaine-Française, sur les bords de la Saône.

Mais les Espagnols assiègent Amiens, et la paix ne sera conclue que le 2 mai 1598, à Vervins.

Henri IV a pu signer à Nantes un traité avec les huguenots (30 avril 1598).

Moment important dans la construction de l'âme de la France. En refusant d'envoyer des renforts alors que les Espagnols assiégeaient Amiens, les huguenots ont montré leur détermination, leur amertume, leurs réticences face à ce roi qui a abjuré leur foi, même si de nombreux pasteurs ont fait le même choix que lui. L'édit de Nantes – ville ligueuse ! – leur accorde la liberté de conscience, l'égalité des droits, la liberté de culte, et des articles secrets leur assurent d'une part le versement par le roi de 45 000 écus par an – les pasteurs en exercice seront payés –, d'autre part le contrôle de 150 villes qui seront des « refuges de sûreté » possédant une garnison dont le souverain sera le gouverneur et dont il paiera l'entretien.

Les huguenots constituent ainsi un État dans l'État.

C'est dire que l'édit de Nantes n'est qu'un traité de compromis, de paix civile. Il marque cependant la difficile naissance, à l'avenir incertain, d'une exception française : l'acceptation de la coexistence, en un seul royaume, de deux religions ; et donc, en germe, la séparation de la religion et de l'État.

Quelles que soient les arrière-pensées des uns et des autres, les soupçons, les regrets des catholiques devant l'hérésie qui, loin d'être « extirpée », est ainsi reconnue, et les amertumes inquiètes des protestants face à ce monarque qui les a reniés, un sillon commence à être tracé.

Il n'est pas encore profond.

On pense toujours qu'un royaume n'est réellement uni que si tous les sujets du roi partagent avec lui la même foi, qui ne saurait être que catholique.

Mais l'amorce de ce sillon existe, et une graine fragile y a été semée.

23

À peine douze années séparent la signature de l'édit de Nantes, le 30 avril 1598, et ce 14 mai 1610, quand, à Paris, dans l'étroite rue de la Ferronnerie, vers six heures de l'après-midi, François Ravaillac – « la barbe rousse et les cheveux tant soit peu dorés » – profite d'un arrêt du carrosse royal pour tuer de deux coups de poignard Henri IV, que les poètes de la Cour avaient comparé à Mars, à Hercule, à Charlemagne, et qu'ils avaient surnommé Henri le Grand.

Même si Ravaillac n'a été le bras armé d'aucune conspiration, cet acte criminel révèle le rapport complexe que les Français entretiennent désormais avec leur roi.

Depuis le début des guerres de Religion, des moines, des prédicateurs – curés ou pasteurs –, ont légitimé le tyrannicide. Il faut châtier l'hérétique ou le huguenot qui a abjuré, et Henri III a succombé aux poignards. La personne du roi est certes « sacrée ». Y attenter est donc « sacrilège ». Mais, en même temps, elle peut être « sacrifiée » afin d'expier ses fautes. Et le régicide est célébré comme un martyr : le moine Jacques Clément, assassin de Henri III, a été sanctifié par les moines ligueurs.

Il y a ainsi un double mouvement contradictoire autour de la personne du roi.

Celui-ci renforce ses pouvoirs, et jamais souverain n'a été plus encensé que ne l'est Henri IV, mais l'idée s'est peu à peu répandue qu'on pouvait le punir de mort – ce qui est fait. Ou le désigner, le renvoyer, cela qui a été réclamé par les états généraux, même si cette éventualité n'est jamais devenue réalité. Cependant, l'hypothèse demeure dans les grimoires et les mémoires.

Et personne ne l'oublie.

Ainsi, lorsque Henri IV s'emploie à affirmer et élargir son autorité, les parlements résistent et il doit faire plier chacun d'eux afin qu'il enregistre l'édit de Nantes.

C'est dire que les parlementaires, comme la majorité de la population, n'admettent pas que des sujets du roi pratiquent une religion différente de celle de leur souverain, et que cette communauté ait obtenu des garanties – juridiques et même militaires – particulières à ce sujet.

Ces réticences révèlent que les guerres de Religion marquent le début d'une ère du soupçon entre le monarque et son peuple.

Certes, Henri IV s'impose avec habileté et détermination.

Il dit aux parlementaires : « Je couperai la racine à toute faction et à toute prédication séditieuses. »

Il sait bien que les universités et les assemblées du clergé condamnent l'édit de Nantes. Lorsqu'elles invoquent la papauté, il les admoneste :

« Être bien avec le pape ? J'y suis mieux que vous ; je vous ferai tous déclarer hérétiques pour ne me pas obéir ! »

Et, habilement, il accepte le retour des Jésuites dans le royaume, et choisit pour confesseur le père Coton, membre de la Compagnie.

Cette concession ne le conduit pas pour autant à admettre l'application des décrets du concile de

Trente. La France « gallicane » ne s'ouvrira que difficilement à la Contre-Réforme, et s'affirme ainsi une particularité française : le royaume est catholique, mais proclame son indépendance à l'égard de la théologie – et de la politique – vaticanes.

Henri IV répète qu'« un roi n'est responsable qu'à Dieu et à sa conscience ».

Il faut que les décisions et les actes du monarque confirment cette souveraineté qui ne se reconnaît que des limites divines et personnelles.

Dès lors, la glorification de la personne du souverain et de sa politique est essentielle.

Les poètes officiels – François de Malherbe –, les sculpteurs, les architectes, les peintres, s'emploient à exprimer, à illustrer, à construire la « représentation » du roi :

La rigueur de ses lois, après tant de licence,
Redonnera le cœur à la faible innocence,

écrit Malherbe dans sa *Prière pour le Roi Henri le Grand.*

La terreur de son nom rendra nos villes fortes
[…]
Et le peuple qui tremble aux frayeurs de la guerre,
Si ce n'est pour danser n'orra plus de tambours.
[…]
Tu nous rendras alors nos douces destinées :
Nous ne reverrons plus ces fâcheuses années
Qui pour les plus heureux n'ont produit que des pleurs :
Toute sorte de biens comblera nos familles,
La moisson de nos champs lassera les faucilles
Et les fruits passeront la promesse des fleurs.

Cette mise en scène des actions du roi – la « poule au pot » ! – constitue, par son ampleur, une novation, et souligne cette exaltation du pouvoir royal qui caractérisera la monarchie française. Celle-ci est « sacrée ». Elle œuvre pour le bien du royaume.

Manière de contenir le « soupçon » qui la menace, et de justifier la répression qui frappe ceux qui se rebellent : les grands et leurs clientèles.

Le maréchal de Biron, qui a conspiré avec le duc de Savoie, sera décapité en 1602.

Les duels sont interdits, la haute aristocratie est surveillée, et certains de ses membres sont emprisonnés ou contraints à la fuite (Condé et sa jeune femme, poursuivie par les assiduités du monarque, se réfugieront dans les Pays-Bas espagnols).

Le gouvernement est resserré, quelques dynasties ministérielles – les Pomponne, les Jeannin, les Villeroy – s'affirment, tandis qu'une politique cohérente, centralisée, interventionniste dans l'économie et la finance, se met en place. Des hommes comme Sully et Barthélemy de Laffemas élaborent un « modèle français ».

Un Olivier de Serres publie le *Théâtre d'agriculture et ménage des champs*. De grands travaux – routes, drainage des marais poitevins, canal de Briare, construction d'arsenaux et de galères – sont lancés.

Les châteaux – Chambord, Fontainebleau, Saint-Germain –, l'aménagement de Paris – le Louvre, le Pont-Neuf, les places Royale et Dauphine – matérialisent cette politique.

Paris, un temps délaissée par les Valois, qui lui avaient préféré les bords de Loire, redevient le centre d'un royaume repris en main : une capitale, « miracle du monde ».

Ce « modèle français » est soutenu par une démographie vigoureuse. En l'espace de ces quelques années, le royaume de France redevient le plus puissant, le plus peuplé, le plus riche des royaumes de la chrétienté.

C'est une « seconde Renaissance » qui se déploie malgré la hausse des prix et la ruine de nombreux petits propriétaires paysans étranglés par le renchérissement des fermages, le poids de l'usure.

Sully et Barthélemy de Laffemas réussissent à stabiliser le cours de la monnaie, à reconstituer un trésor royal, et l'activité économique dans les manufactures (tapisseries, soieries, métallurgie, constructions navales) anime un « mercantilisme » : il faut exporter et non importer.

Mais – c'est un autre trait de l'âme de la France – l'État centralisé joue là le rôle majeur. C'est lui qui crée, incite, oriente, contrôle.

C'est autour de lui que tout s'organise. Dès lors, la question de ses finances est capitale.

Il faut trouver de l'argent.

On a abaissé la taille, mais on augmente la gabelle. Et la misère paysanne perdure. Le besoin d'argent comme l'attrait qu'exerce le pouvoir expliquent la création de l'« impôt » de la paulette (du nom du financier Paulet), qui va orienter l'évolution de la société française et peser sur l'avenir de la monarchie.

Il s'agit de faire payer chaque année une taxe aux titulaires d'offices, qui leur assurera l'hérédité des charges qu'ils ont acquises.

La *vénalité* des offices – moyen de faire rentrer de l'argent dans les caisses – est ainsi associée à l'*hérédité* de ces offices. Est ainsi créée une bourgeoisie d'officiers, une noblesse de robe liée au pouvoir monarchique et donc le soutenant, mais devenant une « caste » proliférante, un véritable « quart état » constitué d'officiers héréditaires.

Ils renforcent l'absolutisme et le pouvoir de la monarchie. Ils en dépendent. Ils en sont donc solidaires, mais, d'une certaine manière, ils l'emprisonnent. Ils ossifient le pouvoir et la société. Et, au lieu d'investir dans les activités économiques, dans la production ou le commerce, ils gèrent leur bien prestigieux : leur charge héréditaire.

Le pouvoir royal mesure à la fois l'intérêt de cette « noblesse de robe » qui l'alimente, et la difficulté qu'il éprouve à se servir d'elle.

L'État multiplie alors les « commissaires », les « intendants », qui sont ses agents zélés et obéissants.

Ainsi se dessine au début du XVIIe siècle le pouvoir français : un centre lié à cette noblesse de robe et agissant par l'intermédiaire d'agents à son service, exécutants efficaces et dévoués.

Cette armature, si elle maintient le pays rassemblé autour du pouvoir central, si elle fait du royaume de France, dès les années 1600, le plus structuré des États d'Europe, si elle favorise le rôle de l'État, risque de faire perdre à la société sa souplesse, sa capacité d'initiative.

Elle peut conduire de ce fait, en cas de conflit, à une remise en cause du pouvoir central, à qui chacun est lié et dont tout dépend.

On le mesure au printemps de 1610 quand Henri IV décide d'entrer en guerre contre l'Espagne, manière d'affaiblir l'empereur du Saint Empire romain germanique, qui, par le jeu de la succession ouverte en deux duchés – Clèves et Juliers –, peut se retrouver sur les bords du Rhin. Or le Habsbourg allié de l'Espagne est l'ennemi.

Henri a rassemblé une armée de 100 000 hommes. Il est d'autant plus impatient d'intervenir aux Pays-Bas espagnols que Condé et son épouse s'y sont réfugiés. Et que Henri IV, le « Vert-Galant », entend bien conquérir la jeune femme.

Mais ce n'est là qu'un aspect anecdotique, significatif du rôle des femmes et des passions qu'elles suscitent dans le fonctionnement de la monarchie française. Elle ne doit pas masquer le grand projet de politique extérieure du roi : s'allier aux princes luthériens, aux Hollandais calvinistes, pour mieux s'opposer aux Espagnols catholiques.

Henri IV a veillé à faire couronner, le 13 mai 1610, la reine Marie de Médicis, qui assurera ainsi, tandis qu'il sera en campagne, la présidence du conseil de régence.

Mais cette entreprise ambitieuse, qui vise à faire de la France l'arbitre de l'Europe en réduisant l'influence des Espagnols et des Habsbourg d'Empire, a des conséquences dans le royaume même : elle ravive les soupçons envers ce roi qui fut huguenot, relaps avant d'abjurer.

Tous ceux qui ont condamné l'édit de Nantes s'inquiètent de voir ce souverain faire peut-être le jeu des hérétiques.

Et François Ravaillac, posant le pied sur l'un des rayons de la roue du carrosse royal, rue de la Ferronnerie, poignarde le souverain, le 14 mai vers six heures de l'après-midi.

Ravaillac sera soumis à la question. Les jambes brisées, le corps tenaillé, il sera écartelé en place de Grève et le peuple brûlera ses restes.

Le cœur de Henri IV, enchâssé dans un reliquaire, est déposé au collège jésuite de La Flèche, son corps embaumé repose à Saint-Denis.

Le roi est mort, vive le roi !

C'est Louis XIII, un enfant de neuf ans.

Marie de Médicis assurera la régence du royaume.

24

Qui tue le roi blesse le royaume.

Et ce d'autant plus qu'au souverain assassiné succède un enfant, symbole de la faiblesse, incapable de tenir les rênes.

Or la nation française est couturée de cicatrices mal refermées, d'ambitions refoulées, de haines, d'amertumes et de regrets.

Il y a les grands – le prince de Condé, le duc de Longueville, les ducs de Guise et de Bouillon – et, derrière eux, leurs clientèles, toute cette noblesse d'épée que Henri IV a humiliée, vaincue, et qui rêve à nouveau, comme aux pires moments des guerres civiles, de se partager le royaume, de dominer le sommet de l'État.

La scène centrale n'est occupée que par une régente, la reine Marie de Médicis, entourée de ce couple que l'on présente comme des aigrefins, des pilleurs de trésors : Concino Concini et sa « sorcière » de compagne, Leonora Galigaï.

Les libelles contre eux se multiplient. Les grands s'impatientent, rejoints par la noblesse de robe, parlementaires, officiers propriétaires de leurs charges qu'ils peuvent désormais léguer.

Marie de Médicis, croyant renforcer son pouvoir, s'est présentée devant le parlement de Paris pour se faire confirmer par l'assemblée qu'elle était bien la régente « des affaires du royaume pendant le bas âge dudit seigneur son fils ».

Elle semble ainsi avouer sa faiblesse, ce besoin de reconnaissance, alors que Henri IV avait veillé à ce qu'elle fût *sacrée* régente.

Or, quand en France la clé de voûte du pouvoir s'affaiblit, ne peut tenir toute sa place, c'est l'édifice entier qui se fissure.

Les factions animées par les grands se reconstituent. Les protestants, autour du duc de Rohan, créent des assemblées permanentes afin d'être prêts à réagir à toute remise en cause de l'édit de Nantes. Ils renforcent leur organisation militaire et politique. Ils craignent qu'un changement d'orientation du pouvoir ne s'opère à leur détriment.

C'est que les signes ne manquent pas, montrant une nouvelle fois qu'en France la politique intérieure et les choix de politique étrangère sont toujours intimement liés.

Par sa situation géopolitique, la France est l'épicentre de l'Europe, et s'il se met à trembler – si le roi ou l'État sont contestés –, c'est tout le système des relations internationales européennes qui se recompose.

Henri IV avait déclaré la guerre à l'Espagne en s'appuyant sur les puissances protestantes, contestant ainsi la suprématie des Habsbourg d'Allemagne et d'Espagne.

Le nouveau pouvoir signe la paix avec l'Espagne, à la grande satisfaction du « parti dévot », mais en suscitant l'inquiétude des « politiques », de ces « bons Français » qui placent les considérations religieuses au second plan, cherchant d'abord à conforter la puissance du royaume face aux Habsbourg.

Dès 1612, la dévote Marie de Médicis prépare des « mariages espagnols » : Louis XIII épousera l'infante Anne d'Autriche, et Élisabeth, sœur de Louis XIII, se mariera avec le futur Philippe IV d'Espagne.

C'est bien une réorientation majeure de la politique étrangère du royaume qui se précise. Elle place la France dans une situation de dépendance à l'égard de l'Espagne ou des Habsbourg d'Allemagne au moment même où commence le grand affrontement de la guerre de Trente Ans (1618-1648), dans laquelle la France laisse les Impériaux envahir le Palatinat ou briser la révolte tchèque, ou encore Philippe IV d'Espagne faire la guerre aux Provinces-Unies.

La politique du parti dévot l'emporte. Elle est aux antipodes des choix d'un François Ier s'alliant avec Soliman le Magnifique pour s'opposer à Charles Quint, ou encore de ceux de Henri IV s'appuyant sur les princes luthériens et les Provinces-Unies.

Ce choix d'un traité d'alliance avec l'Espagne (1612), qui conduit à la conclusion des « mariages espagnols », ne s'explique pas seulement par des raisons religieuses.

Les décrets du concile de Trente sont désormais appliqués en France. Un renouveau religieux se manifeste avec la création d'ordres mendiants, de collèges jésuites, et l'émergence de fortes personnalités comme saint François de Sales, saint Vincent de Paul, Bérulle.

En fait, le royaume est trop divisé, trop déchiré en factions rivales pour appliquer un projet de politique extérieure qui consisterait – comme l'avait esquissé Henri IV – à faire de la France l'arbitre de l'Europe en assurant ainsi la prépondérance française et en supplantant par là les Habsbourg, qu'ils soient d'Allemagne ou d'Espagne.

Il faudrait, pour y parvenir, rassembler le royaume. Or les grands conduisent des guerres civiles contre la régente et le roi mineur (1614-1616 ; 1616-1617). Les protestants du Béarn prennent à leur tour les armes.

Les états généraux réunis à Paris en octobre 1614 montrent l'impossibilité de formuler des propositions – fiscales, par exemple – rassemblant les trois ordres (clergé, noblesse, tiers état).

On voit la vieille noblesse s'opposer à la nouvelle, définie par ses fonctions.

Incapable de rassembler, le pouvoir est cependant servi par ces divisions qui réduisent les états généraux à une impuissance comparable à la sienne.

Les « officiers » proclament orgueilleusement qu'ils sont, par leurs fonctions, liés au monarque : « Nous représentons Votre Majesté en nos charges, dit le prévôt des marchands de Paris, Miron. Qui nous outrage, viole Votre autorité, voire commet en certains cas le crime de lèse-majesté. »

En France, la carence ou le trouble au sommet de l'État provoquent inéluctablement l'éclatement de la nation en groupes rivaux.

Dans ces conditions, le pouvoir n'échappe pas à la critique. Chaque clan formule ses « remontrances ».

Le parlement de Paris présente les siennes en mai 1615, et élabore un véritable programme, demandant le retour à la politique extérieure de Henri IV, critiquant les conseillers de la reine, ces « étrangers » prévaricateurs.

Quelques semaines plus tard, Condé publie un manifeste exigeant que la Cour suive les cahiers des états généraux. C'est dire que le « soupçon » à l'égard de la monarchie est devenu acte d'accusation.

Les mesures prises par Concini pour tenter de faire face à ces oppositions – il fait entrer au Conseil Armand Jean Du Plessis, futur cardinal de Richelieu, chargé des Affaires étrangères –, l'emprisonnement de Condé à la Bastille, puis l'envoi de troupes en Champagne et dans le Nivernais pour réduire une rébellion du duc de Nevers, si elles recréent un semblant d'ordre, ne peuvent rétablir l'unité et l'autorité du pouvoir.

Car dans la monarchie française, qui est déjà absolutiste, c'est le roi qui les incarne. Il est le cœur du royaume et de la construction politique. S'il est absent ou empêché, le royaume entre en crise.

L'âme de la France ne peut vivre sans un « centre », une clé de voûte.

Ainsi le coup d'État organisé par Charles d'Albert de Luynes avec l'assentiment du roi est-il un premier pas nécessaire vers le retour à l'ordre.

Le 24 avril 1617, Concini est assassiné. Son corps, déterré par la foule, est dépecé, brûlé, ses cendres répandues, et Leonora Galigaï exécutée à son tour comme sorcière. Marie de Médicis chassée, Louis XIII, âgé de seize ans, confie le pouvoir réel à Luynes.

Mais le roi doit s'imposer par les armes : contre Marie de Médicis – la guerre de la mère et du fils –, contre les grands en Guyenne et en Normandie, contre les protestants en Béarn.

Luynes tout comme le dévot Louis XIII continuent la « politique » qui privilégie les mobiles religieux et ne se dresse donc pas contre le Habsbourg.

Les Espagnols prennent pied dans la Valteline, et la France se retrouve ainsi menacée d'encerclement, les armées espagnoles étant désormais toutes proches de celles de l'empereur de Vienne.

La mort de Luynes, en 1621, permet le raccommodement du roi et de sa mère.

Or celle-ci a eu pour conseiller le cardinal de Richelieu, longtemps partisan de l'alliance avec l'Espagne, mais qui, devant les initiatives de Madrid et de Vienne, a pris conscience de l'effacement et de la subordination qu'elles impliquent pour la France.

Avec son entrée au Conseil, le 29 avril 1624, les conditions d'un changement de politique, si le roi l'entérine, sont réunies.

Quinze années viennent d'être perdues, le royaume étant paralysé par des luttes vaines.

Elles ont cependant confirmé que la France, à tout moment de son histoire, peut s'enfoncer dans le marécage de ses divisions, connaître l'impuissance, les haines fratricides, les violences, les assassinats, les exécutions les plus barbares, puis recouvrer l'unité un temps perdue et donc sa force.

25

La France était entravée.

Or il faut moins de vingt ans à Richelieu et à Louis XIII pour en faire l'un des acteurs majeurs de la politique européenne, et donc aussi pour remodeler le gouvernement, la société et l'âme du royaume.

En 1624, lorsque Richelieu est appelé au Conseil du roi, la France hésitait à choisir une politique.

Le 4 décembre 1642, quand meurt le Cardinal, suivi le 14 mai 1643 par le roi, le royaume est engagé sur une trajectoire qui détermine son avenir.

En fait, tout s'est joué en quelques semaines, même s'il a fallu plusieurs années pour déployer les conséquences du diagnostic que, dès le mois de novembre 1624 – il est entré au Conseil le 29 avril –, formule Richelieu :

« Les affaires d'Allemagne sont dans un tel état, écrit-il à Louis XIII, que si le roi les abandonne, la Maison d'Autriche se rendra maîtresse de toute l'Allemagne, et ainsi assiégera la France de tous côtés. »

Le souverain partage cette analyse.

Il a renouvelé en juin 1624, malgré les « dévots », son alliance avec les Provinces-Unies protestantes. Or elles sont en guerre avec l'Espagne catholique.

Mais Louis XIII n'a pas encore tranché définitivement. Il demeure fidèle au rapprochement avec l'Espagne, dont le roi est son beau-père. Louis reste un dévot.

Le Cardinal, lui, a choisi. L'ambassadeur de Venise note : « En toutes choses, Richelieu se fait connaître plus homme d'État que d'Église. »

C'est là une orientation décisive.

Elle place la politique au cœur de toutes les décisions. Elle est laïque dans son essence. Elle ne vise pas des objectifs « religieux », mais est portée par l'« idée que la place du royaume de France parmi les nations » doit être la première.

Encore, pour y parvenir, faut-il tout subordonner à cette ambition nationale et dynastique.

Cela suppose une direction ferme et unifiée de l'État. Une société soumise où les corps intermédiaires (parlements, états provinciaux) ne jouent qu'un rôle mineur, où l'on ne tolère aucune indépendance des grands, ces princes toujours tentés de se partager le royaume ; et où l'on ne peut non plus accepter que les huguenots constituent un « État dans l'État » avec des places fortes, des villes de sûreté, une organisation politico-militaire.

Quant au peuple de va-nu-pieds, de manants et de croquants, il faut réprimer sans pitié toutes ses protestations, ses rébellions, d'autant plus nombreuses que les impôts sont multipliés par trois entre 1635 et 1638, et que la disette menace toujours les pauvres.

Or la grande politique étrangère exige d'immenses ressources. Il faut armer 150 000 hommes, les doter d'une artillerie, les « solder », construire des navires, payer les Suédois ou les Hollandais, ces alliés qui mènent seuls la guerre contre l'Espagne, puisque Louis XIII ne l'a pas déclarée et que la

France conduit donc contre les Habsbourg une « guerre couverte », « douce » mais fort coûteuse.

Il faut par conséquent abandonner « toute pensée de repos, d'épargne et de règlement du dedans du royaume », diagnostique Richelieu.

C'est bien le choix d'une politique étrangère destinée à assurer la grandeur du royaume qui détermine le programme de Richelieu.

Ceux qui s'opposent à lui invoquent les souffrances, les sacrifices qui vont être demandés au peuple si la guerre s'engage.

Ils sont hostiles à l'idée d'une politique antiespagnole, donc anticatholique.

Ils refusent, en fait, le caractère absolutiste de la monarchie.

Ils soutiennent les complots que les grands ourdissent contre Richelieu, envisageant de le faire assassiner. On voit se liguer des dévots, comme le garde des Sceaux Marillac, des grands, comme le comte de Chalais.

On conspire avec l'accord du frère du roi, Gaston d'Orléans, de la reine mère Marie de Médicis, ou même de la reine Anne d'Autriche, fille du roi d'Espagne.

On conteste l'interdiction des duels.

De leur côté, les protestants – les ducs de Rohan et de Soubise – entendent défendre leurs places fortes, dont le port de La Rochelle, qui peut leur permettre de recevoir l'aide anglaise.

Le programme que Richelieu élabore est d'une force et d'une limpidité implacables.

Il faut, dit-il, « ruiner le parti huguenot », « rabaisser l'orgueil des grands », « réduire tous les sujets à leurs devoirs, et relever le nom du roi dans les nations étrangères au point qu'il doit être ».

Les têtes des grands – pour un duel, un complot, une trahison – roulent : Marillac, le duc de Montmorency-Bouteville, Cinq-Mars, le comte de Chalais, sont décapités.

Les huguenots de La Rochelle sont assiégés : ils capituleront en 1628, la population de la ville étant alors passée de 25 000 à 6 000 habitants.

La détermination de Richelieu est impitoyable.

Il brise les résistances des protestants dans les Cévennes. Et même si, par l'édit de grâce d'Alès (1629), il leur accorde la liberté de conscience et de religion, ils perdent toutes les garanties « militaires et politiques » que Henri IV leur avait accordées.

Ils sont dans la poigne du roi, sans autre défense que son bon vouloir.

« Les sources de l'hérésie et de la rébellion sont maintenant éteintes », constate Richelieu.

L'essentiel n'est cependant pas dans la victoire de l'Église contre les adeptes de la religion prétendument réformée, mais bien dans ce que l'on peut faire de ce royaume qu'on maîtrise désormais.

Or le but est clair : la grandeur du royaume, la gloire du roi, qui ne sauraient s'obtenir que par la domination sur les autres nations.

Or il faut que la France soit la première des nations. Richelieu ne veut pas d'une Europe impériale, mais de nations alliées, subordonnées à la nation française.

Ce choix de la « grandeur nationale » passe par l'intervention dans les affaires européennes.

Richelieu est ainsi le premier des hommes d'État français à formuler clairement l'ambition qui va devenir l'un des traits distinctifs de l'âme de la France.

« Maintenant que La Rochelle est prise, écrit le Cardinal à Louis XIII, si le roi veut se rendre le plus puissant du monde, il faut avoir un dessein perpétuel d'arrêter le cours des progrès d'Espagne, et au lieu que cette nation a pour but d'augmenter sa domination et étendre ses limites, la France ne doit penser qu'à se fortifier en elle-même et s'ouvrir des portes pour entrer dans tous les États de ses voisins et les garantir des oppressions d'Espagne. »

Richelieu oppose ainsi une Europe des nations, dont la France serait la protectrice, à une Europe « impériale ».

Pour mettre en œuvre cette politique, encore faut-il que le roi la soutienne. Or Louis XIII est soumis à la pression de son entourage : Anne d'Autriche, l'épouse espagnole, Marie de Médicis, la mère dévote, et tous ceux du « parti dévot » que révulse l'idée de faire la guerre à l'Espagne ou qui prévoient le coût d'hostilités prolongées et les souffrances qu'elles provoqueront.

Le 16 novembre 1630, Marie de Médicis croit avoir obtenu d'un Louis XIII malade le renvoi de Richelieu, mais le roi va finalement conforter le Cardinal, chasser le garde des Sceaux, Marillac, et la reine mère, Marie de Médicis. Le tournant décisif est pris.

La guerre « ouverte » ne sera néanmoins déclarée à l'Espagne qu'en 1635.

C'est qu'il faut de l'argent pour la conduire. Les impôts sont augmentés, affermés à des « financiers », des « traitants », des « partisans » qui avancent à l'État les sommes qu'ils empruntent aux grandes familles de la noblesse d'épée et de robe, auxquelles est versé un intérêt. Quelles que soient leurs positions politiques, elles sont ainsi tenues par la dépendance financière qui les lie au roi.

Si l'on ajoute que Richelieu a dû renoncer à mettre fin à la vénalité des offices, à l'impôt de la paulette qui les rend héréditaires, on mesure combien la monarchie absolutiste est en même temps comme un Gulliver pris dans la toile d'araignée de ses besoins d'argent. Elle est dans la main des prêteurs, eux-mêmes attachés à cette monarchie qui les prive du pouvoir politique mais qu'ils financent et qui leur paie des « rentes », qui crée des offices de plus en plus nombreux pour les leur faire acheter puis transmettre.

Ainsi se ramifie la structure d'une société où le propriétaire d'un office préfère le prestige de sa fonction, de son titre, de la rente, aux aventures du commerce et aux risques de l'investissement dans les grandes compagnies.

Ankylose française au moment où Hollandais et Anglais courent les mers du monde.

Cependant, le royaume est riche, il demeure le plus puissant et le plus peuplé d'Europe. Il met sur pied six armées. Et même si, en 1636, Corbie est assiégée, les cavaliers espagnols parvenant à Pontoise, la nation ne cède pas. Le patriotisme conduit plus de trente mille volontaires à se rassembler pour défendre Paris. Au bout de sept années, cette guerre commencée en 1635 permet aux troupes royales de conquérir Arras, Bapaume, le Roussillon, Perpignan.

La Gazette (créée en 1631 par Théophraste Renaudot), l'Académie française, conçue par Richelieu dès 1635, exaltent ces victoires. Car c'est le rôle des écrivains, des « gazettes », de chanter la gloire du souverain et la grandeur du royaume.

Le régime absolutiste est un tout : la littérature – *Le Cid* est joué en 1636, année de Corbie – et la peinture doivent concourir à la célébration de la France et de son monarque.

L'Académie française est l'illustration de cette volonté politique de rassembler les sujets autour du pouvoir royal et de conforter le patriotisme.

On ignore les libertins (au sens d'incroyants), et le baroque cède peu à peu la place au classicisme.

Certes, il ne se passe pas d'année, entre 1624 et 1643, sans qu'il y ait une jacquerie, une émeute paysanne, une révolte dans les villes, ainsi à Dijon, Aix-en-Provence, Lyon, Rouen.

Que ce soit en Quercy, en Saintonge, en Angoumois, en Poitou – en 1636, année de Corbie –, que les rebelles se nomment « croquants » en Périgord ou « va-nu-pieds » en Normandie, il s'agit toujours de protester contre les hausses d'impôts, l'augmentation des taxes, et, souvent, des « privilégiés » soutiennent ces mouvements parce que eux-mêmes perdent peu à peu de leur pouvoir au bénéfice des « intendants de police, de justice et de finance ».

Mais on ne s'attarde pas sur la misère des humbles ni sur les malheurs de la guerre.

Ce ne sont pas les gravures de Callot montrant les grappes de pendus aux arbres, sur les champs de bataille, qu'on retient, mais les écrits d'académiciens français « célébrant les victoires des armées du roi ».

On s'inquiète pourtant, à la mort de Louis XIII, le 14 mai 1643. Son fils, né en 1638, n'est âgé que de quatre ans et huit mois.

Le temps des troubles va-t-il revenir ?

Depuis le 5 décembre 1642, sur la recommandation de Richelieu, Louis XIII a fait du cardinal Jules Mazarin son principal ministre et le parrain de son fils, le futur Louis XIV.

26

Quand le pouvoir s'affaiblit, il redevient une proie que tous cherchent à dépecer.

Dans la monarchie française déjà absolutiste au milieu du XVIIe siècle, c'est la force du roi qui fait la force de l'État.

Or voici que l'histoire semble se répéter, offrir l'occasion d'une revanche aux grands, aux parlementaires, à tous ceux qui avaient dû ployer l'échine devant Louis XIII régnant de concert avec Richelieu.

Le Cardinal avait cherché et réussi à « rabaisser l'orgueil des grands ». Ils le revendiquent et se redressent.

Le roi n'est-il pas qu'un enfant ?

Et pourquoi respecter cette Anne d'Autriche, espagnole, reine mère comme l'avait été Marie de Médicis, l'Italienne gouvernant avec Concini, déjà un Italien comme l'est ce principal ministre légué par Richelieu à Louis XIII et à Anne d'Autriche, ce cardinal tonsuré mais non ordonné prêtre, Giulio Mazarini ?

Le pouvoir semble d'autant plus chancelant qu'Anne d'Autriche, pour obtenir la plénitude de la régence, fait casser par le parlement de Paris, dans un lit de justice, le testament de Louis XIII en même temps qu'elle confirme Mazarin dans ses fonctions.

Il suffit de quelques mois pour qu'une « Cabale des Importants », animée par le duc de Beaufort (petit-fils de Henri IV et de Gabrielle d'Estrées), envisage d'assassiner Mazarin.

Louis XIII n'avait-il pas laissé tuer Concini et supplicier Leonora Galigaï ? La « Cabale des Importants » est démasquée, Beaufort, emprisonné, mais le ton est donné.

Mazarin sera la cible, puisque, entre une reine mère étrangère et un Louis XIV encore enfant, il est le seul capable, et pour plusieurs années, de diriger l'État et de faire face.

Pour l'abattre, puisqu'on n'a pu l'assassiner, on va le larder de toutes les calomnies, de toutes les accusations.

Plus de quatre mille pamphlets – des *mazarinades* – seront publiés contre lui.

Il est, dit-on, le suborneur d'Anne d'Autriche. Il est porteur du « mal de Naples » – la syphilis –, et adepte du « vice italien », l'homosexualité.

Il pille à son profit les caisses du royaume – ce qui est vrai. Sa fortune est si grande qu'il achète des œuvres d'art par centaines – elles rempliront le musée du Louvre.

Par une politique matrimoniale minutieusement calculée, il place ses trois neveux et ses six nièces, les filles de sa sœur Mancini. Et, avec cela, habile, séducteur, grand manœuvrier, continuant la politique de Richelieu avec une égale obstination dissimulée sous des manières douces.

Mazarin illustre ainsi cette particularité française : admettre que des « étrangers » puissent servir le pouvoir au plus haut niveau de l'État.

Ces hommes qui parfois – comme Mazarin – parlent maladroitement le français deviennent des

« patriotes » attachés aux intérêts du roi, soucieux de contribuer à la grandeur de la nation.

Remarquable capacité du pays – de l'État monarchique et plus tard républicain – de s'ouvrir. Car il ne s'agit pas là de la conséquence d'une pratique « féodale » pour laquelle les nationalités ne seraient pas encore définies, mais bel et bien d'un trait spécifique de la nation française.

D'ailleurs, ce n'est pas d'abord l'« étranger » qu'on attaque, mais le principal ministre, celui qui incarne la politique absolutiste, la guerre qui se poursuit contre l'Espagne catholique. Car si les protestants ont été réduits au silence par Richelieu, le parti dévot est toujours aussi puissant, toujours aussi hostile à la politique étrangère qui dresse la France contre les Habsbourg de Madrid et de Vienne.

Les parlementaires sont les plus déterminés. Ils ne sont pas sensibles à la victoire de Condé à Rocroi (le 19 mai 1643), puis aux succès du même Grand Condé et de Turenne sur la Moselle et le Rhin (Fribourg, Nördlingen), ou dans le Nord (prises de Furnes et de Dunkerque).

Ils sont dressés contre la monarchie absolutiste, contre les impôts, les taxes que le pouvoir veut prélever, la guerre dévorant l'argent.

Un des traits majeurs de l'histoire nationale réside en effet dans cette question financière.

Les caisses de l'État, qui mène une grande politique, sont toujours vides. Il épuise les recettes fiscales des années à venir. Endetté, il pressure les plus pauvres.

Mal endémique, révoltes dans toutes les provinces, misère accablante à laquelle s'ajoutent les malheurs de la guerre et les poussées de la peste.

Les grands et les parlementaires conduisent leurs « frondes » contre le pouvoir, mais ce sont les humbles qui pâtissent des récoltes saccagées, des pillages perpétrés par la soldatesque.

En Champagne, « toutes les églises et les plus saints mystères sont profanés, les ornements pillés, les fonts baptismaux rompus, les prêtres ou tués ou maltraités ou mis en fuite, toutes les maisons démolies, toute la moisson emportée, les terres sans labour et sans semence, la famine et la mortalité presque universelles, les corps sans sépulture et exposés la plupart à servir de curée aux loups. Les pauvres qui restent de ce débris sont presque tous malades, cachés dans des cabanes découvertes ou dans des trous que l'on ne saurait presque aborder, couchés la plupart à plate terre ou sur la paille pourrie, sans linge ni habits que de méchants lambeaux. Leurs visages sont noirs et défigurés, ressemblant plutôt à des fantômes qu'à des hommes. »

Ce n'est pas cette situation cruelle qui pousse les parlementaires, en 1644, en 1648, en 1650, ou les grands, de 1650 à 1653, et les assemblées du clergé et de la noblesse, en 1650 et 1651, à conduire contre le pouvoir royal qu'incarne Mazarin la Fronde parlementaire ou la Fronde des princes.

Il s'agit, pour ces « élites » qui détiennent la richesse, les offices, le prestige, d'arracher à la monarchie absolutiste la réalité du pouvoir et de sauvegarder, de reprendre ou de multiplier leurs privilèges.

Cette opposition entre le pouvoir royal et les privilégiés est profonde et renaissante.

Mais la position des grands et des parlementaires est difficile à tenir, car d'autres forces entrent dans le jeu : pauvres des villes, artisans, ouvriers, apprentis, domestiques, appartenant à des couches sociales qui n'ont pas de biens à défendre ou à arrondir, mais qui veulent obtenir de quoi survivre.

Et les parlementaires comme les grands craignent par-dessus tout ces « sans-culottes », et à la fin les liens d'intérêt et la solidarité qui unissent les privilégiés au roi, en dépit de leurs divergences, l'emportent.

Ce jeu complexe des forces politiques et sociales structure notre histoire nationale.

On l'a déjà vu à l'œuvre plusieurs fois. Qu'on se souvienne d'Étienne Marcel (1358), ou des guerres de Religion, notamment à Paris.

Il ne peut que se reproduire.

Les besoins financiers d'un l'État absolutiste s'accroissant, il multiplie les créations d'offices, renforce les « corps intermédiaires » qu'il dépouille de tout pouvoir, mais dont il dépend. Dans le même temps, il s'endette, augmente les impôts, ce qui unit un temps contre lui toutes les couches de la société. La réunion des états généraux devient alors une revendication commune. Les derniers se sont tenus en 1614. On les réclamera à nouveau en 1651, mais ils ne se réuniront que quelque cent quarante ans plus tard, à la fin du XVIIIe siècle. Ce sera en 1789.

Ce qui est chaque fois en question, c'est la nature même du pouvoir, et donc le visage de la nation.

Ainsi, quand, le 13 mai 1648, le parlement de Paris invite les autres cours souveraines à se réunir à lui, les propositions élaborées visent à en finir avec l'absolutisme, à placer la monarchie sous la tutelle des parlementaires, c'est-à-dire à garantir aux membres des cours le pouvoir – et les privilèges – dont le souverain entend conserver ou s'arroger le monopole.

C'est déjà là une « réaction » nobiliaire et parlementaire. Les parlementaires veulent révoquer les intendants et les commissaires que les cours souveraines n'auront pas légitimés.

Le roi ne saurait de même, sans leur autorisation, créer des taxes et des impôts nouveaux.

Les sujets du royaume ne pourraient être détenus plus de vingt-quatre heures sans être déférés devant leurs juges.

En outre, le pouvoir ne pourrait plus fixer les conditions de la transmission des offices ou de leur création.

Les prérogatives de l'État absolutiste seraient transférées à ces parlementaires, propriétaires de leurs charges, privilégiés par excellence.

Or ces corps intermédiaires, qui détiendraient le pouvoir réel, ne sont évidemment pas représentatifs de la société. Les croquants du Rouergue, les rebelles de Bordeaux, les miséreux de Champagne, victimes des mauvaises récoltes ou de la soldatesque, ne sont pas concernés par ces revendications.

Cependant, quand Mazarin, qui se croit renforcé par la victoire de Condé à Lens, le 20 août 1648, ordonne l'arrestation, le 26, de parlementaires – dont le populaire conseiller Broussel –, la population parisienne dresse plus de 1 500 barricades (28 août). Et le pouvoir recule, libérant les parlementaires incarcérés et fuyant Paris pour Saint-Germain dans la nuit du 5 au 6 janvier 1649.

La capitale échappe une fois de plus au pouvoir royal, mais laisse, face aux parlementaires et aux grands qui les ont rejoints, ce « peuple » que les « élites » sociales craignent tant.

Et d'autant plus que l'exemple anglais – avec Cromwell et la décapitation de Charles Ier, marié à une sœur de Louis XIII, Henriette, réfugiée en France – montre le danger qu'il y a à laisser se déchaîner contre le pouvoir royal la colère populaire. Les parlementaires signent donc avec le roi la paix de Rueil – 11 mars 1649 –, et, en août, la Cour peut rentrer à Paris.

La partie n'est pas terminée pour autant.

La Fronde des grands (Condé, Gondi de Retz) se déchaîne à son tour de 1650 à 1653. Les assemblées du clergé et de la noblesse réclament la convocation des états généraux.

Les parlementaires rentrant en scène, la tête de Mazarin est mise à prix (150 000 livres), car il est un « perturbateur du repos public ». La haine contre lui est attisée par les milliers de mazarinades : « Adieu, cause de nos ruines ! Adieu, l'abbé à vingt chapitres ! Adieu, seigneur à mille titres ! Allez sans jamais revenir ! » Et on lui promet le sort de Concini, puisqu'il est présenté comme le responsable de tous les maux du royaume, et d'abord de la création des nouvelles taxes contre lesquelles les Parisiens se sont révoltés en dressant leurs barricades.

Mais cette révolte populaire affaiblit les frondes plus qu'elle ne les renforce, car elle fait craindre des désordres sociaux, des revendications extrêmes mettant en cause les biens des « élites » mutinées.

Celles-ci s'étaient déployées parce que le pouvoir royal était affaibli.

Or il a remporté des succès.

Le traité de Westphalie a mis fin le 24 octobre 1648 à la guerre avec les Impériaux. Le royaume y gagne l'Alsace, moins Strasbourg.

Surtout, le 7 septembre 1651, Louis XIV est proclamé majeur, et ce simple fait relégitime le pouvoir. Le roi en est la clé de voûte. Par sa seule accession à la majorité, qui marque la fin de la régence, il rassemble autour de sa personne.

La France est attachée à la symbolique du pouvoir royal. Une procession manifeste cette adhésion populaire.

Mais les princes et les parlementaires les plus déterminés persistent encore dans leur opposition. C'est l'ultime partie.

Condé rejoint la Guyenne, se range aux côtés des révoltés qui se sont emparés de Bordeaux. Puis il regagne Paris, et ses partisans s'opposent, porte Saint-Antoine (juillet 1652), aux troupes royales qui veulent entrer dans la capitale.

Un pouvoir insurrectionnel est créé, des centaines d'exécutions ont lieu, la terreur s'installe. Par une manœuvre habile, le roi fait mine d'exiler Mazarin.

Ce dernier épisode – une sorte de simulacre – montre cependant la vigueur et l'enracinement des contradictions entre la monarchie absolue et les corps intermédiaires associés aux princes.

La victoire de Louis XIV, qui peut enfin rentrer à Paris en octobre 1652, puis le retour de Mazarin, acclamé par la population de la capitale le 30 janvier 1653, ne doivent pas dissimuler le fait que les problèmes demeurent.

Les « élites » françaises sont divisées. Les uns se rangent derrière la monarchie absolutiste et sont favorables au renforcement de l'État. Les autres rêvent d'un gouvernement de l'aristocratie et des parlementaires, d'une monarchie bridée par les corps intermédiaires.

Le désir de paix des populations appauvries et le patriotisme ont pesé de façon déterminante sur la fin de ces frondes.

Condé, par un véritable acte de trahison, s'est mis au service des Espagnols. Mais il est battu par les troupes de Turenne (en 1658, aux Dunes).

L'opposition parlementaire est matée.

Les dévots, engagés dans une guerre théologique contre les jansénistes (Pascal publie les *Provinciales* en 1657), ne protestent guère contre la conclusion d'un traité entre Mazarin et… Cromwell (1654) ! Et toute la nation est satisfaite de la fin de la guerre avec l'Espagne, conclue par le traité des Pyrénées le 7 novembre 1659.

Le royaume s'agrandit de l'Artois, de la Cerdagne et du Roussillon. Condé est pardonné. Surtout, le mariage de l'infante Marie-Thérèse d'Espagne et de Louis XIV est annoncé. L'infante doit remettre une dot de 500 000 écus d'or en échange du renoncement des époux au trône d'Espagne.

Ce « mariage espagnol », le traité des Pyrénées signé après celui de Westphalie renversent la situation de la France en Europe.

Malgré les Habsbourg et contre eux, elle a établi sa prépondérance.

Les deux traités ont d'ailleurs été rédigés en français, non en latin.

Le 26 août 1660, Louis XIV et Marie-Thérèse font leur entrée solennelle dans Paris au milieu des acclamations.

Le 9 mars 1661, Mazarin meurt.

Cet Italien honni, calomnié, a poursuivi l'œuvre de Richelieu. Il n'a certes jamais oublié son clan familial. Stratège habile, il a fait de Louis XIV le légataire universel de son immense fortune, sachant que le roi va refuser la succession de son parrain. Et c'est Colbert, le financier de Mazarin, qui la règle.

Mais le jeune monarque et l'État sont les bénéficiaires de l'héritage politique que Mazarin a accumulé pour le service de la France.

Louis XIV peut régner.

3

LE GRAND SOLEIL FRANÇAIS

1661-1715

27

« La face du théâtre change », dit Louis XIV à ses ministres et secrétaires d'État, le 10 mars 1661, lendemain de la mort de Mazarin.

Ce roi de vingt-trois ans, qui s'adresse aux membres de son Conseil, debout, le chapeau sur la tête, est impatient de régner.

Il ajoute :

« Je vous défends de rien signer, pas une sauvegarde, pas un passeport sans mon ordre, de me rendre compte chaque jour à moi-même et de ne favoriser personne. »

Ce roi veut tout voir, tout contrôler, tout décider.

« C'est par le travail que l'on règne, ajoute-t-il. C'est pour cela que l'on règne. »

Chaque jour, et durant les cinquante-quatre années de son gouvernement personnel, jusqu'à la veille de sa mort – le 1er septembre 1715 –, il accomplit avec ponctualité et gravité son « métier de roi ».

Dans chacune de ses paroles, de ses écrits, de ses décisions, de ses postures, il est l'incarnation de l'absolutisme.

Ce qui était en germe dès les origines de la monarchie française, que les hésitations des monarques, la vigueur des résistances des grands, des féodaux, des parlements, des cours souveraines, avaient empêché de l'emporter, atteint avec Louis XIV sa pleine maturité.

Dans tous les aspects de la vie nationale, cet absolutisme s'impose. Richelieu et Mazarin ont renversé les derniers obstacles au terme de guerres et de frondes qui ont marqué l'enfance et l'adolescence de Louis XIV.

Sa volonté d'exercer un pouvoir absolu est aussi le fruit d'une expérience douloureuse. Il prend sa revanche. Il se défie de tous. Il a connu les conspirations de ses plus proches parents. Il a affronté la Fronde des princes et celle des parlementaires. Il a subi la trahison de Condé. Il a dû fuir Paris. Et il ne peut pas aimer cette capitale dont la population, depuis des siècles, soutient les adversaires du roi et dresse des barricades.

La détermination de Louis XIV et la longueur de son règne font de cet absolutisme l'une des données majeures de l'histoire nationale. Pour le meilleur et pour le pire, il est au cœur de l'âme de la France.

Et ce d'autant plus que Louis XIV ne cherche en rien à dissimuler le principe absolutiste de son règne, mais qu'au contraire il l'affiche avec force, il le revendique comme l'essence même du pouvoir monarchique.

Le roi n'est-il pas choisi et jugé seulement par Dieu ? Voilà qui fonde l'absolutisme.

« Celui qui a donné des rois aux hommes, écrit Louis XIV, a voulu qu'on les respectât comme ses lieutenants, se réservant à lui seul le droit d'examiner leur conduite. Sa volonté est que quiconque est né sujet obéisse sans discernement. »

Nul ne peut contester, juger, refuser d'appliquer une décision du souverain.

Aucune autorité n'existe en dehors de la sienne. Aucune assemblée – même celle du clergé, et même le pouvoir pontifical –, aucune cour, aucun parlement, et naturellement pas les états généraux ne peuvent se dresser contre le roi, ou simplement l'interroger.

« Il est Dieu, dit une cousine de Louis XIV. Il faut attendre sa volonté avec soumission et tout espérer de sa justice et de sa bonté, sans impatience, afin d'en avoir plus de mérite. »

Plus aucun corps intermédiaire, plus aucune fonction n'existent hors de la volonté royale.

Les maires des villes, les gouverneurs des provinces, les évêques, sont désignés par le monarque, ou, si leurs nominations échappent à son autorité, ils perdent tout pouvoir. Un lieutenant général de police – celui de Paris, La Reynie – restera en poste de 1667 à 1697. Un intendant de police, de justice et de finance, et les subdélégués au service de celui-ci sont les agents d'exécution des volontés royales.

L'armée – jusqu'alors aux mains des nobles, propriétaires des grades – devient un rouage essentiel de la monarchie absolutiste. Elle est l'instrument de sa politique étrangère, mais aussi de la répression contre ceux qui se rebellent. Elle est puissante : 67 000 hommes en 1677, 400 000 en 1703. La flotte passe de 18 navires en 1661 à 276 en 1683 !

Des officiers roturiers sont nommés au mérite, leurs grades échappant ainsi à la vénalité des offices.

L'armée est aux ordres exclusifs du roi. Et l'hôtel des Invalides accueille ceux des soldats qui ont été blessés à son service.

Tout est dans les mains du souverain.

Ainsi les Conseils du roi qui se réunissent quotidiennement. Ainsi le Conseil étroit (en présence du monarque), les intendants des provinces, mais aussi les académies créées par Colbert – surintendant des finances et des bâtiments – autour de l'Académie française (Académies des inscriptions et belles-lettres, des sciences, de musique, d'architecture).

L'image de ce pouvoir personnel est Versailles, où la Cour symbolise par sa soumission, son étiquette réglée comme celle d'une cérémonie religieuse, que le roi est au-dessus de tous et que chacun lui doit une obéissance servile.

Hors de son autorité – et de son regard –, personne n'existe.

L'âme de la France est modelée par cette servitude exigée qui devient vite volontaire. Le « fonctionnement » du gouvernement de la France, de toute la société, est déterminé par une « volonté » unique, celle du monarque, qui élève ou brise au gré de son « bon vouloir », de son intérêt dynastique ou de la vision qu'il a de l'intérêt du royaume.

Nicolas Fouquet était surintendant des finances. Le souverain le soupçonne d'avoir une ambition autonome, de parvenir peut-être à regrouper autour de lui des opposants à l'absolutisme, ou simplement d'affaiblir par sa propre lumière le rayonnement solaire du pouvoir royal. Aussi est-il arrêté, emprisonné à vie, sans aucune possibilité de recours (septembre 1661). La lettre de cachet condamne sans explication. L'État absolutiste est un État « totalitaire ». Aucun domaine ne lui échappe : Colbert crée des manufactures, de grandes compagnies de commerce qui devraient concurrencer les hollandaises et les anglaises. Le roi a son historiographe : Racine ; son peintre : Le Brun ; son architecte : Le Vau ; son musicien : Lully. Molière joue ses pièces devant le souverain ; il est son protégé.

L'âme de la France apprend à servir et à louer, à attendre l'impulsion ou l'ordre de l'État pour créer.

Elle vit de l'État et sous la protection de l'État (un tarif protecteur est institué à nos frontières par Colbert en 1667) ; c'est par le service de l'État qu'on s'élève dans la hiérarchie sociale.

Chacun dépend du roi, est son courtisan et son serviteur, mais, par-delà la personne du monarque, c'est le royaume que l'on sert.

Le roi s'identifie à la France. Et le peuple ne sépare pas le corps symbolique du roi du corps de la nation.

Mais chaque serviteur du roi, lieutenant général de police, intendant ou officier, veut être à son tour un souverain absolu, si bien que la société française devient ainsi une société de castes d'autant plus rigides qu'elles sont constituées de propriétaires de leurs charges. Colbert, qui doit faire face au gouffre financier que creuse la politique de grandeur, multiplie les ventes d'offices, ce qui, à moyen terme, ne peut que saper l'absolutisme.

Le roi risque en effet de ne plus être maître que d'une apparence de pouvoir absolu, celui-ci se réduisant à un rituel et à une étiquette, à une Cour.

Car, les grilles du parc franchies, les propriétaires de charges se sont emparés du pouvoir, puisqu'ils lui fournissent l'argent dont il a besoin.

L'endettement de l'État absolutiste, le déséquilibre endémique des comptes – les recettes n'étant jamais suffisantes, il faut créer de nouveaux impôts, vendre de nouveaux offices – deviennent ainsi, dès 1670, une maladie pernicieuse qui ronge le royaume.

Mais, au début du règne personnel de Louis XIV, les effets de cette pathologie française – aucun régime n'y échappera – ne sont pas encore trop inquiétants.

L'ambassadeur vénitien souligne en 1661 que « la France est un pays riche de terroirs fertiles, composé de provinces réunies en un corps unique où les communications sont facilitées par les nombreuses rivières... Le royaume n'a pas cessé de s'agrandir depuis deux cents ans... Ses principales richesses, la France ne les tire pas des Indes, mais de son propre sol... La force du royaume vient aussi de son armée, car il est plein de soldats qui par leur instinct naturel sont braves et courageux... Je parlerai maintenant du roi Louis XIV..., prince de complexion vigoureuse, de haute taille, d'aspect majestueux... On ne le voit jamais s'emporter ou se laisser dominer par la passion... Il se consacre effectivement et assidûment aux affaires du gouvernement... »

Cette richesse du royaume semble d'abord inépuisable.

Le roi y puise pour ses « bâtiments » – Versailles, où il s'installe en 1682, Marly –, ses fêtes, ses « jeux », ses « dons » aux courtisans, puisque tout homme est à vendre et que le monarque sait les acheter par des distributions d'argent et des gratifications symboliques – être à la Cour, servir le souverain, assister à son lever, à son coucher...

Tout courtisan devient un domestique qui attend son pourboire !

Telle est la logique du pouvoir absolu – qui sera celle de tout pouvoir français : il veut qu'on le serve. Il distingue parmi ses serviteurs, il nomme, promeut, favorise, rétribue, renvoie, bannit.

Car le pouvoir se méfie de ceux qui, par indépendance d'esprit, force de caractère ou orgueil de caste, pourraient ne pas se soumettre à cette domestication généralisée.

Ainsi, la haute noblesse est écartée des responsabilités politiques, à la fois parce que Louis XIV a vécu la Fronde des princes, mais aussi parce qu'il se méfie de l'orgueil de caste des grands.

Les trois ministres composant le Conseil étroit qui gouverne l'État sous la direction personnelle et quotidienne du roi sont de « pleine et parfaite roture », selon Saint-Simon.

C'est le cas de Jean-Baptiste Colbert – et plus tard de son fils et de ses parents – aux Finances, de Michel Le Tellier – puis de son fils Louvois – à la Guerre, de Hugues de Lionne aux Affaires étrangères.

L'amertume pincée des grands se mue en désir de paraître aux côtés du roi à Versailles, à Marly (« Sire, Marly ! »), de partager sa vie quotidienne – les jeux, les dîners, les chasses, les fêtes, les représentations théâtrales, les ballets –, de se repaître de rumeurs, de ragots, de connaître les favorites – mademoiselle de La Vallière ou madame de Montespan –, de pousser leurs filles ou leurs épouses dans les bras du roi.

Ce paraître est onéreux. On s'y ruine. On dépend du roi, qui peut rembourser les dettes qu'on a contractées.

Mais il vous faut être près de lui, afin qu'il vous voie.

Des rivalités haineuses déchirent les courtisans. Des intrigues se nouent, certaines criminelles. L'affaire des poisons compromet madame de Montespan ; le roi clôt l'enquête, mais trente-six personnes sont condamnées, exécutées, parmi les complices ou clients de l'avorteuse, sorcière, empoisonneuse, vendeuse de « filtres », organisatrice de messes noires : la Voisin.

Ainsi dépendante du roi, la haute noblesse n'a plus les moyens de se dresser contre le souverain. On ne prend plus les armes. On ose à peine prendre la plume.

La servilité, qui masque sa lâcheté sous le nom de « service de l'État », alors qu'elle n'est que soumission pour la recherche d'une charge, d'une distinction, d'une rétribution, s'inscrit elle aussi dans l'âme de la France.

Et Louis XIV fait preuve d'une lucidité cynique et machiavélienne lorsqu'il écrit :

« Je crus qu'il n'était pas dans mon intérêt de chercher des hommes d'une qualité plus éminente – pour me servir –, parce que ayant besoin sur toutes choses d'établir ma propre réputation, il était important que le public connût par le rang de ceux dont je me servais que je n'étais pas en dessein de partager avec eux mon autorité, et qu'eux-mêmes, sachant ce qu'ils étaient, ne conçussent pas de plus hautes espérances que celles que je leur voudrais donner. »

Il ajoute, dévoilant sa méthode de gouvernement solidaire excluant la désignation d'un ministre principal : « Il était nécessaire de partager ma confiance et l'exécution de mes ordres sans la donner entière à personne. »

Ce changement dans l'administration du royaume (conseillers d'État, maître des requêtes, intendants, subdélégués et officiers appliquent le plus souvent avec rudesse les ordres du roi), s'il en renforce la cohésion, ne fait pas pour autant disparaître la misère des plus humbles.

Au contraire. C'est en cascade que les besoins financiers de l'État vont écraser de taxes et d'impôts les « jacques ».

Ceux-ci se rebellent dès 1661-1662 dans tout le nord du royaume, puis en Sologne, en Bretagne. Les troupes répriment avec une cruelle efficacité ces « émotions paysannes » que la disette ou la famine provoquent.

On pend les meneurs. On condamne aux galères : les navires construits sur l'ordre de Colbert ont besoin de bras. On sévit sans hésitation, sans remords ni regrets. Se rebeller contre le souverain est sacrilège. Le pouvoir absolu l'affirme avec netteté :

« Quelque mauvais que puisse être un prince, écrit Louis XIV, la révolte de ses sujets est toujours infiniment criminelle. »

Le roi peut donc gouverner selon son « bon plaisir », qui est aussi, par nature, le choix propre à assurer sa gloire et celle du royaume.

Dans le pouvoir absolu, il n'y a pas séparation entre les désirs du monarque et les besoins de la nation.

Tout gouvernement de la France sera plus ou moins consciemment l'héritier de cette conviction et de cette pratique absolutiste dont Louis XIV a imprégné l'âme de la France.

Le roi en fait le ressort de sa politique religieuse et de sa politique étrangère.

Il s'agit là des deux domaines où il est confronté à d'autres pouvoirs éminents : ceux du pape et des autres souverains.

Il veut affirmer face au pape son autonomie, alors qu'il est le Roi Très-Chrétien de la fille aînée de l'Église, et montrer aux autres monarques qu'il leur est supérieur.

En 1682, dans la Déclaration des quatre articles, Louis XIV s'arroge notamment le droit de nomination des évêques, exaltant ainsi le « gallicanisme » traditionnel de l'Église de France.

Il affirme : « Les rois et les souverains ne peuvent être soumis par ordre de Dieu à aucun pouvoir ecclésiastique dans les choses temporelles, ni déposés directement ou indirectement par l'autorité des chefs de l'Église, ou leurs sujets dispensés de foi et d'obéissance et déliés de leur serment de fidélité. »

Dans cette compétition de pouvoir entre le roi et le pape, Louis précise que les conciles sont supérieurs au souverain pontife et qu'il ne saurait donc être question d'infaillibilité pontificale.

Le pouvoir absolu se veut seul de son espèce.

Le roi de France est supérieur à tous les autres.

L'âme de la France se grisera de ces certitudes.

Le roi peut à sa guise, selon son bon plaisir, mettre fin à la « paix établie » avec ses voisins.

« Tout était calme en tous lieux, reconnaît-il. Vraisemblablement pour autant que je le voudrais moi-même. »

Mais le veut-il ?

« Mon âge et le plaisir d'être à la tête de mes armées m'auraient fait souhaiter un peu plus d'affaires au-dehors », admet-il encore.

C'est qu'il s'agit de sa gloire.

Et à Londres comme à Rome, pour des questions de préséance, ou après un incident diplomatique, il réagit en affirmant sa prééminence et en obtenant réparation.

« Je ne sais si depuis le commencement de la monarchie il s'est jamais passé rien de plus glorieux pour elle, écrit Louis XIV. C'est une espèce d'hommage de roi à roi, de couronne à couronne, qui ne laisse plus douter à nos ennemis mêmes que la nôtre ne soit la première de la chrétienté. »

En 1664, six mille soldats français iront combattre aux côtés des Impériaux et seront victorieux des Turcs au Saint-Gothard.

C'est manière d'affirmer que le roi de France peut agir dans toute l'Europe selon sa volonté, et qu'il ne craint ni les Habsbourg de Vienne ni ceux d'Espagne.

À la mort du roi d'Espagne, Louis XIV réclame les biens de Marie-Thérèse, son épouse, dont la dot n'a pas été versée par Madrid. C'est la guerre de Dévolution (1667-1668). La France obtient Lille, Tournai et Douai au traité d'Aix-la-Chapelle.

De 1672 à 1679, il mène la guerre contre la Hollande, la plus grande puissance marchande d'Europe et donc du monde. Les peintres, les écrivains, les musiciens, Racine, l'historiographe du roi, célèbrent le « passage du Rhin » à Tolhuis, le 16 juin 1672.

Mais la guerre est longue, coûteuse, incertaine malgré les victoires de Condé et de Turenne. Louis XIV et la Cour sont présents sur le front. La guerre est pour eux un grand jeu glorieux qui enfle l'endettement de l'État. Mais la gloire n'a pas de prix, et le royaume s'agrandit de la Franche-Comté au traité de Nimègue, en 1679.

La prépondérance française – déjà inscrite dans les traités de Westphalie (1648) et des Pyrénées (1659) – en sort renforcée.

Qui pourrait dès lors s'opposer à la politique de « réunion » de villes au royaume de France – Strasbourg en 1681 –, qui ne sont que des annexions masquées par des arguties juridiques, voire des coups de force que l'armée et le royaume le plus puissant d'Europe imposent ?

Ceux qui ne se plient pas doivent méditer le sort de Gênes, bombardée par la flotte française qui l'écrase sous dix mille bombes incendiaires (19 mai 1684) pour la punir d'avoir fourni des galères à l'Espagne.

À Ratisbonne (15 août 1684), une trêve est conclue entre l'empereur, l'Espagne et Louis XIV : le roi de France est l'arbitre de l'Europe. Non seulement il paraît capable d'imposer sa loi à tous les autres royaumes, mais il est un « modèle ».

La langue française est devenue la langue diplomatique. Versailles et sa Cour sont imités dans toute l'Europe.

Cette prééminence fait naître parmi les élites, puis parmi le peuple français, un sentiment de supériorité, d'impunité, même, qui va caractériser l'âme de la France.

En 1683, quand meurent l'épouse de Louis XIV, Marie-Thérèse, et Colbert, qui a été le bon ouvrier de l'absolutisme, Louis XIV est dans la plénitude de sa force. Il n'a que quarante-cinq ans.

Il est le Roi-Soleil.

28

La mort, en 1683, a donc commencé à rôder dans les galeries du château de Versailles inachevé où le roi et sa Cour se sont installés.

Le soleil brille encore, mais il est froid comme dans un précoce automne qui annonce un hiver rigoureux.

L'absolutisme a sa logique. Il veut tout dominer : les grands, les humbles, les États étrangers. Comment accepterait-il qu'une minorité conserve ses croyances, continue de se rassembler autour de pasteurs formés en Angleterre, dans les Provinces-Unies, ces puissances ennemies du royaume, et à Genève ?

« Je crus au début, dit Louis XIV, que le meilleur moyen pour réduire peu à peu les huguenots de mon royaume était de ne les point presser du tout par quelques rigueurs nouvelles, de faire observer ce qu'ils avaient obtenu sous les règnes précédents, mais aussi de ne leur accorder rien de plus et d'en renfermer même l'exécution dans les plus étroites bornes que la justice et la bienséance le pouvaient permettre. »

Les intendants, dans les provinces, serrent le lacet, appliquent les édits qui restreignent ou interdisent le culte protestant. Les huguenots ne peuvent exercer certains métiers et n'ont pas l'accès à la maîtrise.

Une Caisse de conversion est créée pour les inciter à quitter la religion prétendument réformée et à rejoindre celle du roi, censée être celle de tous les sujets du royaume.

L'émigration est contrôlée.

Un édit royal – du 14 juillet 1682 – interdit aux sujets de quitter la France pour s'installer à l'étranger sans en avoir obtenu l'autorisation.

Parce qu'il est le plus centralisé, le plus administré d'Europe, le royaume de France esquisse avant tous les autres certaines des formes totalitaires de l'État.

On est condamné pour son être ou sa foi avec une rigueur qui devient peu à peu implacable, les rouages de l'État gagnant en efficacité et les édits royaux étant appliqués dans toutes les provinces.

Le seul fait d'être bohémien est ainsi un délit.

Les agents du roi doivent « faire arrêter tous ceux qui s'appellent bohémiens ou égyptiens, leurs femmes, enfants et autres de leur suite, faire attacher les hommes à la chaîne des forçats pour être conduits dans nos galères et y servir à perpétuité ; et à l'égard de leurs femmes et filles, ordonnons de les faire raser la première fois qu'elles auront été trouvées menant la vie de bohémienne, et de faire conduire, dans les hôpitaux les plus prochains des lieux, les enfants qui ne seront pas en état de servir dans nos galères, pour y être nourris et élevés comme les autres enfants qui y sont enfermés ».

Une ordonnance de 1684 décide que tous les déserteurs des troupes ne seront plus exécutés, « mais condamnés à avoir le nez et les oreilles coupés, à être marqués de deux fleurs de lis aux joues, et à être rasés et enchaînés pour être envoyés aux galères ».

L'âme de la France s'accoutume à cette violence étatique, à cette discrimination des individus en fonction non seulement de la faute commise, mais de leur qualité, de leur origine, de leur confession.

Cette mise à l'Index de certaines catégories de sujets, puis cette sélection en fonction de la « race », de la « foi », et la traque des « exclus », doivent se conclure par une peine dont l'exécution sert le royaume : la flotte royale a besoin de bras pour la chiourme de ses galères !

C'est aussi parce que le contrôle par l'État absolutiste veut s'étendre à tous les domaines, régenter les différentes activités du royaume, qu'est édictée en 1685 l'ordonnance coloniale, ou Code noir, « touchant la police des îles de l'Amérique ».

Il s'agit de définir les droits et devoirs des propriétaires d'esclaves dans les colonies françaises des Antilles : la Martinique, la Guadeloupe, Saint-Domingue.

La traite négrière transporte dans des conditions inhumaines des milliers d'Africains vers ces îles où les plantations de canne à sucre se sont étendues et où leur production donne naissance à un commerce fructueux, « triangulaire », entre l'Afrique, les îles et les ports de l'Atlantique (Bordeaux, Nantes).

Le Code noir reconnaît la légitimité de la traite, il fait des Africains des « biens meubles ».

L'État absolutiste devient ainsi le garant et le régent de l'esclavage, en même temps qu'il veille à rendre le baptême des esclaves obligatoire, leur interdisant toute autre religion, définissant juridiquement tout ce qui concerne l'État et la qualité d'esclave.

L'État absolutiste légifère, surveille, fait entrer l'esclavage dans les rouages juridiques du royaume. La vie quotidienne des esclaves est réglementée. Quant à la justification de l'esclavage, elle est double : d'une part, elle exprime « le besoin indispensable qu'on a d'eux pour les cultures des sucres, des tabacs, des indigos » ; d'autre part, on leur apporte le salut « à raison de l'instruction chrétienne qu'on leur donne ».

Car l'État absolutiste a désormais explicitement comme l'un de ses buts majeurs de contraindre tous les sujets du royaume – et les esclaves eux-mêmes – à pratiquer la religion du roi.

Les huguenots ne sont plus seulement dépossédés de leurs droits, cantonnés, surveillés, ils sont désormais « forcés ».

La conversion des enfants de sept ans est autorisée.

Les intendants peuvent imposer une « garnison de gens de guerre » aux religionnaires réticents.

Ces « dragonnades », qui entraînent humiliations, déprédations et saccages, vols, violences, viols, morts, sont mises en œuvre avec zèle par les intendants. Dans le Poitou, Marillac aurait ainsi obtenu plus de 30 000 conversions. Convertir devient une manière, pour les agents du roi, de faire leur cour. Car Louis XIV, remarié secrètement à madame de Maintenon, pieuse et habile ambitieuse qui l'entoure de ses attentions, est désormais résolu à extirper l'hérésie.

La Cour est devenue dévote. Madame de Maintenon et le confesseur jésuite du monarque l'en félicitent.

« La conversion du roi est admirable, écrit madame de Maintenon, et les dames qui en paraissaient les plus éloignées ne partent plus de l'église...

Les simples dimanches sont comme autrefois les jours de Pâques. »

Chaque jour, le roi se réjouit des listes de conversions qu'on lui envoie, qui ne relatent pas les scènes cruelles que provoquent les dragonnades ni les résistances qui déjà s'organisent dans les Cévennes.

Car le système absolutiste, en même temps qu'il accroît le contrôle et la domination de l'État sur tout le royaume, rend opaque la réalité.

Le souverain ne tolère plus qu'on échappe à l'État. « Il est de plus en plus jaloux et amoureux de gloire et d'autorité » (Saint-Simon), mais il ne connaît pas la situation réelle du royaume alors qu'ici et là, devant l'augmentation des taxes et des impôts, la misère s'aggrave, la disette reparaît et les communautés protestantes sont occupées par les dragons.

En fait, le roi ne veut pas voir.

Il veut à n'importe quel prix en finir avec « les obstinés religionnaires », ces « mauvais Français ».

Il décide donc, le 18 octobre 1685, par l'édit de Fontainebleau, la révocation de l'édit de Nantes, qui entraîne aussitôt l'exil de près de deux cent mille huguenots en Angleterre, dans les Provinces-Unies et au Brandebourg. Ils apportent à ces États leur savoir, leur esprit d'initiative, leur énergie, mais aussi leur haine envers celui qu'ils vont décrire comme le « souverain turc des chrétiens », et contre lequel ils vont contribuer à dresser toute l'Europe, inquiète de cette prépondérance française qui ne se reconnaît pour limites que celles qu'elle se donne elle-même.

Mais la révocation de l'édit de Nantes est approuvée dans le royaume de France. L'unité de la foi apparaît comme l'état naturel et indispensable de la monarchie.

Et Louis XIV, en conflit avec la papauté, jaloux de la victoire remportée par l'empereur Léopold et ses armées chrétiennes sur les 200 000 Turcs qui assiégeaient Vienne – bataille du Kalhenberg, le 12 septembre 1683 –, veut, avec la révocation, confirmer qu'il est bien le Roi Très-Chrétien.

Cette mesure absolutiste marque très profondément l'âme de la France.

L'unité religieuse autour du pouvoir royal – central – y est confirmée, renforcée. La puissance étatique doit l'imposer aux sujets réticents.

L'État est violence. Contre lui, on en vient à se dresser, à prendre les armes : ce que feront les huguenots dans les Cévennes. Et les paysans se rebellent contre les « percepteurs » d'impôts. C'est dire que l'âme de la France est aussi marquée par ces résistances.

Plus l'État est unifié, mieux il impose sa loi en tous domaines, plus il risque de susciter des oppositions, d'autant plus violentes qu'aucun espace de tolérance ne leur est ménagé.

Le royaume doit affronter non seulement ces risques d'insurrection intérieure – de guerre civile –, mais aussi ceux de guerre contre l'Europe coalisée, dressée contre Louis XIV, « souverain turc des chrétiens ».

Dans une dialectique équivalant à celle qui régit la vie intérieure du royaume – contrôle de plus en plus étendu de l'État, et résistances –, l'Europe est subjuguée par le royaume de France, fascinée par la majesté de Louis XIV, par sa puissance, sa Cour, Versailles, et en même temps décidée à se coaliser contre lui dans une guerre prolongée, si nécessaire.

Le maître d'œuvre de cette coalition est Guillaume d'Orange. Au terme d'une révolution

(1688), il a chassé d'Angleterre le roi Jacques II Stuart, catholique, qui se réfugie en France. Il a reconnu les droits du Parlement anglais et s'est fait proclamer par lui roi d'Angleterre.

Deux « modèles » s'opposent ainsi en Europe : le français, continental, absolutiste, catholique, et l'anglais – lié aux Provinces-Unies –, antipapiste, s'appuyant sur une Déclaration des droits, instaurant une « monarchie » contrôlée.

La guerre entre les deux « modèles » paraît inéluctable.

L'empereur des princes allemands, l'Angleterre et les Provinces-Unies, mais aussi l'Espagne catholique, se rassemblent dans la ligue d'Augsbourg dès 1686.

Quant à Louis XIV, renforcé par le succès de sa révocation de l'édit de Nantes, sûr de sa puissance, il a une ambition plus grande encore : il est le « Nouveau Constantin » dont les courtisans chantent les mérites, que madame de Sévigné, La Fontaine et La Bruyère louent pour son action pieuse.

Il n'est que Vauban pour mesurer les conséquences négatives du départ de tant de talents huguenots à l'étranger alors même que le royaume est de plus en plus endetté, qu'au lieu d'investir leur fortune dans les activités manufacturières ou marchandes les riches préfèrent l'achat de terres, le prêt à intérêt, l'acquisition d'offices, les garanties offertes par un État absolutiste plutôt que les risques économiques.

Car les huguenots exilés étaient précisément ouverts sur l'économie moderne telle qu'elle se pratiquait aux Provinces-Unies et déjà en Angleterre.

Sur ce plan-là aussi, le « modèle français » s'oppose au « modèle anglo-hollandais ».

Louis XIV a une vision de la puissance et de la gloire qui s'accorde à ce goût de la terre, de la rente et de l'héritage qui caractérise les élites françaises.

Il revendique ainsi – au nom de sa belle-sœur, la princesse Palatine – le Palatinat.

Ses troupes entrent en Dauphiné pour y combattre les vaudois hérétiques.

Louis tente d'aider Jacques II à reconquérir son trône, mais le débarquement de troupes dans l'Irlande catholique se solde par un échec.

Reste donc la guerre continentale contre la ligue d'Augsbourg, conduite depuis 1686 mais déclarée le 15 avril 1689. Et marquée par l'impitoyable violence des troupes françaises, qui mettent le Palatinat à sac en 1688-1689 :

« Je vois le roi assez disposé à faire raser entièrement la ville et la citadelle de Mannheim, écrit Louvois, et, en ce cas, d'en faire détruire entièrement les habitations. »

On brûle « les villes que l'on ne peut forcer », on fait mettre « le feu dans les villages et leurs dépendances ».

La France apparaît ainsi au reste du continent comme une puissance menaçante et oppressive, persécutrice de ses propres sujets protestants, et les huguenots exilés – Pierre Bayle, Jurieu – décrivent les horreurs des dragonnades, la menace que Louis XIV fait peser sur l'Europe entière.

Ces années 1683-1689 sont bien le tournant du règne de Louis XIV. L'absolutisme s'y déploie et y dévoile sa violence.

Devenu dévot, en quête de toujours plus de gloire et d'autorité, le monarque commence aussi à être harcelé par la maladie – on procède à « la grande opération » d'une fistule le 18 novembre 1686. « Le roi a souffert aujourd'hui sept heures durant comme s'il avait été sur la roue », confie madame de Maintenon.

Louis XIV fait face à la douleur comme à l'Europe coalisée.

Mais on ne danse plus le ballet à Versailles.

29

C'est la guerre. Elle écrase le dernier quart de siècle du règne de Louis XIV et marque de son empreinte profonde et cruelle l'âme de la France.

Le roi a voulu imposer aux États d'Europe la prépondérance française. Mais, malgré les victoires militaires – Fleurus en 1690, Steinkerke en 1692, Neerwinden en 1693 –, la suprématie navale de l'Angleterre (bataille de la Hougue, 1692) et la résistance des États obligent Louis XIV, aux traités de Turin et de Ryswick (1696, 1697), à renoncer à toutes ses conquêtes. Il ne conserve que Strasbourg. La leçon est nette : une nation ne peut dominer par la force le reste de l'Europe.

Et pourtant la guerre reprend dès 1701.

Le petit-fils de Louis XIV, le duc d'Anjou, devient Philippe V, roi d'Espagne, sans renoncer pour autant à la couronne de France.

Les Français gouvernent à Madrid.

Une compagnie française se voit attribuer l'*asiento*, le privilège du transport des esclaves vers l'Amérique ; Philippe V et Louis XIV sont actionnaires de cette compagnie négrière.

Ce n'est plus seulement à un empire occidental que s'opposent l'Angleterre, la Hollande, les princes allemands. Au-delà de la question de la succession d'Espagne, la guerre a pour enjeu la domination économique, le grand commerce.

Aux traités d'Utrecht et de Rastadt (1713, 1714), Philippe V doit renoncer à la couronne de France.

L'Angleterre, puissance maritime, commence son ascension. Elle conserve Gibraltar. Elle a brisé l'empire continental qui risquait de se constituer entre Madrid et Paris ; elle s'apprête à contrôler les mers.

Deuxième leçon pour le royaume de France : les États – et d'abord l'Angleterre et les Provinces-Unies – n'acceptent pas le risque de voir un nouvel empire à l'image de celui de Charles Quint se reconstituer en Europe, cette fois au bénéfice de la France.

Ces deux leçons infligées à la France, Louis XIV, qui meurt le 1er septembre 1715, les a-t-il comprises, et ses successeurs les ont-ils retenues, ou, au contraire, voudront-ils poursuivre cette ambition d'une prépondérance française sur le continent ?

Pour le royaume de France – et pour le Grand Roi –, ces années de guerre ont été un long hiver au terme duquel les gains ont été nuls, les souffrances, immenses, les morts, nombreuses, les transformations de la monarchie, profondes.

Si l'on ajoute que les rapports avec les États européens ennemis ont été dominés par ces guerres, on mesure que ces vingt-cinq années ont été décisives pour le royaume et pour l'image que la France a donnée d'elle-même aux peuples d'Europe.

Elle est la nation militaire : plusieurs centaines de milliers d'hommes – de 200 000 à 400 000 – engagés dans ces guerres.

Elle est la nation guerrière : les défaites, nombreuses, n'ont pas découragé le royaume, les victoires – Denain en 1702 – ayant permis le redressement de la situation.

Elle est la nation brutale (le sac du Palatinat), impérieuse, aux ambitions démesurées, le royaume dont il faut se méfier parce qu'il est puissant, riche et peuplé.

L'âme de la France a enregistré en elle-même ces éléments contradictoires qui ont été à l'œuvre durant ce quart de siècle français (1689-1715).

Et d'abord le coût de la guerre.

Le problème financier est bien la maladie endémique du royaume. L'endettement, l'emprunt, la manipulation des monnaies, l'augmentation des impôts, sont les caractéristiques permanentes des finances de la France.

Pour tenter de colmater le déficit, on multiplie les créations d'offices : vendeurs de bestiaux ou emballeurs, experts jurés, procureurs du roi, contrôleurs aux empilements de bois, visiteurs de beurre frais, visiteurs de beurre salé, etc.

L'argent rentre, mais la société française se fragmente en milliers d'officiers héréditaires.

Les fonctions de maire et de syndic sont mises en vente. Un édit de 1695 décide de l'anoblissement, moyennant finance, de 500 personnes distinguées du royaume.

On crée des « billets de monnaie », et le contrôleur général des finances, Chamillart, écrit à Louis XIV, faisant le bilan de cette introduction du « papier-monnaie » : « Toutes les ressources étant épuisées (en 1701), je proposai à Votre Majesté l'introduction de billets de monnaie non pas comme un grand soulagement, mais comme un mal nécessaire. Je pris la liberté de dire à Votre Majesté qu'il deviendrait irrémédiable, si la guerre obligeait d'en faire un si grand nombre, que le papier prît le dessus de l'argent. Ce que j'avais prévu est arrivé, le désordre qu'ils ont produit est extrême. »

Sur une idée de Vauban, on crée un impôt de capitation qui devrait être payé par tous (1694), puis ce sera l'impôt du dixième (1710).

Ces mesures – qui ne résolvent en rien la crise financière – permettent de payer la guerre, mais appauvrissent le pays, et, conjuguées à des hivers rigoureux, à des printemps pluvieux, aggravent en 1693-1694, puis en 1709 – le grand hiver –, la crise des subsistances, la disette, la famine.

Ainsi s'installe dans l'âme française le sentiment que l'État est un prédateur, que l'inégalité s'accroît, qu'elle s'inscrit définitivement dans ces « statuts » d'officiers qui ont le droit de transmettre leurs charges.

Les « réformateurs » comme Vauban (dans son ouvrage *Projet d'une dîme royale*) ou Boisguilbert (dans *Le Détail de la France, ou Traité de la cause de la diminution de ses biens et des moyens d'y remédier*) ont le sentiment qu'ils ne sont pas entendus quand l'un propose un impôt levé sur tous les revenus sans aucune exception, et quand l'autre, condamnant la « rente », l'usure, les ventes d'offices, affirme que « la richesse d'un royaume consiste en son terroir et en son commerce ».

En fait, le cancer du déséquilibre des finances s'installe et commence à ronger l'État, la confiance qu'on lui porte, à désagréger la société et à rendre quasi impossibles les réformes.

Pour trouver des ressources, l'État crée des cohortes d'officiers en leur vendant des parcelles de son autorité, en leur concédant des privilèges qui ne pourront être annulés sans épreuve de force.

Or le privilège est le cœur même du principe social sur lequel s'est bâtie la monarchie, société d'ordres.

Et voici que la noblesse elle-même est mise en vente !

D'un côté, on domestique les grands et les nobles ; de l'autre, on multiplie leur nombre, on vend les privilèges afférents à cet ordre, qui en font un obstacle à la réforme !

Certes, il y a la gloire du monarque, que la guerre accroît. Et son historiographe, Racine, s'enthousiasme quand, en 1692, il assiste à une revue de 120 000 hommes, « ce plus grand spectacle qu'on ait vu depuis plusieurs siècles... Je ne me souviens point que les Romains en aient vu un tel ».

Boileau n'est pas en reste, qui exalte la présence du roi au siège de Namur (1692) et la capitulation de la ville, que César lui-même n'avait pas obtenue.

Louis XIV est bel et bien le Roi-Soleil :

À cet astre redoutable
Toujours un sort favorable
S'attache dans les combats
Et toujours avec la Gloire
Mars amenant la Victoire
Vole et le suit à grands pas.

Par cette propagande, célébration de la gloire militaire du monarque, le pouvoir absolutiste cherche à se consolider, à justifier la guerre.

Dans le même temps, les exigences nées du conflit le conduisent à accroître le contrôle des activités. La guerre impose une concentration des pouvoirs. Elle entraîne non seulement un perfectionnement technique de l'armée – fusil, baïonnette, artillerie –, mais aussi une rationalisation de toute la vie civile.

Colbert crée ainsi des administrations nouvelles, des bureaux des hypothèques. Un Conseil du commerce est mis en place. Dans chaque ville – comme cela s'est fait à Paris dès 1667 – sont nommés des lieutenants de police.

Car la guerre entraîne un renforcement de la surveillance. Le courrier, et d'abord celui des courtisans, est surveillé, lu.

« C'est une misère, la façon dont on agit avec les lettres », écrit la princesse Palatine, belle-sœur du roi et grande épistolière.

De même, la répression exercée contre tous ceux qui tentent de se dresser contre l'autorité royale ou de lui échapper est implacable.

C'est l'armée du maréchal de Villars qui fait la guerre aux camisards des Cévennes, ces huguenots que commande Jean Cavalier.

Des gentilshommes traquent les jeunes paysans qui cherchent à éviter l'enrôlement dans la milice royale.

L'armée a besoin d'hommes, et ce service militaire obligatoire avec tirage au sort permettra de lever, entre 1705 et 1713, 455 000 hommes !

« La jeunesse épouvantée allait se cacher dans les réduits les plus écartés et parmi les plus grandes forêts », note un témoin, « ou bien ils cherchaient à se marier afin d'échapper à la Milice, mais certains vautours, à qui l'on donnait le nom odieux de vendeurs de chair humaine, les enlevaient jusque dans le sein de leurs familles pour les traîner au champ de Mars, servir à émousser les épées anglaises et germaniques ».

Cette « militarisation » de la société, qui est une des conséquences de l'absolutisme et un produit de la guerre, suscite la méfiance envers l'État, et la situation dramatique du royaume, à partir des années 1690, fait naître de nombreuses critiques qui mettent en cause – c'est un signe de la profondeur de la crise – la personnalité même du souverain.

Fénelon, archevêque de Cambrai, ose écrire à Louis XIV, roi désormais dévot :

« Vous n'aimez pas Dieu, vous ne le craignez même que d'une crainte d'esclave, votre religion ne consiste qu'en superstition et en pratique superficielle. »

Ce propos violent complète une *Lettre anonyme à Louis XIV* qui est une critique radicale de l'absolutisme et de la politique suivie.

« On n'a plus parlé de l'État et de ses règles, on n'a plus parlé que du Roi et de ses plaisirs », souligne Fénelon.

L'une des manifestations de cette évolution absolutiste est la guerre.

« On a causé depuis plus de vingt ans des guerres sanglantes..., la guerre de Hollande (1672-1678) a été la source de toutes les autres. Elle n'a eu pour fondement qu'un motif de gloire et de vengeance, ce qui ne peut jamais rendre une guerre juste. »

Et la conséquence en est que « la France entière n'est plus qu'un grand hôpital désolé et sans provisions. Les magistrats sont avilis et épuisés. La noblesse, dont tout le bien est en décret, ne vit que de lettres d'État... Le peuple même qui vous a tant aimé commence à perdre l'amitié, la confiance et même le respect. Vos victoires et vos conquêtes ne le réjouissent plus, il est plein d'aigreur et de désespoir. La sédition s'allume un peu de toutes parts... Voilà, Sire, l'état où vous êtes. Vous vivez comme ayant un bandeau fatal sur les yeux. »

On est loin des louanges de Racine et de Boileau !

En 1709, la misère empoigne tout le royaume. Nicolas Desmarets, contrôleur général, note la « mauvaise disposition des esprits et des peuples ».

Il souligne que des mouvements de révolte ont lieu ici et là dans les provinces où la hausse du prix du blé – consécutive à de mauvaises récoltes – provoque la disette, la famine ; et où les fermiers généraux ne réussissent plus à lever l'impôt et n'ont plus aucun crédit : ne parvenant plus à emprunter, ils ne prêtent plus et n'avancent plus le montant des impôts.

La dégradation de la situation (levée forcée de soldats, misère, etc.) conduit à cette montée des critiques.

On mesure ainsi qu'en dépit des renforcements continus de l'absolutisme, du développement de la coercition, de la réglementation, de la centralisation, du culte du roi, l'âme de la France est encore capable de se rebiffer.

Sous la chape de l'absolutisme, le pays – du peuple aux aristocrates – conteste ce mode de gouvernement, et les oppositions se raniment aussitôt. On n'accepte et subit l'absolutisme que parce que l'État exerce avec violence son autorité, mais cela ne vaut que si sa politique est favorable aux intérêts de la nation et à la prospérité de son peuple.

Que les résultats soient mauvais, que l'inégalité s'aggrave, et l'esprit de critique et de sédition reparaît. Contre l'absolutisme, on dresse le souvenir des états généraux, du gouvernement des princes, de l'aristocratie, des cours souveraines.

Le roi se retrouve ainsi isolé. Et il n'a pour toute ressource que de faire appel au « patriotisme » de la nation afin qu'elle se rassemble autour de lui, non plus dans un mouvement imposé par la répression, les édits, mais dans un mouvement d'adhésion nationale.

C'est ainsi que, le 12 juin 1709, dans l'abîme qu'est cet hiver de glace et de misère, de défaites et de doutes, Louis XIV adresse un Appel à ses évêques et à ses gouverneurs afin qu'ils le diffusent dans toutes les paroisses du royaume.

Louis XIV se dépouille de son autorité de souverain absolu.

Il ne dit plus : « Tel est mon bon plaisir. » En s'adressant à ses sujets, en leur expliquant les raisons de ses choix politiques, il les élève à la dignité d'interlocuteurs habilités à comprendre, à approuver, et donc aussi à discuter et à contester.

Louis XIV explique pourquoi il n'a pas pu conclure la paix : « Quoique ma tendresse pour mes peuples ne soit pas moins vive que celle que j'ai pour mes propres enfants, quoique je partage tous les maux que la guerre fait souffrir à des sujets aussi fidèles, et que j'aie fait voir à toute l'Europe que je désirais sincèrement de les faire jouir de la paix, je suis persuadé qu'ils s'opposeraient eux-mêmes à la recevoir à des conditions également contraires à la justice et à l'honneur du nom français. »

L'intérêt dynastique devient là, simplement, le visage de l'intérêt national, la gloire et l'honneur du roi ne sont que l'expression de la « justice et de l'honneur du nom français ».

Face à l'échec de la politique de Louis XIV, cet appel royal, au cœur de la détresse qui frappe le royaume, exprime la force et la réalité de la conscience nationale. Mais cet appel confirme dans l'âme française que le roi n'est un souverain pleinement légitime que par la politique qu'il mène, et qu'en dernier ressort c'est le peuple qui l'adoube, qui lui accorde le second sacre déterminant la valeur du premier.

La contestation de l'absolutisme, l'importance du peuple, la permanence des « ordres » traditionnels du royaume, refont ainsi irruption au bout de près d'un demi-siècle – depuis 1661 – de monarchie absolutiste.

L'appel de Louis XIV au patriotisme est entendu. La foule attend devant les imprimeries le texte du roi.

On l'approuve de ne pas avoir accepté de contribuer par les armes, comme le demandaient les puissances en guerre, à chasser son propre petit-fils, Philippe V, du trône d'Espagne.

Le maréchal de Villars lit l'appel aux troupes, qui l'acclament. Et le 11 septembre 1709, à Malplaquet, au terme d'une bataille sanglante, incertaine, s'il n'est pas victorieux de Marlborough et du prince Eugène de Savoie, il arrête l'avance ennemie.

Puis, le 24 juillet 1712, à Denain, il bat le prince Eugène.

Les alliés doivent alors se convaincre qu'ils ne pourront pas écraser la France et qu'il vaut mieux traiter, d'autant plus que l'Angleterre et les Provinces-Unies ne veulent pas que l'Empire germanique profite de la défaite française.

Dès lors que Philippe V renonce à la couronne de France, la paix est possible.

Les traités d'Utrecht et de Rastadt la rétabliront en 1713 et 1714.

Mais le royaume et la dynastie sont affaiblis.

« Sire, vous le savez, écrit dans une lettre anonyme Saint-Simon, votre royaume n'a plus de ressources... Jetez, Sire, les yeux sur les trois états qui forment le corps de votre nation... Le clergé est tombé dans une abjection de pédanterie et de crasse qui l'a tout à fait enfoncé dans un profond oubli... La noblesse n'est pas plus heureuse... Ce n'est plus qu'une bête morte, qu'un mari insipide, qu'une foule séparée, dissipée, imbécile, impuissante, incapable de tout et qui n'est plus propre qu'à souffrir sans résistance... Le tiers état, infiniment élevé dans quelques particuliers qui ont fait leur fortune par le ministère ou par d'autres voies, est tombé en général dans le même néant que les deux premiers corps. »

Certes, la description de Saint-Simon est en fait un plaidoyer en faveur d'un gouvernement aristocratique.

« Que Votre Majesté règne enfin par elle-même », dit-il, contestant l'action des ministres, de l'épouse, madame de Maintenon, ou du confesseur jésuite, et rêvant à des princes entourant le roi.

Mais, au-delà de cette limite, c'est la succession de Louis XIV elle-même qui semble menacée.

La mort a frappé comme à grands coups de hache.

En 1711, le Grand Dauphin, fils de Louis XIV, est mort.

Puis, en 1712, le duc et la duchesse de Bourgogne (le petit-fils de Louis XIV et son épouse).

En 1712 encore, le duc de Bretagne, arrière-petit-fils aîné de Louis XIV, et, en 1714, Charles, duc de Berry, petit-fils du roi et frère de Philippe V d'Espagne – autre petit-fils de Louis XIV –, mais qui a renoncé à la couronne de France.

Ne survit donc qu'un arrière-petit-fils, le duc d'Anjou, d'à peine cinq ans et demi en 1715.

Le régent serait le neveu de Louis XIV, Philippe d'Orléans, fils du frère du roi et de la princesse Palatine.

Mais la défiance de Louis XIV est grande envers lui, qu'à la Cour on a même soupçonné d'avoir fait empoisonner les membres de la famille royale afin d'accéder au trône.

Louis XIV a d'ailleurs créé un conseil de régence afin de contrôler Philippe d'Orléans, qui en assurera cependant la présidence.

Le 1er septembre 1715 à 8 h 15, Louis XIV meurt au château de Versailles à l'âge de soixante-dix-sept ans.

Il était monté sur le trône soixante-douze ans auparavant et avait régné personnellement cinquante-quatre ans.

À sa mort, c'est à nouveau un enfant – Louis XV – qui accède au trône.

L'absolutisme survivra-t-il à la régence de Philippe d'Orléans, prince libertin ?

CHRONOLOGIE II

Vingt dates clés (1515-1715)

1515 : Victoire de Marignan, remportée par François Ier (1515-1547) sur les Suisses alliés du duc de Milan.
1519 : Début de la construction du château de Chambord.
1522 : Début de la première guerre contre Charles Quint.
1539 : Ordonnance de Villers-Cotterêts – tous les actes officiels doivent être rédigés en français.
1562 : Première guerre de Religion.
1572 : Massacre de la Saint-Barthélemy (24 août).
1593 : Abjuration de Henri IV à Saint-Denis.
1598 : Édit de Nantes.
1624 : Richelieu, Premier ministre de Louis XIII (1610-1643).
1643 : Mort de Louis XIII et de Richelieu. Régence d'Anne d'Autriche.
1648 : Traité de Westphalie.
1649 : Fuite du roi Louis XIV, onze ans, de Mazarin et d'Anne d'Autriche, de Paris à Saint-Germain.
1661 : Mort de Mazarin, gouvernement personnel de Louis XIV.
1682 : Le roi s'installe à Versailles.
1684 : Mariage secret de Louis XIV et de madame de Maintenon.
1685 : Révocation de l'édit de Nantes.
1685 : Code noir sur l'esclavage.
1701 -1714 : Guerre de Succession d'Espagne.
1709 : L'année terrible – défaite, froid, famine.
1715 : Mort de Louis XIV.

LIVRE III

L'ÉCLAT DES LUMIÈRES, L'IMPOSSIBLE RÉFORME ET LA RÉVOLUTION ARMÉE

1715-1799

1

LOUIS XV

LE VENT SE LÈVE
1715-1774

30

1715 : on entre dans un nouveau siècle.

C'est le temps des salons parisiens et non plus celui de la chapelle et des confessionnaux de Versailles.

On loue en Louis XIV « cette fermeté d'âme, cette égalité extérieure, cette espérance contre toute espérance, par courage, par sagesse et non par aveuglement », mais, après avoir ainsi salué le monarque défunt, édenté et dévot, Saint-Simon, l'ami et porte-parole du Régent Philippe d'Orléans, le pousse à rompre et à oublier le vieux roi qui s'était prolongé en ce XVIIIe siècle et qu'on ne supportait plus.

On veut participer aux fêtes du Régent, pétillantes et libertines.

On veut tomber le masque. On rejette les bigoteries et les jésuites.

Les élites françaises – princes du sang, haute noblesse – désirent à la fois retrouver leur pouvoir et leur influence, contenus par l'absolutisme de Louis XIV, et se mêler aux beaux esprits, aux jeux de l'amour et de la pensée.

En 1715, Marivaux a déjà vingt-sept ans, Montesquieu, vingt-six, Voltaire, vingt et un.

Philippe d'Orléans, homme de tous les talents, brillant et beau, libertin mais conscient de ses devoirs, incarne cette dizaine d'années de régence.

Il meurt en 1723, l'année de la majorité de Louis XV, et le duc de Bourbon lui succède jusqu'en 1726 – cette année-là, le roi, assisté du cardinal Fleury, gouverne.

La décennie de la Régence est, après le long hiver du Grand Roi, une période de retournement et de créativité qui marque l'âme et la mémoire de la France.

Louis XIV a tenté de prolonger son règne au-delà de sa propre mort. Le conseil de régence doit tenir en tutelle ce neveu, Philippe d'Orléans, dont il s'est toujours méfié : trop beau, trop talentueux, donc trop ambitieux, trop dangereux pour un monarque absolutiste.

Avant de mourir, Louis XIV a fait de ses deux bâtards légitimés – les fils de madame de Montespan –, le duc du Maine et le comte de Toulouse, des princes du sang ayant le droit de succéder à leur père. Pis : le duc du Maine a été désigné par Louis XIV pour prendre en main l'éducation de Louis XV.

Le Régent veut le pouvoir. Il fait casser le testament de Louis XIV par le parlement de Paris, auquel il rend en échange son droit de remontrance ; il fait de même pour toutes les cours souveraines.

Ainsi les parlementaires, écartés du jeu par la monarchie absolutiste, retrouvent-ils leur pouvoir de contrôle, de contestation, d'opposition.

Défaite posthume de Louis XIV et de la volonté absolutiste qui, depuis la dernière convocation des états généraux, en 1614 – il y a alors un siècle –, l'avait emporté. Le Parlement et les cours souveraines se présentent à nouveau comme le « corps » de la nation.

Imposture, puisque les parlementaires sont propriétaires de leurs charges héréditaires, qu'ils représentent un groupe social puissant qui peut certes s'attribuer le rôle de « défenseur » du peuple, mais qui est partie prenante dans la caste des privilégiés. Cependant, en réintroduisant les parlements dans le jeu politique comme acteurs influents, le Régent veut aussi faire contrepoids aux princes, à la haute noblesse, à laquelle – dans sa lutte contre les bâtards de Louis XIV – il a sacrifié le gouvernement ministériel, celui de « la vile bourgeoisie », instrument de l'absolutisme royal.

Durant trois années (1715-1718), huit Conseils – de conscience, des finances, de justice, etc. – peuplés par la haute noblesse gouvernent en lieu et place des descendants des familles ministérielles, les Colbert, les Louvois, les Pontchartrain, etc.

Cette « polysynodie » est une réaction aristocratique à la pratique de Louis XIV. Elle tente de mettre sur pied un autre mode de gouvernement, mais l'incompétence, la futilité de cette haute noblesse, ses rivalités, tout comme le désir du Régent de gouverner lui-même, mettent fin à cette expérience qui avait aussi un but tactique : permettre à Philippe d'Orléans de s'imposer en rassemblant autour de lui les princes contre les bâtards de Louis XIV et contre les parlementaires, auxquels on a rendu leurs pouvoirs.

Cet exercice d'équilibre, qui se termine par la création de secrétariats à la Guerre, aux Affaires étrangères (pour le cardinal Dubois), donc par un retour du gouvernement ministériel, n'en a pas moins fissuré l'absolutisme.

On mesure même, à cette occasion, combien les élites françaises sont divisées, le pouvoir, fragmenté, les ambitions de chaque « clan », contradictoires.

Les risques d'éclatement du groupe social des élites ne sont pas encore perçus. Et cependant, en

1721, paraissent les *Lettres persanes* de Montesquieu. En 1720, Marivaux, sur le modèle anglais du *Spectator*, lance un périodique, *Le Spectateur français*.

Ainsi, une « opinion » souvent critique – prenant modèle sur ce qui se passe à Amsterdam, à Londres – commence d'apparaître. Elle est influente dans les salons. Elle attire telle ou telle personnalité de la haute noblesse, du Parlement.

En face d'elle, le pouvoir est hésitant.

Voltaire a déjà connu la Bastille en 1717. Mais, à sa sortie, ses premières œuvres lui ont valu la notoriété. Ses pièces sont jouées en 1725 lors du mariage du roi avec Marie Leszczynska, fille du roi de Pologne détrôné. Une épigramme contre le Régent le renvoie à la Bastille. En 1726, il s'exilera en Angleterre au terme d'une querelle avec le chevalier de Rohan qui l'a fait bâtonner, refusant de se battre en duel avec un homme qui « n'a même pas de nom ». Et Voltaire a répondu, comme s'il pressentait l'avenir : « Mon nom je le commence, vous finissez le vôtre ! »

Épisode symbolique illustrant comment, sous l'apparence d'un système politique et social qui est l'ordre naturel et sacré du monde, des ferments de division prolifèrent.

Et si les « idées nouvelles » – les « Lumières », dira-t-on bientôt – sont acceptées, c'est que le royaume continue d'être rongé par la « maladie » financière, l'endettement, la recherche haletante de revenus, l'anticipation des recettes pour faire face aux dépenses courantes, à l'impossibilité de prélever de nouveaux impôts.

Naturellement, le regain de pouvoir des parlements et de la haute noblesse réduit encore les marges de manœuvre de la monarchie.

Comment faire payer les privilégiés qui sont le socle du système social et le symbole même de la société d'ordres ?

Ce dilemme, la Régence essaie de le contourner, à défaut de le résoudre.

La fondation en 1716 par l'Écossais John Law d'une Banque générale est le point de départ de cette tentative.

Il s'agit de créer des billets circulant rapidement, en nombre suffisant pour impulser la croissance économique, favoriser le grand commerce maritime et, sinon remplacer, en tout cas entamer le monopole des « espèces sonnantes et trébuchantes », or ou argent, dont la frappe est limitée.

Ce modèle de banque – devenue Banque royale – est emprunté à la Hollande et à l'Angleterre, qui ont créé leurs propres banques respectivement dès 1609 et 1694.

C'est aussi sur les modèles anglais et hollandais que Law fonde en 1717 la Compagnie d'Occident, devenue Compagnie française des Indes.

Ces premières initiatives sont un succès.

Elles permettent, par le jeu de la valeur des billets, des taux d'intérêt, de réduire les endettements – ce qui ruine certains prêteurs. Elles facilitent les investissements, donnent une impulsion aux manufactures et à l'artisanat de luxe favorisés par le grand commerce.

Mais cette économie et cette finance nouvelles se heurtent à la réalité du modèle français.

Law propose une circulation rapide de la monnaie et la prépondérance du commerce dans un royaume où la fortune est foncière, liée à la rente, aux revenus que l'on tire de son statut, de son office, au rôle que l'on joue dans le prêt d'argent à l'État.

Or, en 1719, Law se fait attribuer la Ferme générale – la levée des impôts –, puis, en 1720, il devient contrôleur général des finances.

Cette rencontre entre fonctions liées à l'État et nouvelle économie et nouvelle finance suscite des inquiétudes parmi les princes, prêteurs habituels. Ils retirent leur or de la Banque, la valeur du papier s'effondre, la Bourse de la rue Quincampoix ferme.

Le système novateur a fait faillite. Il s'est brisé contre la structure traditionnelle de la finance dans le royaume. Et aussi sur la rapacité des grands, qui se sont enrichis dans cette spéculation sur le « papier-monnaie », entraînant, par leur volonté de sauver leurs gains en or, le naufrage de la Banque.

Les conséquences de la « banqueroute » de Law vont s'inscrire dans la longue durée de la mémoire nationale.

La défiance à l'égard de l'État, des « élites » qui se sont enrichies, des affaires d'argent, en est renforcée.

Elle se double d'un rejet du « papier-monnaie », d'un attachement aux pièces d'or ou d'argent – la livre-tournoi, dont le cours est stabilisé en 1726 et le restera pour près de deux siècles.

La conviction s'enracine dans l'âme des Français que les « rentes » d'État ou les fermages, l'achat de terres ou d'immeubles, sont les seuls moyens de protéger sa fortune.

Ainsi, le « modèle » marchand et l'aventure coloniale tels que les pratiquent les Hollandais et les Anglais n'entraîneront jamais la totalité des élites françaises dans un projet commun.

Certes, l'économie, grâce à la circulation des billets de John Law, a été fouettée, le commerce du sucre, la traite négrière se sont développés, de même que les villes portuaires : Bordeaux, Nantes, Lorient, et aussi, pour le commerce avec le Levant,

Marseille. Mais le « système » – rente, usure, propriété foncière, achat d'« offices » – n'est pas modifié en profondeur.

Quant à la crise financière, elle n'est pas réglée.

La tentative du duc de Bourbon, principal ministre après la mort du duc d'Orléans en 1723, de créer un impôt du cinquantième – sur les revenus de tous les propriétaires – est rapidement abandonnée.

La monarchie se révèle capable de formuler le diagnostic de sa maladie financière, mais est impuissante à appliquer les thérapies qu'elle élabore.

Le mal et les remèdes sont identifiés, connus ; mais le régime est incapable d'entreprendre l'opération qui permettrait d'extirper la tumeur.

D'autant que le pouvoir des parlementaires rend encore plus difficile l'action du roi.

Cependant, une partie des élites – dans le gouvernement (ainsi le cardinal Dubois, chargé des Affaires étrangères jusqu'à sa mort en 1723) mais aussi dans les mondes juridique et littéraire – regarde les modèles anglais et hollandais avec attention, persuadée qu'il y a là une voie nouvelle pour l'organisation sociale et politique, économique et financière.

C'est une des raisons qui expliquent le « retournement » de la politique extérieure du royaume.

On s'allie avec l'Angleterre et la Hollande, puis avec le Habsbourg de Vienne (1717-1718), et l'on renonce ainsi au rôle d'arbitre ou à une posture impériale en Europe, au bénéfice d'une pacification des rapports avec la puissance britannique, différente mais alors en plein essor.

Et on n'hésite pas, en 1719, à faire la guerre à l'Espagne où continue de régner le petit-fils de

Louis XIV, Philippe V, pour lui imposer de se joindre à l'accord passé avec Londres !

L'Angleterre est la référence et en même temps la vraie rivale.

Ruiné par la banqueroute de Law, Marivaux imite les Anglais quand il veut créer un périodique.

Et Voltaire, sortant de la Bastille, s'exile outre-Manche en 1726.

Louis XV, qui, cette année-là, décide de gouverner avec son précepteur, le cardinal de Fleury, n'a encore que seize ans.

Va-t-il, peut-il saisir l'avantage que lui donne la perspective d'un long règne ?

31

Le temps n'a pas manqué à Louis XV.

Lorsque le cardinal de Fleury, son ancien précepteur devenu en 1726 son principal ministre, meurt en 1743 à l'âge de quatre-vingt-neuf ans, le roi n'en a que trente-trois.

Il règne sur un royaume taraudé par une crise financière permanente, mais qui connaît un vif essor économique.

Fleury a gouverné prudemment. Des guerres, certes, mais qui n'épuisent pas le pays. Les blés sont abondants. Le grand commerce, actif. Les foires, prospères. L'administration du royaume – intendants, subdélégués, gouverneurs –, efficace. On trace des routes. On enquête pour connaître la réalité des fortunes, des récoltes, des revenus, le nombre des habitants. On en dénombre une vingtaine de millions, soit la population la plus importante d'Europe.

Certes, les inégalités s'accroissent entre fermiers, coqs de village et manouvriers. Mais chacun se souvient du pire qu'ont connu ses aïeux : disette, famine, épidémies, peste, guerres civiles, soldatesque répandue comme une vermine sur les campagnes.

L'ordre règne. L'armée est réorganisée. On crée des écoles militaires. On ouvre des classes pour apprendre à lire aux fils de paysans. La misère s'éloigne un peu des masures.

On sait que le monarque est jeune, beau, séducteur, conquérant. À Paris, on connaît le nom de ses maîtresses, nombreuses, titrées, comtesses, duchesses ou marquises : la Pompadour, la Du Barry. Mais au royaume de France on ne juge pas un roi sur ses fréquentations d'alcôve.

Le sacre en fait un être distingué par Dieu, homme au-dessus des autres humains.

Les conseillers, ses ministres, ses maîtresses, ses confesseurs, peuvent le tromper, lui faire commettre des erreurs. Mais lui est sacré. On prie pour son salut, afin que Dieu l'éclaire dans les choix qu'il doit faire pour ses sujets.

Quand, en 1744, il tombe malade à Metz, les églises se remplissent. Il faut sauver *Louis le Bien-Aimé*.

Mais, treize ans plus tard, quand, dans les jardins du château de Versailles, un domestique, Robert François Damiens, frappera le roi d'un coup de canif, l'écorchant à peine, on ne relèvera aucune émotion dans le royaume, plutôt une indifférence méprisante. Et presque de la pitié et de l'indulgence pour ce Damiens qu'on va rouer, cisailler aux aines et aux aisselles pour faciliter l'écartèlement par quatre chevaux attelés à ses membres.

Au mitan du XVIIIe siècle, dans les années 1740-1760, quelque chose de décisif s'est donc produit dans le rapport du peuple et de son roi.

Le monarque et l'institution monarchique paraissent désacralisés.

Dans la constitution et l'évolution de l'âme de la France, ce tournant est capital.

Il s'agit en fait d'une véritable révolution intellectuelle.

Les esprits de ceux qui pensent, écrivent, publient, font jouer leurs pièces sur les scènes des théâtres, lisent leurs œuvres dans les salons parisiens, entretiennent une correspondance quotidienne avec Londres ou Berlin, ont échappé à la monarchie absolue.

Ils portent un regard différent sur le monde.

La raison plus que la foi guide leur pensée. Ils décrivent, ils analysent. Ils sont écoutés, applaudis.

Face à ce mouvement des idées, à ces *Lumières* qui se répandent, la monarchie est hésitante.

Ces esprits indépendants n'appellent pas à la révolte. Cette fronde intellectuelle ne fait pas tirer le canon sur les troupes royales. Ces « philosophes » – puisque c'est ainsi qu'on les nomme – fréquentent les salons, sont accueillis à la Cour, courtisés et protégés par les aristocrates.

Mais cette révolution dans les esprits sape les fondements de la monarchie absolue.

Marivaux, Voltaire (les *Lettres philosophiques* en 1734, *Zadig* en 1747, l'*Essai sur les mœurs et l'esprit des nations* en 1757, année de Damiens, le régicide), Rousseau, qui, lui, s'avance au nom de l'égalité et ébranle ainsi les bases sociales du système monarchique, font triompher l'esprit laïque.

Quand, en 1752, Voltaire publie *Le Siècle de Louis XIV*, il jauge le règne avec une indépendance d'esprit qui, par-delà les jugements qu'il porte sur la période, est un acte révolutionnaire.

Et la parution en 1751 du premier tome de l'*Encyclopédie*, qui s'approprie tous les domaines pour les reconstruire hors de la « superstition », a la même signification.

Que faire avec ces philosophes ?

En 1749, Diderot a été emprisonné à Vincennes. En 1752, un arrêt du Conseil annule l'autorisation de paraître des deux premiers volumes de l'*Encyclopédie*.

Mais, outre que les philosophes bénéficient de la protection de membres influents de la Cour (madame de Pompadour), chaque mesure prise à leur encontre les renforce en attirant l'attention sur leurs discours. Un « parti philosophique » se constitue ainsi, vers les années 1750, autour de l'*Encyclopédie*, de Voltaire, de Diderot et de d'Alembert.

Il devient un acteur déterminant de l'évolution du royaume. Sa vigueur, sa créativité et sa diversité en font un des éléments constitutifs de l'âme de la France.

Pour la première fois dans l'histoire nationale, un pouvoir « intellectuel » se crée hors des institutions – la Cour, l'Église, les parlements, etc. –, transcendant les trois ordres, et fait face à celui de la monarchie.

Avec *De l'esprit des lois*, Montesquieu lui confère en 1748 une dimension politique en mettant l'accent sur le risque de dérive despotique de la monarchie absolue.

Il souligne que la seule manière de l'empêcher est de dresser contre le pouvoir un autre pouvoir. Ce « contre-pouvoir », les corps intermédiaires en sont l'expression.

Ainsi se dessine une caractéristique majeure de l'histoire française : le parti philosophique devient un pouvoir intellectuel qui intervient dans l'arène politique.

Ces philosophes, ces écrivains transmettent l'exemple d'une monarchie contrôlée telle qu'elle existe en Angleterre. Voltaire est le propagateur de ce modèle. Rousseau s'interroge sur l'origine de l'inégalité. L'*Encyclopédie* – dont le pouvoir se voit contraint de tolérer la diffusion – examine dans un esprit laïque tous les sujets.

La diffusion de cet « esprit des Lumières » imprègne toutes les élites.

Le débat intellectuel, la polémique deviennent un des traits significatifs de la vie parisienne, des théâtres aux salons.

On discute, on conteste. Plus rien ne va de soi.

Une idéologie nouvelle aux multiples nuances se constitue. Les divergences et les polémiques qui la caractérisent – entre Voltaire et Rousseau, il y a un fossé – n'empêchent pas qu'elle porte une critique radicale de la monarchie absolue et qu'elle exprime, avec Montesquieu, un « libéralisme » politique, une idée de l'équilibre et de la limitation des pouvoirs qui s'inscrit à contre-courant de l'évolution du régime en place.

Cette influence des « philosophes » au cœur du XVIIIe siècle donne ainsi naissance à une spécificité nationale, à une orientation singulière de l'âme de la France.

Le parti philosophique pèse d'autant plus que sa contestation de la monarchie absolue rencontre celle que, pour des raisons différentes, conduisent les parlementaires.

Ces privilégiés auxquels le Régent a rendu leur pouvoir de remontrance contestent la plupart des décisions de la monarchie.

Quel que soit le sujet – création d'un impôt du vingtième sur tous les revenus (1749) ou bien problèmes posés au clergé français par la bulle pontificale *Unigenitus* –, les parlementaires se dressent contre le pouvoir royal en affirmant qu'ils représentent les corps intermédiaires, là où se conjoignent l'autorité souveraine et la confiance des sujets. Qu'en somme rien ne peut se faire sans leur approbation.

Les « lits de justice » – ces manifestations de l'autorité royale censées imposer sa décision – sont inopérants.

Les parlementaires se mettent en grève. Le pouvoir les exile hors de Paris, à Pontoise en 1752. Mais les cours souveraines de province relaient le parlement de Paris empêché.

Contre les évêques décidés à suivre le pape et donc à reconnaître l'autorité de la bulle *Unigenitus* contre les jansénistes, les « convulsionnaires », les parlementaires se présentent comme les défenseurs des traditions gallicanes, alors que le roi choisit pour sa part de soutenir les décisions pontificales.

Une véritable opposition frontale – à propos des sacrements refusés aux mourants qui ne disposent pas d'un billet de confession signé par un prêtre favorable à la bulle *Unigenitus* – se manifeste ainsi entre les parlements et le pouvoir royal.

C'est bien l'ancienne querelle sur la question de la monarchie absolue qui se rejoue à propos du gallicanisme, celui-ci n'étant qu'un prétexte, mais dans un contexte nouveau déterminé par l'esprit des Lumières.

S'il y a désaccord profond entre les parlementaires et les philosophes, ils se retrouvent côte à côte contre la monarchie absolue.

Et Louis XV cède.

Le pouvoir monarchique est ainsi atteint alors que le pays voit non sans inquiétude les guerres succéder aux guerres.

Elles ne pèsent pas encore sur la vie du royaume – rien qui rappelle le « grand hiver » de 1709 –, mais on n'en comprend pas les mobiles. Elles sont décidées hors du Conseil, dans le « secret du roi ». Elles apparaissent plus dynastiques que nationales. Encore et toujours, il faut les financer.

La première, la guerre pour la succession de Pologne, contre l'Autriche qui réussit à imposer son candidat en empêchant le retour du beau-père de Louis XV, se solde au traité de Vienne (1738) par la promesse qu'à la mort de Stanislas Leszczynski la Lorraine, qu'on lui a attribuée en compensation, reviendra à la France.

On mesure à cette occasion, puis surtout à propos de la succession d'Autriche – à la mort de l'empereur, sa fille Marie-Thérèse lui succède, mais la France conteste qu'elle puisse être élue au trône impérial –, que la situation a profondément changé en Europe.

La Prusse est devenue un royaume puissant que Frédéric II a doté d'une remarquable armée. La France s'allie à lui dans un premier temps contre l'Angleterre, la Hollande, la Russie, qui soutiennent Marie-Thérèse d'Autriche et ses ambitions impériales.

Les Français entrent dans Prague, remportent le 11 mai 1745 la bataille de Fontenoy contre les Anglo-Hollandais. Mais, à la paix d'Aix-la-Chapelle, Louis XV renonce à ses conquêtes : « Nous ne faisons pas la guerre en marchand, mais en roi. »

Il a, en fait, « travaillé pour le roi de Prusse » alors que, durant cette guerre inutile, s'est profilé le concurrent principal : l'Angleterre.

Cette rivalité avec Londres est « atlantique », « moderne », lourde d'avenir, puisqu'elle a pour enjeu le contrôle des colonies américaines, des Antilles, des comptoirs des Indes.

Elle supposerait soit qu'on passe un accord avec l'Angleterre – une bonne entente ne prévaut-elle pas depuis vingt ans ? –, soit, si on choisit la guerre, que la France réoriente ses efforts vers la constitution d'une puissante marine et d'une économie ouverte, structurée par de grandes compagnies marchandes.

Mais la fortune française est « rentière », foncière. Et Paris poursuit son rêve de dominer le continent, d'arbitrer les conflits européens.

Dès lors, autour du roi, les « conservateurs » choisissent l'alliance avec Vienne au traité de Versailles de 1756.

C'est là un véritable renversement d'alliance.

Or cette nouvelle orientation est pleine de contradictions. Le parti philosophique admire l'Angleterre – l'adversaire –, ses institutions, ses mœurs. Il est fasciné par Frédéric II, le souverain philosophe, alors que la Prusse est l'ennemie de Vienne.

Ainsi, alors que commence en 1756 une nouvelle guerre, celle-ci franco-anglaise, le royaume de France est parcouru de courants contradictoires.

Le roi n'est plus Louis le Bien-Aimé. Et Voltaire, en brossant l'histoire du *Siècle de Louis XIV*, fait à sa manière une critique de celui de Louis XV : le Roi-Soleil, majestueux, était implacable mais glorieux. Louis XV est un souverain de cinquante-sept ans qui n'inspire plus la ferveur quasi religieuse qu'on doit à celui que Dieu a sacré.

Le geste de Robert François Damiens, le 5 janvier 1757, même s'il n'inflige qu'une blessure légère au souverain, frappe durement le principe de la monarchie absolue.

32

Louis XV va encore régner dix-sept ans.

Le temps ne lui est donc pas compté. Mais son gouvernement personnel est déjà vieux de trente et une années. Et l'on s'est lassé de ce roi dont les pamphlets affirment qu'il ne s'intéresse qu'à la chasse et aux dames.

Certes, l'économie est prospère, le commerce, actif, les récoltes, abondantes, car l'embellie climatique se poursuit et les « physiocrates » élaborent les premiers rudiments d'une science des échanges, une réflexion sur l'économie.

En juin 1763 est même autorisée la libre circulation des grains.

Cependant, le monarque n'est ni vénéré ni respecté.

On est impitoyable avec sa maîtresse, la comtesse Du Barry, auquel le banquier de la Cour remet 300 000 livres par mois.

On serait indulgent pour la débauche de luxe qui entoure la favorite si le roi n'apparaissait pas seulement comme l'homme des plaisirs, mais comme un souverain attentif au sort de son royaume, homme au-dessus des autres hommes, incarnation de la majesté et de la gloire.

Or la guerre contre l'Angleterre et la Prusse est une succession humiliante de désastres.

Elle blesse le sentiment national.

En 1757, à Rossbach, Soubise cherche son armée franco-autrichienne défaite par les Prussiens. Et toute l'Europe salue le roi Frédéric II, constructeur d'une nation puissante, modèle d'administration, qui change la donne sur le continent.

Le parti philosophique loue le prince éclairé et conteste l'alliance française avec l'Autriche.

Le pacte de famille conclu entre Louis XV et les Bourbons de Madrid et de Naples ne peut changer l'équilibre des forces.

Les colonies tombent les unes après les autres : le Canada est perdu, Montréal capitule (1759-1760), Pondichéry connaît le même sort en 1761.

Le 10 février 1763, le traité de Paris dépouille la France de l'essentiel de ses possessions d'outre-mer.

Comment faire face à cette humiliante défaite infligée par ceux qu'on admire, Anglais, Prussiens, les « modernes », alors qu'on a pour alliée cette Autriche archaïque à laquelle Louis XV veut rester fidèle, mariant son petit-fils Louis avec l'archiduchesse Marie-Antoinette, une Habsbourg (mai 1770).

L'opinion, suivant le parti philosophique, ne peut que se détourner de ce roi et de son gouvernement qui infligent à la nation une telle banqueroute internationale.

On se moque des ministres (Choiseul), des généraux (Soubise), du monarque lui-même.

Le pouvoir royal n'est plus respecté. On l'accuse d'avoir sacrifié les intérêts de la nation. Comment, dès lors, accepterait-on que la monarchie demeure absolue alors qu'elle est si peu glorieuse ?

Chanter les louanges de Frédéric II et de la Prusse, c'est une manière de refuser d'être confondu avec un pouvoir incapable. Et c'est un ministre, le cardinal de Bernis, qui, jugeant le rôle des différents États, écrit : « Le nôtre a été extravagant et honteux. »

On mesure à quel point s'élargit la faille, si souvent présente dans notre histoire, entre le « pouvoir » et l'« opinion ». Comment se reconstitue, pour les meilleures raisons philosophiques, et parce que en effet la politique extérieure a eu des résultats désastreux, un « parti de l'étranger » d'autant plus menaçant, cette fois-ci, qu'il rassemble contre le pouvoir politique le pouvoir intellectuel.

Ce dernier devient une véritable force capable de mener des campagnes politiques au nom des principes « éclairés » qu'il défend.

Le pouvoir politique apparaît ainsi acculé, affaibli, injuste et corrompu.

Mais le roi n'est pas seul atteint. Ce sont les piliers de la monarchie qui se fissurent.

On critique le clergé. On critique les parlementaires, même si parfois on se ligue avec eux contre l'absolutisme.

Le « pouvoir » en tant que tel est ainsi remis en cause.

Voltaire prend parti pour le huguenot Calas, roué en mars 1762, accusé à tort d'avoir tué son fils afin de l'empêcher d'abjurer la foi réformée.

La campagne que mène Voltaire renvoie tous les « pouvoirs » – religieux, judiciaire, monarchique – du côté de l'injustice. La réhabilitation de Calas, en 1765, est une victoire du parti philosophique et une nouvelle perte d'autorité des institutions « monarchiques ».

Même combat pour faire acquitter un autre protestant, Sirven. Mêmes campagnes pour tenter de sauver du bourreau Lally-Tollendal, gouverneur de Pondichéry, condamné pour s'être rendu sans combattre, et le jeune chevalier de La Barre, condamné à mort pour un geste sacrilège.

Les deux hommes sont exécutés, mais l'obstination du pouvoir – le roi a refusé la grâce de La Barre – l'isole, et constitue pour lui, en fait, une défaite morale.

La légitimité sans laquelle il n'est pas de pouvoir fort et respecté passe du côté du parti philosophique, qui étend son influence (le Grand Orient de France est créé en 1773 ; le duc d'Orléans lui-même, neveu du roi, est initié à la franc-maçonnerie).

Les loges maçonniques sont des lieux de débat, des « sociétés de pensée » où se constitue une « opinion éclairée » qui reconnaît le « Grand Architecte de l'Univers » et critique les Églises au nom du déisme.

Les représentants du pouvoir politique en prennent conscience, et, en 1770, l'avocat général Séguier prononce un réquisitoire lucide, mais qui est un constat de défaite :

« Les philosophes se sont élevés, dit-il, en précepteurs du genre humain. Liberté de penser : voilà leur cri, et ce cri s'est fait entendre d'une extrémité du monde à l'autre. Leur objet était de faire prendre un autre cours aux esprits sur les institutions civiles et religieuses, et la révolution s'est pour ainsi dire opérée. »

En 1717, Voltaire était emprisonné à la Bastille. En 1770, madame Necker, épouse de financier, ouvre une souscription pour lui faire élever une statue.

Ces années sont décisives pour l'évolution de l'âme de la France. Paris est la capitale des Lumières. Le roi est vaincu sur les champs de bataille, mais les « philosophes », lus dans toute l'Europe, sont invités à Berlin et à Saint-Pétersbourg.

Ce que le pouvoir monarchique a perdu en gloire et en influence en Europe, les philosophes l'ont reconquis.

La dissociation s'accuse encore entre pouvoir politique et pouvoir intellectuel.

Mais – c'est une autre spécificité française qui apparaît là – une séparation s'opère au sein du parti philosophique, entre ceux – tel Voltaire – qui ne remettent pas en cause l'organisation sociale, et ceux – tel Rousseau – qui condamnent l'« inégalité ».

Radicale, cette pensée se répand aussi dans la société, enflamme les esprits, isole davantage encore le pouvoir monarchique, dont le mode de vie, naguère accepté comme naturel et légitime, devient une manifestation de l'injustice :

« Le goût du faste ne s'associe guère dans les mêmes âmes avec celui de l'honnête, écrit Rousseau. Non, il n'est pas possible que des esprits dégradés par une multitude de soins futiles s'élèvent jamais à rien de grand, et quand ils en auraient la force, le courage leur manquerait. »

Plus critique encore, cette dénonciation du luxe comme cause de la pauvreté : « Le luxe nourrit cent pauvres de nos villes et en fait périr cent mille dans nos campagnes... Il faut des jus dans nos cuisines ; voilà pourquoi tant de malades manquent de bouillon. Il faut des liqueurs sur nos tables ; voilà pourquoi le paysan ne boit que de l'eau. Il faut de la poudre à nos perruques ; voilà pourquoi tant de paysans n'ont pas de pain. »

Critiqué, dénoncé, accusé, méprisé, le pouvoir royal, affaibli et isolé, est contesté par les parlementaires, ces « Grandes Robes » privilégiées qui prétendent défendre les sujets du royaume alors que, propriétaires de leurs charges, ils se soucient d'abord et avant tout des intérêts de leur caste.

Le roi, dont ils sont fondamentalement solidaires, est cependant leur adversaire. Ils réclament la convocation des états généraux. Ils se mettent en « grève ». Ils décident – contre lui – l'expulsion des Jésuites en 1764. Ils contestent toute remise en cause des privilèges fiscaux. Et, pour donner plus de force à leurs prises de position, ils organisent la concertation du parlement de Paris avec ses homologues provinciaux.

Ce sont là deux conceptions de la monarchie qui s'opposent. En mars 1766, dans un lit de justice, la « séance de la flagellation », Louis XV rappelle que les cours souveraines ne forment pas un seul corps, mais qu'elles tiennent leur autorité du roi :

« C'est en ma personne seule que réside la puissance souveraine, déclare Louis XV. C'est à moi seul qu'appartient le pouvoir législatif, sans dépendance et sans partage. L'ordre public tout entier émane de moi, et les droits et les intérêts de la nation, dont on ose faire un corps séparé du monarque, sont nécessairement unis avec les miens et ne reposent qu'en mes mains. »

Il y a ainsi forte contradiction entre le roi et les parlementaires, en même temps qu'une complicité de fait.

Quand le parlement de Paris a à juger le chevalier de La Barre, en 1766, il le condamne à mort pour marquer qu'en dépit de sa décision d'expulser les Jésuites il ne protège pas l'impiété ni le parti philosophique – n'a-t-on pas trouvé chez La Barre un exemplaire du *Dictionnaire philosophique* de Voltaire ? –, mais sait se ranger à l'avis du roi, hostile à la grâce du jeune homme.

Mais les parlementaires et le souverain, complices, perdent aux yeux de l'opinion toute autorité morale.

Ces Grandes Robes « font périr dans les plus terribles supplices des enfants de seize ans ! » s'écrie Voltaire.

Diderot ajoute : « La bête féroce a trempé sa langue dans le sang humain, elle ne peut plus s'en passer, et n'ayant plus de jésuites à manger, elle va se jeter sur les philosophes ! »

Quand, en 1771, le nouveau chancelier et garde des Sceaux, Maupeou, et l'abbé Terray, contrôleur général des finances, décident, devant l'attitude des parlements, de faire un « coup de majesté », autrement dit d'arrêter les parlementaires, de restreindre la juridiction du parlement de Paris, de mettre fin à la vénalité des offices et de la justice, de nommer dans les cours souveraines des « fonctionnaires » au service du roi, Voltaire soutient ce qui constitue à ses yeux une mesure révolutionnaire, une tentative de la monarchie de réaffirmer ses pouvoirs contre le « féodalisme » des Grandes Robes.

Mais d'autres écrivains – tel Beaumarchais – défendent les parlementaires et entraînent derrière eux l'opinion, tant le rejet de la monarchie absolue est devenu grand.

La réforme vient trop tard.

La monarchie est déjà trop affaiblie pour la mettre à exécution !

La maladie du roi, en avril-mai 1774, illustre de manière tragique cette situation nouvelle de la monarchie. Le monarque est atteint de la petite vérole, son visage se couvre de croûtes ; méconnaissable, il exhale une odeur fétide.

Son confesseur a beau murmurer : « Messieurs, le roi m'ordonne de vous dire que s'il a causé du scandale à ses peuples, il leur en demande pardon », le peuple ne pardonne pas.

En 1744, alors que le souverain était tombé malade à Metz, six mille messes avaient été célébrées pour le salut de Louis le Bien-Aimé. Trente ans plus tard, on n'en compte plus que trois.

Et après la mort du roi, le 10 mai 1774, le cortège qui conduit la dépouille de Versailles à Saint-Denis n'est accompagné dans la nuit que par des gardes et quelques domestiques.

Se souvenant des passions du défunt, certains, parmi ceux qui voient passer le cortège, lancent : « Taïaut ! Taïaut ! » et : « Voilà le plaisir des dames ! Voilà le plaisir ! »

C'est un roi de vingt ans, Louis XVI, qui doit assumer le périlleux héritage.

2

L'IMPUISSANCE DU ROI

1774-1792

33

Il va suffire de dix-neuf ans pour que Louis XVI, accueilli avec enthousiasme et espérance en mai 1774 par le peuple de Paris, gravisse, le 21 janvier 1793, les marches de l'échafaud et que sa tête tranchée soit montrée par le bourreau au peuple fasciné, rassemblé sur la place de la Révolution.

Événement majeur, fondateur d'une nouvelle période de l'histoire nationale.

L'exécution du roi est une rupture symbolique avec la monarchie, mais qui, cependant, plonge ses racines profond dans le passé.

C'est un orage dévastateur et créateur qui n'a pas surgi d'un coup dans un ciel serein.

On l'a vu s'avancer, on a craint sa venue, sans jamais imaginer sa violence destructrice.

On a voulu le tenir à distance, résoudre les problèmes qui le nourrissaient, mais sans y parvenir.

Et, de ce fait, il est apparu à certains comme une fatalité, une punition divine, voire comme le résultat d'un complot dont on s'est mis à rechercher bien en amont les prémices : l'une des causes en aurait été l'expulsion des Jésuites, en 1764, ou encore les agissements du parti philosophique et des sociétés de pensée conjoignant leurs efforts pour saper les fondements de la monarchie.

En fait, l'orage n'est puissant et sa venue inéluctable que parce que la monarchie est aboulique, qu'elle n'ose affronter les forces qui sont liées à elles et qui l'épuisent comme les sangsues vident un corps de son énergie.

C'est dès les premiers mois du règne de Louis XVI, roi si bien accepté qu'on l'appelle *Louis le Bienfaisant* et qu'on s'entiche de sa jeune épouse Marie-Antoinette, qu'on voit ce pouvoir capituler.

Les « réformateurs », le chancelier Maupeou et le contrôleur général des finances Terray, qui ont privé les parlements de leurs privilèges et de leurs exorbitantes prétentions politiques, sont renvoyés.

Dès le 12 novembre 1774, le nouveau contrôleur des finances, Turgot, rétablit les parlements dans leurs fonctions et leur rend leurs prérogatives. Dès lors, ce réformateur, avant même d'avoir agi, est affaibli.

Il veut rétablir la libre circulation des grains, sur laquelle Terray était revenu. Mais les récoltes sont mauvaises, la spéculation fait monter le prix du blé. Les émeutes se multiplient, parce que le pain est devenu rare et cher. C'est la « guerre des farines ». Et quand Turgot veut supprimer les corvées et les corporations afin de modifier le système fiscal et de libérer le travail, le Parlement proteste.

Un « front » se constitue ainsi entre les parlementaires, qui ne sont que des privilégiés, et le « peuple » misérable. La réforme n'a plus que le roi pour soutien.

Or la Cour elle-même est divisée.

Le duc d'Orléans est un « opposant » riche et ambitieux. Les frères du roi, le comte de Provence (futur Louis XVIII) et le comte d'Artois (futur Charles X), la jeune reine, sont hostiles aux réformes qui mettent en cause les privilèges fiscaux, les statuts immuables qui sont, dans le domaine du travail (les corporations), autant de formes de privilèges.

Turgot est renvoyé le 12 mai 1776 ; la corvée et les corporations, rétablies dès le mois d'août.

Ainsi, la réforme amorcée sous Louis XV est effacée, et la monarchie révèle son impuissance à l'imposer.

D'abord parce qu'il y faudrait un grand roi mû par une volonté inflexible, capable de domestiquer son entourage – à la manière d'un Louis XIV –, de rabaisser l'orgueil des grands et les pouvoirs des parlements, comme l'avait fait un Richelieu. Louis XVI est honnête, mais il ne sait pas s'arracher à ses proches, à leur influence. Et on colporte – les pamphlets en répandent la rumeur – qu'il ne réussit pas même à consommer son mariage.

Sans roi déterminé – ou soutenant contre tous un ministre de combat –, il ne peut y avoir de monarchie forte ni donc de réforme d'envergure.

Il y a aussi le fait que personne ne peut concevoir l'avenir cataclysmique qui attend les privilégiés et le royaume.

Qui peut jamais imaginer la fin d'un monde ?

Les acteurs sont aveugles.

Mais, à cette caractéristique partagée par tous les régimes, s'ajoutent, pour la France de la fin du XVIIIe siècle, des circonstances particulières.

Une crise de subsistances frappe le royaume. Le peuple souffre dans les villes et les campagnes. Il est souvent au bord de l'émeute. Il s'en prend aux « puissants », et donc à la Cour, aux privilégiés, à la reine. Ces « émotions populaires », cette exacerbation des tensions sociales, prennent une signification politique, parce que l'esprit des Lumières s'est répandu non seulement parmi les élites, mais aussi au sein du peuple.

On sait ce qui se joue au théâtre : en 1775, Beaumarchais donne *Le Barbier de Séville*, et bientôt ce sera *Le Mariage de Figaro*. On n'a pas feuilleté l'*Encyclopédie*, mais on connaît son existence. Malesherbes, que Louis XVI a appelé à son Conseil, s'en est fait le protecteur. Lorsque, en mars 1778, il séjourne à Paris – où il meurt –, Voltaire, dont on n'ignore pas qu'il a contesté avec succès les verdicts de la justice – Calas, Sirven, La Barre, Lally-Tollendal –, est célébré comme le roi des Lettres et du parti philosophique. On couronne en sa présence son buste sur la scène de la Comédie-Française.

Tel est le climat social et intellectuel qui cerne la monarchie et ses privilégiés.

Or ce pouvoir « central » est divisé : les parlementaires et les grands sont hostiles aux réformes qui amputeraient leurs privilèges. Le roi ne pourrait s'opposer à eux qu'en s'appuyant sur la volonté réformatrice du tiers état, qu'anime désormais une bourgeoisie d'affaires et de talent.

Mais celui-ci est le groupe social le plus pénétré par l'esprit des Lumières. Il se rend au théâtre. Il lit. Il participe aux assemblées des sociétés de pensée, aux tenues des loges maçonniques.

Ce tiers état – et de jeunes nobles : La Fayette, le comte de Ségur, le duc de Noailles – s'enthousiasme pour la rébellion des « Américains » (des *Insurgents*) contre l'Angleterre.

Volonté de revanche contre Londres après la guerre de Sept Ans – c'est Vergennes, chargé des Affaires étrangères, qui aura conduit avec talent la diplomatie française jusqu'à la guerre en 1778 –, mais, surtout une sympathie pour la « révolution américaine » semble portée par les Lumières.

On publie à Paris les textes de la Déclaration des droits de Philadelphie, la Constitution républicaine de la Virginie (1776) et la Déclaration d'indépendance (4 juillet 1776).

Ces textes qui affirment que « tous les hommes sont par nature libres et indépendants », que « tout pouvoir appartient au peuple et donc dérive de lui », sont lus comme autant d'incitations à contester la monarchie absolue.

On y évoque la séparation des pouvoirs, on y déclare qu'il existe des droits inaliénables, et que les gouvernements n'ont été institués que pour les faire respecter.

« Ils ne tirent leur juste pouvoir que du consentement de ceux qui sont gouvernés. »

« Liaisons dangereuses » (le livre de Laclos paraît en 1782) que celles qui se nouent entre une monarchie arc-boutée sur des principes immuables et les États-Unis d'Amérique, que cette même monarchie aide à vaincre et donc à instaurer un pouvoir républicain !

Même si le traité de Versailles – 3 septembre 1783 – marque la revanche française sur Londres et efface l'humiliation subie, conférant une once de gloire à Louis XVI, ce succès est lourd de conséquences.

Le retour de La Fayette à Paris, en 1782 est triomphal. Il est nommé maréchal de camp. L'esprit des Lumières, réformateur, est hissé au cœur du pouvoir.

Louis XVI a d'ailleurs choisi comme « directeur du Trésor » – il n'est pas membre du Conseil du roi – un banquier suisse, huguenot, donc hérétique, Necker, dont le salon parisien – son épouse est fille de pasteur ; sa fille Germaine est la future madame de Staël – est un lieu de rencontres entre tenants du parti philosophique et hommes de pouvoir.

Mais cette situation même affaiblit Necker aux yeux des adversaires des réformes.

Or, chargé par le roi de rétablir les finances du royaume, il ne peut que songer à réformer le système fiscal.

Afin de tourner l'opposition des parlements, il crée des assemblées territoriales où le tiers état obtient autant de sièges que ceux, additionnés, des ordres de la noblesse et du clergé. Il tente donc par là une politique qui cherche à s'appuyer sur l'opinion éclairée.

Le problème est d'autant plus grave qu'il a fallu financer la guerre d'Amérique, que les emprunts contractés ont été levés à 10 % d'intérêt et que la moitié des dépenses du royaume est affectée au service de la dette !

À la recherche du soutien de l'opinion, Necker, qui se heurte aux milieux privilégiés, publie un *Compte rendu au roi sur l'état des finances du royaume*. Il y dissimule l'ampleur du déficit, mais dévoile les dépenses de la Cour, le coût des fêtes, des cadeaux offerts par le roi ou la reine à tel ou tel membre de son entourage. Les chiffres cités – 800 000 livres de dot pour la fille d'une amie de la reine ! – représentent, pour l'opinion, des sommes inimaginables : le salaire quotidien d'un ouvrier est alors d'environ une livre…

Comment ne pas s'indigner, alors même que le pouvoir célèbre la victoire des Insurgents dont les textes constitutionnels affirment : « Tous les hommes ont été créés égaux et ont reçu de leur Créateur des droits inaliénables » ?

Le pouvoir monarchique est pris dans une contradiction difficile à résoudre.

Solidaire des privilégiés, il ne peut faire la réforme que contre eux, mais il n'ose la conduire, et, pour le peuple et le tiers état, il est l'incarnation même des privilégiés et de l'inégalité.

Lorsque, le 12 mai 1781, Necker remet sa démission au roi, constatant que le souverain ne le soutient pas, il est, pour le parti philosophique et l'opinion, la preuve vivante que le souverain ne veut pas introduire plus de justice et d'égalité dans le système fiscal, mais est le défenseur des ordres privilégiés.

On ne s'étonne donc pas que Louis interdise la représentation aux Menus Plaisirs du *Mariage de Figaro*, et qu'il nomme en novembre 1783, comme contrôleur général des finances, un ancien intendant, Charles Alexandre de Calonne.

Necker est l'homme du parti philosophique ; Calonne apparaît comme le serviteur du monarque, donc le défenseur des privilèges.

L'un est populaire, l'autre, suspect à l'opinion éclairée.

Mais l'un et l'autre, comme Louis XVI, sont confrontés en fait au même problème : comment résoudre la crise financière du royaume ?

34

Que peut encore le roi de France en ces années 80 du XVIIIe siècle ?

Rien ne paraît devoir changer dans le grand apparat du pouvoir monarchique.

Et cette permanence du décor et du rituel, cette succession des fêtes, cet isolement de la Cour, dans les jardins illuminés de Versailles, renforcent le sentiment des souverains que rien ne saurait détruire l'ordre royal, qu'on peut indéfiniment continuer la partie, même s'il faut rebattre les cartes, changer les hommes.

Mais qu'à la fin le roi, parce qu'il est le roi, finira bien par imposer son autorité.

C'est le propre d'une vieille et grande nation, d'un pouvoir plusieurs fois séculaire, que de donner l'illusion qu'ils ne peuvent s'effondrer.

La politique de Calonne entretient ce mirage.

Il multiplie les emprunts, creuse encore le gouffre du déficit, mais l'argent roule.

Il achète les châteaux de Saint-Cloud et de Rambouillet pour le roi. Il investit dans la Compagnie des Indes orientales.

Disciple des physiocrates, il pense qu'une politique « libérale », facilitant la circulation des marchandises et de l'argent, fera naître la prospérité, mettra fin à cette crise économique qui ronge le royaume, suscite rébellion et misère.

Il signe le premier traité de libre-échange avec l'Angleterre en 1786. Il entend supprimer toutes les douanes intérieures.

Mais la réalité des finances vient crever le soyeux rideau de l'illusion.

Calonne est confronté, comme Turgot, comme Necker, à l'obligation de modifier le système fiscal afin de faire payer les privilégiés, ceux qu'on commence à appeler les *aristocrates*.

Il imagine un impôt général – la subvention territoriale – et reprend l'idée de Necker d'assemblées territoriales, tournant ainsi les parlements et même les intendants.

Il va jusqu'à envisager l'aliénation du domaine royal afin de rembourser les dettes ! Et il croit habile de faire approuver ces mesures par une assemblée de notables.

Il dénonce devant elle les supercheries de Necker, qui a dissimulé l'ampleur du déficit dans son *Compte rendu au roi*.

En attaquant l'homme du parti philosophique, Calonne renforce encore l'opposition de l'opinion éclairée, et en proposant des réformes à des notables, il se condamne à leurs yeux.

La reine et son entourage obtiennent son renvoi le 9 avril 1787. Il est remplacé par le cardinal Loménie de Brienne, un de ces notables qui l'ont combattu.

Turgot, Necker, Calonne, Loménie de Brienne : le roi, changeant les hommes, croit renouveler la donne, mais c'est à chaque fois son autorité qui est entamée, son impuissance qui est dénoncée, sa soumission à la reine qui concentre sur elle les critiques.

La crise financière devient aussi une crise morale qui exige des solutions politiques. Elle cesse d'être seulement financière pour devenir une crise de régime.

Les rumeurs, les libelles, les pamphlets font de la reine une pervertie, capable de se vendre à un cardinal de Rohan, grand aumônier de France, de le rencontrer dans les bosquets de Versailles et de se faire offrir – en échange de quoi, sinon de ses faveurs ? – un collier de 1 600 000 livres.

Les bijoutiers, grugés, portent plainte, et le parlement de Paris se saisit de l'affaire. L'assemblée générale du clergé proteste contre l'arrestation de Rohan, qui sera acquitté ; une comtesse descendante des Valois, qui a abusé de la naïveté de Rohan, sera seule condamnée mais s'enfuira en Angleterre.

La reine, innocente, est à jamais compromise. Et le roi devient, aux yeux de l'opinion, le jouet d'une épouse corrompue.

L'opinion s'indigne, s'abreuve de ragots, partage le sentiment de ce magistrat : « Un cardinal escroc, la reine impliquée dans une affaire de faux ! Que de fange sur la crosse et le sceptre ! Quel triomphe pour les idées de liberté ! »

C'est une constante de l'histoire française – peut-être aussi de l'histoire de toutes les autres nations – qu'une rupture morale entre le pouvoir et l'opinion précède toujours la rupture politique. En France, c'est le mépris de l'opinion qui donne naissance à la crise de régime.

On ne rejette un pouvoir que lorsqu'on s'est convaincu qu'il n'est plus vertueux.

Naturellement, les opposants à ce pouvoir, quand ils ne les créent pas, exploitent les conditions pour que le mépris isole le pouvoir et le mine.

Que peut encore le roi alors que son autorité morale est atteinte et que, face à l'opposition aux réformes indispensables, il n'apparaît plus légitime, qu'on cherche donc ailleurs – dans l'esprit des Lumières – d'autres sources de légitimité ?

Les sociétés de pensée et les « clubs » se multiplient.

Au club Valois, à la Société des trente, à la Société des amis des Noirs, dans les loges maçonniques, on rencontre le duc d'Orléans, Mirabeau, Sieyès, La Fayette, Condorcet, Talleyrand, des membres de la noblesse « libérale », des représentants du tiers état et du clergé.

Une « opinion publique » se crée, nourrie par les pamphlets, les « correspondances », les livres ; publiés en 1788, ceux de Sieyès – *Essai sur les privilèges, Qu'est-ce que le tiers état ?* – sont parmi les plus lus.

On voit ainsi se dessiner une confrontation entre les « patriotes » – mot venu d'Amérique – et les aristocrates.

Or c'est dans ce contexte qu'avec Loménie de Brienne – l'homme de la reine – Louis XVI tente une nouvelle politique qui apparaît comme un regain d'absolutisme.

Il impose au Parlement un emprunt de 420 millions de livres. « C'est légal parce que je le veux », répond-il au duc d'Orléans, qui juge cet emprunt « illégal ».

Il exile les parlementaires ; deux d'entre eux sont arrêtés.

Ces « privilégiés », dans le climat de crise du régime, apparaissent comme les défenseurs de la nation.

Il n'est pas jusqu'à l'assemblée du clergé qui ne proclame, en juin 1788, que « le peuple français n'est pas imposable à volonté. La propriété est un droit fondamental et sacré, et cette vérité se trouve dans nos annales... Le principe ne se perd jamais de vue que nulle imposition ne peut se lever sans assembler les trois états et sans que les gens de ces trois états y consentent. »

À Grenoble – *journée des Tuiles*, 7 juin 1788 –, la foule s'insurge pour défendre les parlementaires. L'armée intervient, tire.

Au château de Vizille, le 21 juillet 1788, les états du Dauphiné se réunissent et se présentent comme porte-parole de la nation.

Dès lors, les réformes esquissées par Loménie de Brienne et par son garde des Sceaux Lamoignon (qui veut retirer le pouvoir judiciaire aux parlements) sont dans l'impasse. Et le mot de Louis XVI – « C'est légal parce que je le veux » – n'est plus que ridicule, en ce qu'il témoigne de la prétention et de l'impuissance royales.

Outre le droit à l'état civil accordé aux protestants et la reconnaissance des quarante mille juifs de France, ne reste du passage de Loménie de Brienne au pouvoir que la décision de convoquer les états généraux pour le 1er mai 1789.

Mais dans quelles conditions les délégués seront-ils désignés ?

C'est Necker, que le roi appelle en août 1788, qui va définir ces modalités.

Le retour de l'homme des Lumières apparaît comme une victoire du parti philosophique après l'échec de la solution « libérale » (Calonne) et de la tentative absolutiste (Brienne).

Mais Necker commence par reculer : il abroge les édits royaux, annule la réforme judiciaire de Lamoignon, rappelle les parlements.

Reste une décision confirmée par le roi le 27 décembre 1788, qui double le nombre des députés du tiers état aux états généraux.

Face à l'ordre du clergé et à celui de la noblesse, le tiers état rassemblera donc autant de députés qu'eux.

La manœuvre se veut habile. Elle satisfait les « patriotes », mais inquiète les ordres privilégiés. Elle ne paraît pas décisive, car si le vote par ordre est maintenu, le tiers état restera toujours minoritaire. En revanche, si le vote par tête s'impose, la règle « un délégué, une voix » ouvrira le jeu, car des curés élus dans les baillages pourront rallier le tiers état, et des nobles « éclairés », patriotes, pourront faire de même.

La majorité pourra alors changer de camp.

Une bataille politique capitale va donc s'engager autour de la question du vote par ordre ou par tête.

Que peut encore le roi de France ?

L'heure n'est plus aux hésitations et à l'habileté, mais au choix.

Or, à la fin de l'année 1788, Louis XVI a seulement redistribué les cartes sans fixer de règle du jeu.

35

Voici l'année 1789 qui commence.

D'aucuns voient la France naître avec elle, comme si, avant, il n'y avait eu qu'un Ancien Régime et non une nation millénaire changeant de route, certes, en 1789, mais restant elle-même.

Comme le dira plus tard, analysant les circonstances et les causes de l'« étrange défaite » de 1940, l'historien Marc Bloch : « Il est deux catégories de Français qui ne comprendront jamais l'histoire de France : ceux qui refusent de vibrer au souvenir du sacre de Reims, ceux qui lisent sans émotion le récit de la fête de la Fédération (1790). Peu importe l'orientation de leurs préférences, leur imperméabilité aux jaillissements de l'enthousiasme collectif suffit à les condamner. »

La France, donc, avant et après 1789.

Témoin des événements de cette année qui se conjuguera avec le mot *révolution*, Chateaubriand écrit :

« Les moments de crise produisent un redoublement de vie chez les hommes. Dans une société qui se dissout et se recompose, la lutte des deux génies, le choc du passé et de l'avenir, le mélange des mœurs anciennes et des mœurs nouvelles, forment une combinaison transitoire qui ne laisse pas un moment d'ennui, les passions et les caractères en liberté se montrent avec une énergie qu'ils n'ont point dans la cité bien réglée. L'infraction des lois, l'affranchissement des devoirs, des usages et des bienséances, les périls même ajoutent à l'intérêt de ce désordre. Le genre humain en vacances se promène dans la rue, débarrassé de ses pédagogues, rentré pour un moment dans l'état de nature, et ne recommençant à sentir la nécessité du frein social que lorsqu'il porte le joug des nouveaux tyrans enfantés par la licence. »

Au cours des premiers mois de 1789, c'est l'effervescence.

« Dans tous les coins de Paris il y avait des réunions littéraires, des sociétés politiques et des spectacles, les renommées futures étaient dans la foule sans être connues », écrit encore Chateaubriand.

Jamais, à aucun moment de son histoire, la France n'a connu – ni ne connaîtra – une telle multitude de débats dans des assemblées électorales, des réunions tenues dans les plus petits villages, avec la participation du plus grand nombre. Il suffit, pour avoir le droit de suffrage, d'avoir vingt-cinq ans et d'être inscrit sur le rôle des contributions.

Chacun s'exprime, participe à l'élaboration des Cahiers de doléances, ou bien approuve et recopie ceux que font circuler les sociétés de pensée, le parti des patriotes.

Des journaux se créent chaque jour, des libelles et des pamphlets sont imprimés (plus de cent par mois en 1788, davantage en 1789). On peut y lire : « Point d'ordres privilégiés, plus de parlement, la Nation et le Roi ! » Le paysan revendique la propriété de la terre, l'égalité, la juste répartition des impôts, la fin de la misère.

Ce débat qui s'étend à toutes les classes de la société, cette liberté de parler, de tout dire, de tout revendiquer, cette exigence d'égalité, cette fraternité, le recours à l'élection pour désigner les délégués aux états généraux qui vont « représenter » leurs électeurs, marquent en quelques mois, de façon définitive, l'âme de la France.

C'est comme si la tradition du débat, confinée dans les parlements, les cours souveraines, les assemblées de notables, les états généraux eux-mêmes, s'était étendue à tout le territoire national, au peuple entier.

La réforme démocratique, le droit universel au suffrage, la prise de parole, l'égalité entre tous les intervenants, se dessinent en ce printemps 1789.

Moment capital dans l'histoire nationale : « L'esprit de la révolution qui agitait les bourgeois des villes, écrira Tocqueville, se précipita aussitôt par mille canaux dans cette population agricole ainsi remuée à la fois dans toutes ses parties et ouverte à toutes les impressions du dehors, et pénétra jusqu'au fond... Mais tout ce qui était théorie générale et abstraite dans l'esprit des classes moyennes prit ici des formes arrêtées et précises. Là, on se préoccupa surtout de ses droits ; ici, de ses besoins. »

Car la misère et la faim sont là, aggravées par la crise des subsistances, la hausse du prix du pain.

Le salaire d'un ouvrier (quinze sous par jour) lui permet seulement d'acheter du pain pour sa famille.

Dès lors, en même temps que surgit une démocratie, la violence sociale ensanglante ce printemps et cet été.

Les paysans attaquent les châteaux. Ils arrêtent, pillent des convois de grain.

À Paris, les 27 et 28 avril 1789, dans le faubourg Saint-Antoine, des milliers d'ouvriers des manufactures, toute une foule, assiègent les fabriques de papier peint appartenant à un riche membre du tiers état, Réveillon. On brûle son effigie en place de Grève. On pille sa maison. L'armée intervient. On dénombre au moins 300 morts et des milliers de blessés.

Ainsi s'affirme une caractéristique française : la conjonction entre le débat politique, la pratique – naissante – de la démocratie électorale, et les questions sociales posées par et dans l'émeute, à Paris mais aussi dans les campagnes.

À côté du tiers état – aucun paysan, aucun artisan parmi les délégués, mais 300 avocats ou juristes, des hommes d'affaires, etc. – existe un « quart état », celui des « infortunés ».

Les liens ou les ruptures entre ces deux réalités sociales, leur alliance ou leur guerre, vont donner un visage nouveau à l'histoire nationale.

Il se dessine dès ce printemps 1789.

L'existence à l'arrière-plan de ce quart état – le peuple des pauvres, manouvriers et brassiers, paysans ne disposant que d'un petit lopin, ouvriers, artisans, infortunés des villes – amplifie la force du tiers état.

« Qu'est-ce que le tiers état ? interroge Sieyès. Tout. Qu'a-t-il été jusqu'à présent dans l'ordre politique ? Rien. Que demande-t-il ? À y devenir quelque chose. »

Ce « quelque chose », imprécis et modeste au mois de janvier 1789, devient en quelques semaines – de la réunion des états généraux, le 5 mai, à Versailles, au 23 juin, quand les députés du tiers refusent de quitter la salle du Jeu de paume où ils se sont rassemblés dès le 20 juin, le roi ayant fait fermer les portes de la salle des séances – le « tout ».

Le tiers état se donne le 17 juin le nom d'Assemblée nationale et fait le serment de ne se séparer qu'après avoir donné une Constitution au royaume.

Le roi invite le 27 juin le clergé et la noblesse à se réunir au tiers état. Il y aura donc vote par tête, et non plus par ordre.

La réunion des députés devient « Assemblée nationale constituante ».

Une révolution politique vient de se produire, renversant l'absolutisme royal, affirmant la primauté de la nation, incarnée par ses représentants et régie par une Constitution.

Parce que l'opinion – le quart état – emplit de sa rumeur et de sa violence encore contenue la salle du théâtre politique, et parce que les acteurs sur la scène l'entendent « remuer », on est passé des suppliques et des souhaits à l'exigence politique.

Cette conquête du pouvoir constituant par la « représentation nationale » s'opère contre l'exécutif royal, qui a tenté chaque jour d'enrayer ce processus.

On ferme la salle du jeu de Paume, et le 23 juin encore le roi menace de dissoudre les états généraux : « Si vous m'abandonniez dans une si belle entreprise, dit-il, seul je ferais le bonheur de mes peuples... Je vous ordonne de vous séparer tout de suite et de vous rendre demain matin chacun dans les salles affectées à votre ordre pour y reprendre vos délibérations. »

« La nation rassemblée ne peut recevoir d'ordres », réplique l'astronome Bailly, doyen du tiers état, et Mirabeau ajoute : « Nous ne quitterons nos places que par la force des baïonnettes ! »

La violence est brandie.

C'est contre l'exécutif que le constituant s'affirme.

Il y aura toujours, depuis ce temps, un rapport fait de tensions, de soupçons, entre l'exécutif et l'assemblée.

Cette caractéristique nationale se fait jour en ce mois de juin 1789.

Le pouvoir a paru céder. En fait, il prépare sa contre-attaque. La « radicalité » est déjà devenue une donnée essentielle de la vie politique française.

Des troupes royales sont ramenées des frontières à Paris. Il y aura trente mille hommes, armés de canons de siège, autour de la capitale.

Le 11 juillet, le roi renvoie Necker : la contre-attaque est ouvertement déclenchée.

Il suffira de cinq jours pour que Louis XVI rappelle Necker, avouant sa défaite, perdant encore un peu plus d'autorité et de légitimité.

C'est que, durant ces cinq journées, l'opinion – le quart état – s'est embrasée.

Les précédents historiques rappelés par les journaux frappent l'opinion : on craint une « Saint-Barthélemy des patriotes ».

On affronte les mercenaires du régiment de cavalerie Royal-Allemand.

On pousse les gardes-françaises à la désobéissance et à la désertion avec leurs armes.

Le pouvoir perd son glaive. Puis son symbole.

Le 14 juillet, la Bastille est prise après de réels combats – 98 morts, 73 blessés –, et la violence devient terreur dès ces jours de juillet : les têtes de Launay, gouverneur de la Bastille, de Foulon de Doué, du nouveau ministre Breteuil, de Bertier de Sauvigny, intendant de Paris, sont promenées au bout des piques.

Le quart état, qui a donné l'assaut à la Bastille, exerce à sa manière sa justice terroriste.

Le 16 juillet, le roi rappelle donc Necker. Le 17, il se rend à l'hôtel de ville, où Bailly a été élu maire de Paris, et La Fayette, désigné pour commander la milice constituée afin de défendre la capitale.

Le monarque arbore la cocarde bleu et rouge.

On lui dicte ce qu'il doit faire : « Vous venez promettre à vos sujets que les auteurs de ces conseils désastreux [le renvoi de Necker] ne vous entoureront plus, que la vertu [Necker] trop longtemps exilée reste votre appui. »

Le fracas de la foudre, la violence, la terreur, le heurt sanglant avec le pouvoir : tous les traits de la vie politique française sont dessinés.

Chateaubriand ne s'y trompe pas quand il mesure la signification de la prise de la Bastille : « La colère brutale faisait des ruines, et sous cette colère était cachée l'intelligence qui jetait parmi ces ruines les fondements du nouvel édifice. »

Mais les « déguenillés » agitent devant ses yeux les têtes « échevelées et défigurées » portées au bout d'une pique.

« Ces têtes, et d'autres que je rencontrai bientôt après, changèrent mes dispositions politiques, écrit Chateaubriand. J'eus horreur des festins de cannibales, et l'idée de quitter la France pour quelque pays lointain germa dans mon esprit. »

L'émigration commence dès ce printemps de 1789.

Il y aura bientôt, comme si souvent dans notre histoire nationale, un « parti de l'étranger » pour se vouloir, se rêver et se proclamer parti de la « vraie France ».

36

Le bruit que font les tours de la Bastille en s'effondrant sous la pioche des démolisseurs, ces ouvriers à demi nus que la foule acclame, pas un Français qui ne l'entende.

La surprise, l'angoisse, l'enthousiasme et la colère se mêlent, créant en quelques jours une « émotion nationale » qui prolonge les débats auxquels ont donné lieu, au printemps, les élections des délégués aux états généraux. Jamais l'existence d'une nation centralisée, déjà fortement unifiée, ne s'était manifestée avec une telle force, une telle rapidité.

C'est bien une spécificité française qui est à l'œuvre : entre la capitale – l'épicentre – et les périphéries, entre les villes et les campagnes, un échange s'établit, les événements se renforçant les uns les autres.

C'est l'état du royaume, secoué par les jacqueries, et les questions fiscales qui ont conduit à la réunion des états généraux ; ce sont les événements parisiens qui attisent maintenant les foyers provinciaux.

Il y a bien, en cet été 1789, une nation qui se reconnaît comme « une » en réagissant avec la même exaltation aux nouvelles et aux rumeurs que répandent journaux, pamphlets et voyageurs. Et que rapportent les députés du tiers quand ils retournent auprès de leurs mandants, ou que, comme presque chaque jour, dans leurs lettres détaillées, ils leur font le récit de ce qui se passe à l'Assemblée nationale constituante, dans les rues de Paris ou autour de cette Bastille où l'on a dressé des tentes pour des cafés provisoires, où l'on se presse comme à la foire Saint-Germain et à Longchamp, où l'on rencontre « les orateurs les plus fameux, les gens de lettres les plus connus, les peintres les plus célèbres, les acteurs et les actrices les plus renommés, les danseuses les plus en vogue, les étrangers les plus illustres, les seigneurs de la Cour et les ambassadeurs de l'Europe : la vieille France était venue là pour finir, la nouvelle pour commencer » (Chateaubriand).

Mais, devant ce champ de ruines, cette forteresse abattue, ce qui l'emporte dans tout le royaume, c'est une « grande peur ». On craint les brigands, on redoute les troupes étrangères appelées par le roi pour mettre fin à cette « jacquerie » nationale.

Les rumeurs se répandent. Les paysans se souviennent des grappes de pendus aux arbres après chacune de leurs jacqueries. Ils s'arment. Ils pillent les convois de grain. Ils tuent. Ils attaquent les châteaux. Ils incendient. Ils réclament la fin des privilèges. Ils veulent la terre. Ils exigent l'égalité.

Comment arrêter cette marée du quart état, des « déguenillés », des « infortunés », paysans pauvres, manouvriers et sans-culottes des villes ?

Tous réclament la « fin d'un monde », un renversement de l'ordre, afin de voir naître une autre organisation sociale dont ils savent seulement qu'elle doit mettre fin aux privilèges.

L'Assemblée nationale constituante les entend, veut les apaiser : elle abolit les privilèges dans la nuit du 4 août, et vote la Déclaration des droits de l'homme et du citoyen, le 26 août de cette même année 1789.

On proclame que « les hommes naissent libres et égaux en droit », que « les distinctions sociales ne peuvent être fondées que sur l'utilité commune ».

Pensées et principes radicaux. La France fait l'expérience nationale unique de la naissance, à partir d'une rébellion nationale, d'une révolution. De l'avènement d'un nouveau monde.

La violence a imposé la défaite politique et militaire du pouvoir en place.

Mais, dans le même temps, le peuple va découvrir que les principes d'égalité s'arrêtent à la porte des propriétés.

On abolit le régime féodal, mais seulement pour ce qui concerne les droits personnels. Ceux qui sont liés à la terre doivent être rachetés.

On décrète que les « hommes sont égaux », mais seuls voteront les citoyens « actifs », seuls seront élus ceux qui disposent de plus encore de biens.

Démocratie limitée, égalité bornée : la devise de ce monde nouveau est « Liberté, égalité, propriété ».

L'expérience de la nation, au terme de cet été 1789, est donc complexe. Le peuple a fait l'apprentissage de la démocratie politique ; il sait qu'il pèse, que les luttes qu'il mène peuvent être fructueuses, mais, en même temps, ses victoires sont bornées.

Il a des droits, mais il a faim.

Il voit, il éprouve l'existence d'une fracture entre lui, le déguenillé, le quart état, et le tiers état des citoyens actifs qui, payant l'impôt, sont les vrais acteurs du jeu politique institutionnel – vote, élections, décisions.

Et comme la faim perdure, qu'on craint la répression organisée par le roi et la reine, toujours en leur château, arborant au cours d'un banquet la cocarde noire avec des officiers du régiment de Flandre, on marche sur Versailles, les 5 et 6 octobre. Il y a là des milliers de femmes. On force les grilles. On pénètre dans les appartements de la reine. On tue les gardes du corps, on brandit leurs têtes. On ramène à Paris « le boulanger, la boulangère et le petit mitron ».

Victoire de la violence, révolution qui s'amplifie au lieu de s'atténuer.

On veut masquer cette réalité. Le maire de Paris parle d'un « peuple humain, respectueux et fidèle, qui vient de conquérir son roi ».

Et Louis XVI se déclare « fort touché et fort content », affirmant qu'il est venu à Paris « de son plein gré ».

« Indignes faussetés de la violence et de la peur qui déshonoraient alors tous les partis et tous les hommes. Louis XVI n'était pas faux, il était faible ; la faiblesse n'est pas la fausseté, mais elle en tient lieu et elle en remplit les fonctions » (Chateaubriand).

En fait, on soupçonne – ou on accuse – le roi, et surtout la reine et le parti des aristocrates, de préparer avec la complicité de l'étranger – Marie-Antoinette n'est-elle pas « l'Autrichienne » ? – cette « Saint-Barthélemy des patriotes » qui leur permettrait de rétablir leur pouvoir absolu.

On souhaiterait qu'il n'en soit pas ainsi, et l'opinion oscille entre l'espérance d'une « fraternité », d'une « union » autour du roi, et la crainte d'une trahison. Dans les clubs – les Jacobins, les Feuillants –, dans les « sections » électorales, chez les « sans-culottes », on surveille avec plus ou moins de suspicion le parti de la Cour.

Il y a donc un double mouvement.

Il conduit d'une part à l'organisation de la fête de la Fédération, le 14 juillet 1790, où 100 000 personnes rassemblées sur le Champ-de-Mars prêtent serment à la Constitution. Des pancartes répètent aux citoyens : « La Nation, c'est vous ; la Loi, c'est vous ; le Roi en est le gardien ». C'est la mise en place d'une monarchie constitutionnelle où le roi de France n'est plus que le « roi des Français », où ce qui le sacre n'est plus l'onction de Reims, mais le choix du peuple de par la Constitution. Et Louis XVI paraît accepter ce régime qui met fin à la monarchie absolue : « Moi, roi de France, dit-il, je jure à la Nation d'employer tout le pouvoir qui m'est délégué par la loi constitutionnelle de l'État à maintenir la Constitution et à faire exécuter les lois. »

Mais, d'autre part, on soupçonne le roi et le parti des aristocrates de ne pas accepter la nationalisation des biens du clergé – décidée le 17 avril 1790 pour garantir la monnaie des assignats créée en décembre 1789 –, puis la Constitution civile du clergé, qui fait de celui-ci un « corps de l'État » et exige des fonctionnaires qu'ils prêtent serment d'accepter cette mesure « gallicane » que le pape, pour sa part, condamne (13 avril 1791).

Ainsi les choix politiques deviennent-ils aussi, de par cette Constitution civile du clergé, des choix religieux.

Et la « politique » renvoie dès lors aux passions des guerres de religion.

Il ne s'agit plus seulement de monarchie constitutionnelle ou de monarchie absolue, mais de fidélité au pape ou de rejet de son autorité.

On est prêtre jureur ou prêtre réfractaire.

Et, le 17 avril 1791, la foule empêche Louis XVI de se rendre au château de Saint-Cloud où il doit entendre une messe célébrée par un prêtre réfractaire.

Parce que le sacre du roi de France en fait le représentant de Dieu sur la terre du royaume, entrer en conflit avec lui, c'est commettre un acte sacrilège, attester qu'on veut créer une « Église » constitutionnelle.

La cohérence existant sous la monarchie absolue entre religion et royauté, l'Assemblée constituante semble vouloir la maintenir, mais entre un monarque constitutionnel et une Église soumise à l'État, et non plus au pape.

« L'Église est dans l'État, l'État n'est pas dans l'Église », dira un député du tiers.

Mais si le roi, en bon catholique, refuse la Constitution civile du clergé, cela signifie aussi qu'il rejette l'idée de monarchie constitutionnelle à laquelle il a semblé se rallier.

Quand il tente de fuir avec la famille royale, le 20 juin 1791, il manifeste, comme il l'écrit, qu'il ne peut accepter les nouveaux pouvoirs, ceux des députés, des clubs, des citoyens. Il se dit fidèle au gouvernement monarchique « sous lequel la nation a prospéré pendant mille quatre cents ans ».

Arrêté à Varennes, reconduit à Paris, il aura fini de perdre toute légitimité, aux yeux de la foule silencieuse qui assiste à son retour dans la capitale, tel un prisonnier. Les soupçons se sont mués en accusation.

Et certains, le 17 juillet 1791, au Champ-de-Mars où Louis XVI avait juré fidélité à la Loi, déposent une pétition réclamant sa déchéance et la proclamation de la république.

L'engrenage révolutionnaire a franchi une nouvelle étape.

Mais l'Assemblée, le tiers état, tous ceux qui veulent enrayer cette fuite en avant, cette radicalité qui peut remettre en cause toute l'organisation sociale (les propriétés), échafaudent la fiction d'un enlèvement du roi, et la garde nationale commandée par La Fayette ouvre le feu sur les pétitionnaires.

Le souverain sera maintenu au prix d'un mensonge et d'une cinquantaine de morts.

Journée décisive, lourde de conséquences non seulement pour le mouvement de la Révolution, mais pour l'histoire nationale.

Un fossé sanglant vient de se creuser entre « modérés », partisans de la monarchie constitutionnelle, et « radicaux », entre ceux qui recherchent un compromis politique – donc un accord avec le roi – et ceux qui jugent que le monarque est un traître.

Louis XVI innocenté – mais nul n'est dupe de cette fable de l'enlèvement – va prêter serment à la Constitution le 14 septembre 1791.

Et l'Assemblée nationale constituante cède la place le 30 septembre 1791 à l'Assemblée législative.

Après la fuite manquée du roi, l'émigration de la noblesse s'est accélérée. L'armée est en crise et le soupçon de trahison pèse sur toute la Cour.

Avec une lucidité aiguë, Barnave – avocat libéral, élu du Dauphiné, partisan d'une monarchie constitutionnelle, un des acteurs de la réunion de Vizille en 1788 – écrit :

« Ce que je crains, c'est le prolongement indéfini de notre fièvre révolutionnaire. Allons-nous terminer la révolution, allons-nous la recommencer ? Si la révolution fait un pas de plus, elle ne peut le faire sans danger ; c'est que, dans la ligne de la liberté, le premier acte qui pourrait suivre serait l'anéantissement de la royauté ; c'est que, dans la ligne de l'égalité, le premier acte qui pourrait suivre serait l'attentat à la propriété... »

Mais comment stabiliser une situation dès lors que l'une des pièces principales de l'échiquier politique – le roi, la Cour, le parti aristocratique – cherche à reprendre le royaume en main comme si rien ne s'était passé depuis le printemps 1789 ?

37

C'est une France nouvelle que représentent les 745 députés de l'Assemblée législative qui se réunissent à Paris pour la première fois le 1er octobre 1791.

Robespierre avait fait voter par l'Assemblée constituante une proposition décrétant, avant de se séparer, l'inéligibilité de ses membres.

Ce sont donc des hommes nouveaux, surgis des assemblées locales, qui ont été élus.

Avocats, médecins, militaires, ils sont le visage de cette France qui, depuis près de trois ans, est labourée par les événements révolutionnaires, les affrontements sociaux, les bouleversements institutionnels et cette nouvelle guerre de religion qui oppose prêtres jureurs et prêtres réfractaires.

Ainsi naissent à partir des débats électoraux et des « émotions » populaires – Grande Peur, jacqueries, émeutes, cortèges, violences urbaines – les pratiques politiques de la France contemporaine.

Depuis 1788, dans le creuset de la Révolution, ces comportements et ces sensibilités politiques vont s'inscrire dans l'âme de la France.

Comme l'écrit Chateaubriand, témoin privilégié, l'Assemblée constituante avait déjà été, « malgré ce qui peut lui être reproché, la plus illustre congrégation populaire qui ait jamais paru chez les nations, tant par la grandeur de ses transactions que par l'immensité de leurs résultats ».

L'Assemblée législative est tout aussi importante : elle précise les contours d'une exception française.

Aucun peuple n'a fait à un tel degré, dans toute son épaisseur sociale, une telle expérimentation politique.

La France devient la nation politique par excellence.

Il y a à l'Assemblée et dans le pays une « droite » et une « gauche ».

Des ébauches de partis politiques reclassent les députés, rassemblent leurs partisans dans des débats passionnés.

Une opinion politique se constitue, se déchire, excommunie telle ou telle de ses tendances.

Le club des Feuillants (Barnave, La Fayette) est partisan de la monarchie constitutionnelle. Il veut arrêter la révolution au point où elle est parvenue.

Les clubs des Jacobins (Robespierre) et des Cordeliers (Danton, Desmoulins) veulent démasquer les trahisons de la monarchie.

La presse – Marat et son *Ami du peuple*, l'abbé Royou et son *Ami du roi* –, les libelles expriment ces combats d'idées, galvanisent les « aristocrates » ou les « patriotes ».

La foule fait irruption dans la salle du Manège, où siège l'Assemblée. Elle envahit les tribunes, distingue parmi les députés ces élus de Bordeaux, ces Girondins – Brissot, Vergniaud, Roland... – au grand talent oratoire.

Ceux-là clament que l'Europe doit suivre l'exemple français.

Ainsi se forge, dans ces premiers mois de la Législative, l'idée que la nation française a une mission particulière, qu'elle est exemplaire. Il lui faut devancer par une guerre patriotique celle que s'apprêtent à lui faire – lui font déjà – les émigrés rassemblés dans une armée des princes qui se constitue à Coblence autour des frères du roi, les comtes de Provence et d'Artois.

Le girondin Isnard déclare : « Le peuple français poussera un grand cri, et tous les autres peuples répondront à sa voix. »

Certains – tel Robespierre – récusent cette prétention, se méfient de ce patriotisme révolutionnaire qui devient belliciste, qui s'imagine que les peuples vont accueillir avec enthousiasme les « missionnaires armés ». Mais l'idée de guerre s'impose et paraît une solution aux problèmes auxquels est confronté le pays.

Surtout, elle canalisera la passion révolutionnaire.

Elle permettra par les prises de guerre – le butin – de faire face à la crise financière et économique qu'aggrave la mauvaise récolte de 1791.

Dans les campagnes, dans les villes, le pain, la viande et le sucre manquent ou sont hors de prix. Dans le débat politique, des voix de plus en plus nombreuses, venues du quart état, mais qui trouvent écho dans *L'Ami du peuple* et dans les clubs, réclament la taxation des denrées.

La faim, la cherté de la vie poussent à l'émeute, aux violences.

On dénonce les « accapareurs ». On impose par la force les prix de vente.

Une aile radicale s'exprime, s'organise, agit, élargissant encore la palette des courants politiques, enfournant dans la machine révolutionnaire de nouveaux combustibles.

Flambent cependant déjà, dans de nombreuses régions, les oppositions entre prêtres jureurs et réfractaires.

Les paysans de l'Ouest s'opposent à ce que de nouveaux prêtres viennent dire la messe en lieu et place de leurs curés.

Ici et là, en Bretagne, en Provence, dans la vallée du Rhône, des « aristocrates » s'organisent militairement, parfois en liaison avec les émigrés.

Le 9 novembre 1791, l'Assemblée législative vote un décret exigeant de tout émigré qu'il rentre en France avant le 1er janvier 1792 sous peine d'être coupable de conspiration.

Le 21 novembre, un autre décret exige des prêtres qu'ils prêtent serment à la Constitution.

À chacun de ces décrets, le roi oppose, conformément aux pouvoirs que lui accorde la Constitution, son droit de veto.

Une épreuve de force s'ébauche entre le pouvoir exécutif et le pouvoir législatif appuyé sur le mouvement des clubs et sur cette opinion publique soupçonneuse envers un monarque qui a déjà tenté de prendre la fuite et que les Jacobins, les Cordeliers, les Girondins et naturellement Marat suspectent d'être complice des émigrés – ses frères ! –, du nouvel empereur germanique, François II, et du roi de Prusse Frédéric-Guillaume.

Au plus grand nombre, la guerre paraît le moyen de dénouer ces contradictions.

Le roi sera contraint de se démasquer, de choisir son camp. Et elle obligera les monarchistes, les ennemis de l'intérieur, à prendre soit le parti de la France, soit celui de l'étranger.

Cette fuite en avant, rares sont ceux qui mesurent qu'elle ne peut que favoriser une dictature militaire et la radicalisation de la situation.

Le « parti de la Cour » la souhaite.

Le roi nomme donc un ministre girondin favorable à la guerre.

Le 20 avril 1792, un ultimatum est lancé à l'empereur et aux princes allemands pour qu'ils dispersent les émigrés massés sur leurs territoires.

La Cour imagine que l'armée française, affaiblie par les luttes politiques et l'émigration de nombre de ses officiers, va s'effondrer, et qu'avec le concours des Prussiens et des Autrichiens l'ordre sera rétabli dans le royaume, et le peuple, enfin châtié.

Ainsi la France s'engage-t-elle dans la politique du pire.

3

LA LOI DES ARMES

1792-1799

38

La guerre commence le 20 avril 1792.

Premières défaites sur les frontières nord et est, le long des routes traditionnelles des invasions.

Le peuple se souvient. Il s'inquiète pour le sort de cette ville-verrou, Verdun, qui commande le chemin de Paris et dont le nom, depuis le temps de Charlemagne, est inscrit dans la mémoire nationale.

La guerre ravive les souvenirs de tous les combats pour la défense de la patrie.

Quand, le 25 avril 1792, à Strasbourg, Rouget de L'Isle entonne pour la première fois son *Chant de guerre pour l'armée du Rhin*, il emprunte ces mots : *Aux armes, citoyens !* aussi bien aux affiches de la Société des amis de la Constitution, qui invitent à s'enrôler, à « vaincre ou à mourir », qu'aux appels à résister à l'armée espagnole lancés en 1636 et qui souhaitaient qu'un « sang impur abreuve nos sillons ».

Quant à la musique de son *Chant de guerre*, elle s'inspire d'un thème de Mozart, le franc-maçon, le musicien des Lumières, mort en 1791.

Dans un pays centralisé où existe depuis des siècles un sentiment patriotique, la guerre, dès les premiers combats de 1792, associe nation et révolution, défense de la patrie et défense des droits nouveaux.

Le citoyen est patriote.

L'ennemi de la révolution est un traître à la nation.

À ceux qui crient « Vive le roi ! » on répond « Vive la nation ! ».

La loi des armes simplifie, radicalise, exclut, condamne.

Point de place pour les modérés – les Feuillants – adeptes du compromis, par sagesse, par intérêt, pour protéger les propriétés, maintenir la monarchie constitutionnelle, garante de la paix civile et de l'ordre social.

En choisissant la politique du pire – la guerre –, le parti de la Cour a cru pouvoir éteindre le brasier révolutionnaire. C'est l'incendie général qu'il déchaîne contre lui.

En souhaitant la guerre, les Girondins, qui espéraient ainsi gouverner la révolution, ont ouvert la porte aux hommes les plus décidés, aux « sans-culottes » les plus radicaux.

Le temps n'est plus ni à Louis XVI, ni à Barnave ou La Fayette, ni même à Brissot, mais à Danton, Desmoulins et bientôt Robespierre.

La loi des armes, les idées extrêmes, imposent dès lors leur empreinte profonde dans l'âme de la France.

Que le roi – en mai puis en juin – oppose son veto à un décret instituant la déportation des prêtres réfractaires, puis à un autre créant un camp de 20 000 fédérés à Paris, et aussitôt on demande sa suspension.

On envahit le 20 juin les Tuileries, on contraint Louis XVI à se coiffer d'un bonnet phrygien, on l'humilie.

Il ne cède pas.

La presse royaliste invite les amis du roi à rejoindre Paris pour défendre le souverain.

L'amalgame est fait entre les aristocrates, le monarque, et ces Autrichiens et Prussiens qui avancent vers la capitale. On crie : « Périssent les tyrans ! Un seul maître, la Loi ! » Et on proclame « la patrie en danger » (le 11 juillet).

Toute la France entend rouler le tambour, battre le tocsin ; 200 000 volontaires s'enrôlent dans les armées de la nation.

Les fédérés marseillais marchent vers Paris en entonnant le *Chant de guerre pour l'armée du Rhin*, devenu *La Marseillaise*.

Les camps sont face à face. Entre eux, ce ne peut plus être que la guerre, la victoire de l'un et l'écrasement de l'autre.

La loi des armes est sans appel.

Elle s'exprime dans le manifeste, connu à Paris le 28 juillet, du général prussien Brunswick.

Il a été écrit par le marquis de Limon, un émigré.

Il menace Paris d'une « exécution militaire et d'une subversion totale, et les révoltés au supplice si les Parisiens ne se soumettent pas immédiatement et sans condition à leur roi ».

« Les vengeances approchent », écrivent les journaux royalistes.

C'est la guerre dans Paris.

Le 10 août 1792, l'assaut est donné aux Tuileries.

Les défenseurs du roi sont des aristocrates et des mercenaires suisses ; les gardes-françaises ont rejoint les assaillants, les sans-culottes et les fédérés marseillais. Vrais combats : plus de mille morts, dont six cents défenseurs massacrés.

Une Commune insurrectionnelle est créée.

Désormais, il existe encore une Assemblée législative – auprès de laquelle le roi s'est réfugié –, mais cette démocratie représentative a en face d'elle, détenant la force des sans-culottes en armes, la

Commune, démocratie directe, vrai pouvoir qui fait emprisonner le monarque et sa famille au Temple, obtient sa suspension et la création d'un tribunal extraordinaire.

Commence le temps des suspects, des visites domiciliaires.

Sous la pression de la guerre, l'engrenage de la violence et de la terreur tourne de plus en plus vite, parce que les troupes austro-prussiennes avancent, qu'elles occupent Verdun le 2 septembre, et que la peur des représailles, de la vengeance annoncée par le manifeste de Brunswick, suscite la haine.

On massacre, dans les premiers jours de septembre, les suspects emprisonnés à Paris – plus de 1 300 victimes –, et cette « Saint-Barthélemy » révolutionnaire s'étend à tout le royaume.

On tue sans jugement, on profane les corps – ainsi celui de la princesse de Lamballe.

La révolution engendre une nouvelle passion « religieuse », terroriste ; deux cent vingt ans après la Saint-Barthélemy, les rues de Paris sont à nouveau rouges de sang.

La patrie en danger, les volontaires, l'assaut des Tuileries, le 10 août, *La Marseillaise*, la Commune, les massacres de Septembre : autant de références qui se gravent dans la mémoire nationale, dans l'âme de la France.

L'élan des volontaires, le sang de la guerre et des massacres, déchirent et cimentent à la fois la nation.

Parti des aristocrates contre parti des patriotes.

Ennemis de la révolution face aux révolutionnaires.

Drapeau blanc et fleur de lys contre drapeau tricolore.

Blanc contre bleu.

Mais aussi « bleu » différent du « rouge », car l'exigence d'égalité s'est imposée en même temps que la guerre.

Mourir pour la patrie ? Soit. Mais qu'elle devienne alors aussi la patrie du quart état !

Ces divisions, ces revendications, sont autant de nervures qui se superposent ou s'opposent dans l'âme de la France.

Mais la guerre favorise aussi l'amalgame des patriotes contre l'étranger et ses alliés, les émigrés.

Les paysans mènent une guerre de partisans contre les troupes austro-prussiennes qui avancent vers Valmy, une fois Verdun conquise.

Les troupes françaises composées de jeunes enrôlés, encadrées par des généraux (Dumouriez, Kellermann) et des officiers de l'armée du roi, avec, parmi eux, des aristocrates, comme le duc de Chartres – futur Louis-Philippe –, font reculer les troupes de Brunswick au cri de « Vive la Nation ! »

Mais ce « Vive la Nation ! » a valeur universelle.

« De ce lieu, de ce jour date une nouvelle époque de l'histoire du monde », dira un témoin de l'affrontement de Valmy.

Il se nomme Goethe.

39

La victoire de l'armée de la nation signe la défaite de la monarchie et la condamnation du roi.

La nouvelle Assemblée, la Convention, abolit à l'unanimité la royauté dès le lendemain de Valmy, le 21 septembre 1792.

Elle proclame la « République une et indivisible ».

Ainsi s'ouvre une séquence majeure de l'histoire nationale, après plus d'un millénaire de monarchie.

Mais cette rupture institutionnelle naît dans le fracas des armes.

La République est combattante. Elle n'a pas surgi du lent travail consensuel de partis qui s'opposent en se respectant. Elle n'est pas enfantée par des débats parlementaires dans le cadre d'une assemblée.

La Convention entérine et traduit le rapport des forces sur le champ de bataille.

Les soldats criaient : « Vive la Nation ! » Cela devient : « Vive la République ! »

Après Valmy, il y aura Jemappes – le 6 novembre 1792 –, l'invasion, l'occupation, l'annexion de la Belgique.

La République est conquérante.

Elle se veut libératrice. Elle annexe les royaumes, les villes, les principautés, pour le bien des peuples. Elle est le germe d'une « Grande Nation ».

Elle apporte « secours et fraternité à tous les peuples qui veulent recouvrer la liberté ». Et la Convention « charge le pouvoir exécutif de donner aux généraux les ordres nécessaires pour porter secours et défendre les citoyens qui auraient été vexés et pourraient l'être pour la cause de la liberté ».

Voici venu le temps des « missionnaires armés » et celui des coalitions antifrançaises qui vont – de 1793 à 1815 – rassembler, au gré des circonstances, l'Angleterre – qui ne saurait tolérer un Anvers français –, l'Autriche, la Hollande, la Prusse, l'Espagne, la Russie, Naples, la Sardaigne...

La République vit sous la menace. L'armée est son glaive et son bouclier.

Mais la guerre n'est pas qu'aux frontières.

Parce qu'il faut une levée en masse pour constituer une armée immense – 400 000 volontaires, 700 000 soldats –, il faut des réquisitions, des fournitures – vivres, armes, uniformes, etc. –, et l'assignat s'effondre. Tandis que les « munitionnaires » font fortune, les paysans se rebiffent contre cet impôt du sang.

Il faut tenir, sévir. La terreur est l'envers de la guerre. Soixante départements – sur quatre-vingt-trois – seront bientôt en insurrection.

La République une et indivisible crée, en même temps qu'elle unifie, le sillon qui divise la nation.

L'âme de la France est ainsi couturée par ces cicatrices sanglantes qui défigurent le pays, en ces années cruciales 1793-1794, et le marquent aussi profondément que des siècles de monarchie.

Il y a la division entre républicains au sein de la Convention.

Les Jacobins « montagnards » – ils siègent en haut de l'Assemblée – sont centralisateurs comme l'étaient – car, sous la rupture, les continuités s'affirment – Richelieu et Louis XIV.

En face, les Girondins sont fédéralistes, veulent réduire « Paris à un quatre-vingt-troisième d'influence ».

Mais la guerre exige – techniquement, mentalement – que la nation se plie à la discipline unique qui s'impose à toute armée. Et les défaites (Neerwinden en mars 1793), les trahisons (Dumouriez passe à l'ennemi), les insurrections (en Vendée, à Lyon, en Provence, où les royalistes livrent Toulon aux Anglais), condamnent en juin 1793 les Girondins – arrêtés, jugés, décapités.

Dès les origines, la République a ainsi deux visages : le jacobin s'oppose au girondin.

Cette division perdurera, rejouant la scène sans fin sous des noms différents, avec plus ou moins de violence : Parisiens contre provinciaux « décentralisateurs », républicains autoritaires contre républicains démocrates.

En fait, cette fracture entre républicains est d'autant plus nette qu'elle se superpose à d'autres divisions, et qu'ainsi, malgré l'affirmation réitérée de *République une et indivisible*, la France, pays toujours menacé de tensions et de déchirements, reste aussi émiettée qu'elle l'a souvent été.

D'un côté, on retrouve ceux qui veulent ouvrir le procès du roi afin de le condamner, de l'exécuter. De l'autre se regroupent les modérés, les attentistes qui craignent une division radicale entre la France ancienne et la nouvelle.

Mais la guerre est là. Les royalistes sont à Toulon, à Lyon, à Nantes, aux côtés des armées ennemies.

Le procès du monarque est un des aspects de la guerre. La Convention l'ouvre dès novembre 1792.

« L'élimination du roi est une mesure de salut public, une providence nationale », dit Robespierre.

« Tout roi est un rebelle et un usurpateur, ajoute Saint-Just. Louis est un étranger parmi nous. On ne peut régner innocemment, la folie en est trop évidente. »

La mort est votée par 361 voix contre 360. Louis Capet sera exécuté le 21 janvier 1793, et sa tête montrée, sanglante, au peuple rassemblé.

Cette mort de Louis XVI laisse un vide béant au cœur de l'histoire nationale.

Plus d'un millénaire d'acceptation, de respect, de vénération, d'obéissance à l'égard de ce roi sacré, thaumaturge, représentant de Dieu sur terre, unissant la France à l'Église et au divin, se trouve ainsi tranché net.

La France, nation mystique et politique, en est profondément divisée et blessée.

Et alors que les rébellions armées – en Vendée notamment – se prolongent, s'amplifient, que l'élan patriotique est nécessaire pour repousser l'ennemi aux frontières, il ne faut pas que soit entendue la voix de Louis XVI qui, sur l'échafaud, crie, dans les roulements des tambours : « Français, je meurs innocent, je pardonne à mes ennemis, je souhaite que ma mort soit utile au peuple ! Je remets mon âme à Dieu. »

On a besoin d'une autre « religion », d'une autre mystique pour soutenir la République.

D'abord, il faut qu'on en finisse avec le christianisme, lié à la monarchie.

Voltaire a été admis au Panthéon dès le 11 juillet 1791, et on a célébré « l'homme qui combattit les athées et le fanatique, qui inspira la tolérance, qui réclama les droits de l'homme contre la servitude de la féodalité ».

La Convention a réhabilité le chevalier de La Barre. Elle abolit l'esclavage le 4 février 1794. Elle va tenter, avec un nouveau calendrier – le décadi remplaçant le dimanche, thermidor, juillet, brumaire, novembre, etc. –, de parachever la déchristianisation.

Elle organise le culte de la Raison, adopte le « déisme voltairien », célèbre l'Être suprême.

Elle veut transformer la République en mystique.

Mais elle dresse ainsi contre cette parodie de religion aussi bien les catholiques que les sceptiques, les croyants que les cyniques.

Dans l'âme de la France, ces divisions aux origines de la République, cette fracture entre plusieurs France, ce mysticisme républicain, cette idée d'une mission universelle de libération des peuples assumée par la nation, sont autant de sources de frictions, de ferments de guerre civile.

La France de 1793-1794 est une fois encore le pays de la Saint-Barthélemy, des guerres de Religion.

Si la nation n'éclate pas, c'est d'abord que le pays défend son sol contre l'étranger. Que le patriotisme – « Mourir pour la patrie est le sort le plus beau, le plus digne d'envie », chante-t-on – soulève et rassemble la majorité de la nation.

Celle-ci est en armes. Elle résiste.

L'amalgame entre soldats volontaires, conscrits de la levée en masse, anciens des régiments du roi promus officiers de la République, bientôt jeunes généraux, se réalise.

Le patriotisme et l'héroïsme, la jeunesse de ce pays, le plus peuplé d'Europe et à l'armée la plus nombreuse, cimentent la nation.

L'âme de la France, monarchiste aussi bien que républicaine, est martiale.

Cela ne suffirait pas à empêcher la désagrégation.

Si la République en armes dessine l'ébauche d'un pouvoir totalitaire, c'est moins par la mise en œuvre d'une idéologie qui en contiendrait le germe que par les nécessités « techniques » de la guerre aux frontières, et surtout à l'intérieur.

Si la France est divisée, c'est qu'il existe des « traîtres ». On ouvre les « armoires de fer » de la monarchie ; on y trouve les noms des « stipendiés » de la Cour, et, parmi eux, Mirabeau et Barnave. Dumouriez, le vainqueur de Valmy, est passé à l'ennemi. La Fayette l'a déjà fait, comme des milliers d'officiers, d'émigrés.

Il faut un Tribunal révolutionnaire, une loi des suspects, un Comité de sûreté générale, un Comité de salut public. D'abord à Paris, puis dans les départements, près de 200 000 sans-culottes sont réunis et organisés en parti révolutionnaire, le parti jacobin, qui s'appuie sur des représentants en mission.

Le parti est l'œil de la surveillance. Il dénonce. Il châtie.

Car, au bout de cette suspicion, la Terreur est à l'ordre du jour.

On dénombre 500 000 suspects. On guillotine. Peut-être y a-t-il plus de 100 000 victimes.

On confisque, avec les lois de ventôse (février 1794), les biens des suspects.

On veut s'attacher, avec les lois sur le maximum des prix, les citoyens les plus pauvres. On leur promet l'« égalité sainte » en votant la Constitution de l'an I (24 juin 1793), laquelle ne sera pas appliquée puisque, face à la guerre, le gouvernement est dit « révolutionnaire jusqu'à la paix ».

La répression – à Lyon on tire au canon sur les « royalistes », à Nantes on les noie, en Vendée on les fusille, partout on les décapite – n'épargne personne, puisque tout le monde, dès lors qu'il s'oppose à la politique du Comité de salut public où Robespierre a fait son entrée en juillet 1793, est suspect.

On guillotine les « enragés » qui réclamaient pour le quart état une « révolution sociale », un nouveau maximum des prix, et non pas l'application d'un maximum pour les salaires.

Marat a été assassiné le 13 juillet 1793 par Charlotte Corday, sinon il aurait été de la charrette qui, au printemps 1794, conduit les enragés à l'échafaud.

Puis ce sera le tour des « indulgents » – Danton, Desmoulins –, accusés de vouloir mettre fin à la Terreur, à la guerre, donc à la révolution, et soupçonnés de vouloir abandonner la mystique républicaine.

Procès bâclé pour étouffer la grande voix de Danton en ce printemps 1794.

Certes, les armées de la République terroriste sont victorieuses en ce même printemps (Fleurus, le 26 juin), mais le pouvoir est isolé.

Les enragés sont toujours en quête de pain bon marché, et crient devant le blocage de leurs salaires : « Foutu maximum ! »

La République n'est plus pour eux qu'un régime parmi d'autres.

La nation est épuisée, et chacun se sent suspect.

Pourquoi cette surveillance, ces exécutions, si la victoire est acquise ?

Robespierre et ses partisans se retrouvent seuls parmi les cadavres des enragés et des indulgents, cibles toutes désignées pour tous ceux qui, après avoir mis en œuvre une implacable terreur (Barras, Fouché), craignent qu'elle ne se retourne contre eux.

Le 9 thermidor an II (27 juillet 1794), Robespierre est renversé. Cent sept de ses partisans sont décapités. Jamais on n'a autant exécuté en un jour.

Ce paroxysme terroriste et républicain, cette politique mystique et patriotique, ces luttes inexpiables entre factions, se gravent dans l'âme de la France.

Au moment où le pays invente la démocratie moderne – élections aux états généraux, débats, Constitution –, il en génère aussi les pathologies : le parti « unique », la loi des suspects, le Tribunal révolutionnaire, la Terreur.

La guerre contamine ainsi tout l'ordre politique.

Saint-Just, l'une des victimes du 9 thermidor, a dit : « La Révolution est glacée. »

La République l'est tout autant.

40

Cinq années seulement, mais un fleuve d'événements et de sang, séparent cet été 1794 de l'an 1789, quand la prise et la destruction de la Bastille allaient faire entrer la France dans ce territoire inconnu nommé Révolution.

Les hommes qui siègent à la Convention, après la chute des robespierristes, savent qu'ils sont tous des survivants de cette imprévisible et interminable odyssée.

Pendant la Terreur, comme le dira Sieyès, ils ont « vécu » en s'enfonçant dans le « marais », évitant de choisir entre Girondins et Jacobins, pour échapper à la loi des suspects, au Tribunal révolutionnaire, à la colère des enragés.

Mais, à la Convention, ils ont approuvé les mesures de salut public, pas seulement parce qu'ils craignaient, en s'y opposant, de faire figure de suspects et de monter dans la charrette pour l'échafaud, mais parce qu'ils ne voulaient pas du retour à l'Ancien Régime. Ils en auraient été les premières victimes, trop révolutionnaires pour ces émigrés qui se pressaient aux frontières avec les armées étrangères.

Maintenant que la « crête » de la Montagne a été arasée, ils veulent endiguer le fleuve, le canaliser afin qu'il s'apaise, que la République profite aux républicains, c'est-à-dire à eux.

Car, après ces temps tumultueux, ces jours de terreur, les survivants aspirent à jouir de leur victoire. Ils sont la République.

Ceux qui, comme les frères du défunt roi, le comte de Provence (successeur en titre de Louis XVI après la mort à la prison du Temple, le 8 juin 1795, du Dauphin Louis XVII), le comte d'Artois, imaginent qu'ils vont pouvoir restaurer l'Ancien Régime (catholicisme religion d'État, ordres reconstitués, parlements rétablis, déclare le futur Louis XVIII dans sa proclamation de Vérone, le 24 juin 1795), ne comprennent pas que les conventionnels entendent créer « leur » République.

Ils ne veulent ni de l'Ancien Régime ni même d'une monarchie constitutionnelle que les plus lucides parmi les royalistes envisagent encore.

Ce « marais », ces habiles, ces prudents, ces chanceux, ces réalistes, ces survivants qui détiennent enfin le pouvoir, veulent le garder pour eux. Certains se sont enrichis. Ils expriment le désir de cette couche sociale qui a acheté les biens confisqués aux émigrés, aux suspects, à l'Église. Ces hommes sont patriotes par conviction autant que par intérêt. Ils ne veulent être spoliés ni par les aristocrates réclamant leurs biens, ni par les sans-culottes exigeant qu'on les partage.

Avec cette Convention thermidorienne, la France expérimente une forme politique nouvelle : le gouvernement républicain du centre, une sorte de « troisième force » hostile avec autant de détermination aux royalistes qu'aux jacobins sans-culottes.

Et se servant de l'une ou l'autre de ces factions pour écraser la plus menaçante des deux et renforcer ainsi le centre.

Certes, pour briser ces extrêmes, il faut disposer d'une force armée.

Précisément, les soldats de la nation sont victorieux aux frontières. Après la Belgique, la Hollande est conquise. On imagine des « républiques sœurs », un agrandissement de la France jusqu'aux frontières « naturelles » (le Rhin). Et la première coalition se disloque : la Prusse, la Hollande et l'Espagne s'en retirent.

Reste l'intraitable Angleterre, toujours menaçante, ravivant la guerre en débarquant dans la presqu'île de Quiberon 4 000 émigrés (26 juin 1795) afin de ranimer dans tout l'Ouest l'insurrection vendéenne avec laquelle Paris avait réussi à négocier une trêve.

En quelques semaines, le général Hoche va écraser ces émigrés : on les fusillera par centaines, et leurs chefs, Stofflet et Charette, seront exécutés quelques mois plus tard.

Ces conventionnels qui veulent gouverner « au centre » ne sont pas des hommes à scrupules.

En cinq années, ils ont appris qu'il faut savoir annihiler l'adversaire, détruire la faction rivale. La Révolution a fait de tous les hommes politiques français des cyniques qui se déterminent en fonction du rapport des forces.

Ces thermidoriens n'ont pas hésité à se servir de la « jeunesse dorée », de ces « muscadins » royalistes, pour fermer le club des Jacobins (12 novembre 1794), briser les sans-culottes, cette « queue de

Robespierre » qui réclamait du pain pour les plus pauvres.

Car on a faim, dans le quart état. L'assignat n'est plus qu'à 8 % de sa valeur nominale. Les prix des denrées (viande, pommes de terre) ont augmenté de 400 à 900 %.

Des mères se suicident avec leurs enfants en se jetant dans la Seine.

D'un côté, ces républicains thermidoriens jouissent de leurs biens, mais, à la porte des cafés où ils se gobergent, des républicains sans-culottes crient famine.

Le peuple fait l'expérience que la République peut le laisser mourir de faim, que les changements institutionnels n'effacent pas la misère.

Alors on se rassemble, on se souvient des « journées révolutionnaires ». Les femmes et les sans-culottes envahissent la Convention le 12 germinal (1er avril 1795) et le 1er prairial (20 mai 1795). On lance aux conventionnels : « Que le sang coule, celui des riches, des monopoleurs et des spéculateurs ! Du temps de Robespierre, la guillotine fonctionnait, mais on mangeait à sa faim ! »

Le pouvoir laisse l'insurrection se déployer, certains députés montagnards se rallier à elle, puis l'armée et les sections modérées de l'ouest de Paris encerclent le faubourg Saint-Antoine. Après quelques jours de résistance, cette « Commune » de sans-culottes est écrasée par les armes.

On exécute. On condamne à mort. Six députés montagnards se suicident.

Les républicains du centre prouvent qu'ils savent eux aussi se montrer impitoyables.

Ainsi s'inscrit dans l'âme de la France l'idée que l'ordre, le respect des biens et des propriétés, l'emploi de la force contre ceux qui veulent les violer, peuvent aussi faire partie d'une politique républicaine.

Un jour, dans les années 1870, Thiers dira : « La République sera conservatrice ou ne sera pas. » Et les troupes versaillaises materont le Paris de la Commune.

La période révolutionnaire a aussi « inventé » cette politique-là.

Elle laisse faire les bandes royalistes qui, à Lyon, à Marseille, en Provence, traquent les Jacobins, les massacrent dans les prisons – à Aix, à Tarascon, à Marseille, etc., on dénombrera près d'un millier de victimes de cette « terreur blanche ».

Mais, dès lors que ces mêmes royalistes représentent à nouveau une menace pour le pouvoir, les thermidoriens sont prêts à tout pour défendre *leur* République, qui est aussi *la* République.

Ils l'ont montré dans la presqu'île de Quiberon en fusillant les émigrés débarqués par les navires anglais et faits prisonniers.

Pour défendre le nouveau régime, ils dressent aussi une forteresse constitutionnelle, la Constitution de l'an III (août 1795), qui comporte deux Conseils élus par les 20 000 Français les plus riches : celui des Anciens et celui des Cinq-Cents, ainsi que cinq Directeurs, renouvelables les uns et les autres par tiers chaque année ou tous les trois ans. Le peuple « approuve » par un million de voix pour, 50 000 contre et... cinq millions d'abstentions.

Mais peu importe : la procédure est « démocratique », elle est bien formellement républicaine. Et les royalistes, qui espéraient subvertir la République en pénétrant légalement ses institutions par la voie électorale, sont bernés.

Par 200 000 voix contre 100 000, les conventionnels ont en effet fait adopter un décret dit des *deux tiers* qui précise que les deux tiers des membres des nouveaux Conseils législatifs devront être choisis parmi les... conventionnels ! Les royalistes et le peuple découvrent qu'on peut concevoir des institutions formellement républicaines qui permettent de contrôler les élections par un jeu politique truqué.

Nouvelle leçon de politique « moderne » donnée par la Révolution, la grande école du cynisme politique.

Il ne reste plus aux royalistes qu'à tenter eux aussi une « insurrection », une « journée révolutionnaire ».

Le 13 vendémiaire (5 octobre 1795), ils rassemblent vingt mille manifestants en armes qui se dirigent vers la Convention.

Barras – ancien terroriste, bien décidé à jouir des biens et du pouvoir dans ce régime qui désormais est le sien –, chargé du commandement des troupes de Paris, va s'adjoindre des généraux connus pour leurs sentiments jacobins. L'un d'eux, suspect de « robespierrisme », a même été arrêté en thermidor. Depuis lors, il traîne son sabre inutile dans Paris.

Il va disperser au canon les royalistes, qui laissent trois cents morts sur les marches de l'église Saint-Roch et dans les rues avoisinantes.

La République est donc « sauvée ». La Convention peut se séparer, le 26 octobre 1795, pour laisser place au Directoire.

Mais ce « centre » républicain n'a survécu, ne l'a emporté que parce que l'armée lui a obéi.

La guerre aux frontières a fait de l'armée la garante de l'ordre intérieur, et donc de la République.

Elle est entrée sur la scène politique et y a joué aussitôt un rôle déterminant.

Peut-elle accepter de retourner dans l'ombre ?

Le « général Vendémiaire » se nomme Napoléon Bonaparte.

41

Ce général Bonaparte qui noie dans le sang, à coups de canons, une tentative d'insurrection royaliste, la France ne pourra plus l'oublier.

Ainsi, le 13 vendémiaire (5 octobre 1795) commence à se creuser un nouveau sillon dans l'histoire nationale. L'âme de la France va s'en trouver marquée en profondeur. Une tradition, celle de l'homme providentiel, de l'homme du recours, hissé au-dessus des factions – ou des partis – qui s'opposent, se dessine de plus en plus nettement durant ces quatre années qui vont se terminer par le coup d'État des 18 et 19 brumaire an VIII (9 et 10 novembre 1799), quand Bonaparte mettra fin au Directoire et s'emparera de la réalité du pouvoir.

La Révolution qui avait mis en place un régime d'assemblée, qui s'était définie, avec la République, comme la structure la plus opposée à la monarchie absolue, donne donc naissance au pouvoir personnel d'un général, lecteur et admirateur de César.

Les thermidoriens, qui avaient affirmé qu'ils ne voulaient ni « de la dictature de César ni de la royauté de Tarquin », ont fait appel pour les défendre à un homme qui se rêve empereur après avoir conquis la gloire sur les champs de bataille, à l'image de César.

Dans l'âme de la France, son aventure devient une référence.

Pour certains, il est l'antimodèle, l'ogre « infamant », le général putschiste. Pour d'autres, il est le chef exemplaire, charismatique, qui balaie les politiciens corrompus, lâches, incapables, petits hommes sans gloire que la vue d'un manipule suffit à disperser comme des oiseaux apeurés.

Mais, quel que soit le jugement qu'on porte sur le personnage, il est l'un des môles qui marquent les débuts de la période contemporaine de notre histoire.

Un courant politique se forme autour de lui : espérance ou menace, c'est le *bonapartisme*. Face à l'impuissance des politiciens, l'homme du recours, par un coup d'État que légitime la situation de la nation et restaure l'ordre et l'autorité. Il unifie le peuple. Il défend les intérêts de toute la patrie contre ceux qui, révolutionnaires ou monarchistes, n'agissent qu'en fonction de leur idéologie ou de leur clientèle.

Il incarne le centre opposé aux extrêmes.

Sa force lui vient de ce qu'il a le soutien du peuple et des armées.

Si ce général de coup d'État, ce dictateur – ou bien ce héros météorique – s'est imposé jusqu'à occuper pareille place dans l'âme de la France, c'est que la situation de la nation favorise son entreprise et permet à son ambition de se réaliser.

En ces dernières années du XVIIIe siècle, après la tourmente révolutionnaire, la société française a soif de paix intérieure et de stabilité.

Les notables, les nantis, les paysans, qui ont profité les uns de la vente des biens nationaux, les autres, de la suppression des droits seigneuriaux, aspirent au calme.

La guerre ne les affecte qu'indirectement (conscription, impôts). Elle se déroule loin de la France : en Italie, contre l'Autriche, et Bonaparte, qui s'est vu confier le commandement de l'armée d'Italie en guise de récompense pour les services rendus en vendémiaire, s'y couvre de gloire à Arcole, à Rivoli. Il signe le traité de Campoformio. Il envoie son butin – argent et œuvres d'art – au Directoire.

À la manière de César, il écrit sa propre légende, transforme chacune de ses actions en triomphe, conquiert l'opinion.

Il met ainsi en œuvre une stratégie qui combine la gloire militaire (il montre du génie dans cette campagne d'Italie de 1796 à 1797) et la sociabilité politique (il est l'homme de Barras, proche de Sieyès, de Fouché, de Talleyrand) qui le fait apparaître comme le général au service des Directeurs, mais il est aussi le chef indépendant qui porte les espoirs de l'opinion.

Avec son épée, il peut trancher le nœud gordien des intrigues politiciennes.

Son aventure égyptienne – mai 1798 – et son retour « miraculeux », en octobre 1799, font de lui un héros de légende.

Mais il ne peut jouer ce rôle que parce que le Directoire ne parvient pas à stabiliser la situation.

Le pouvoir des Directeurs, qui, comme celui des thermidoriens, entend se situer au centre, est menacé : d'un côté, les héritiers des Jacobins et des enragés parlant au nom du peuple des « infortunés » rêvent d'une société égalitaire ; de l'autre, par le simple jeu électoral, les institutions risquent d'être pénétrées par les « Jacobins blancs », ces royalistes qui veulent en finir avec la République, même s'ils divergent sur le type de monarchie à rétablir (absolue ou constitutionnelle).

Gauche, droite, centre : figures désormais classiques de la politique française.

En mai 1796, le Directoire déjoue la « conspiration des Égaux » fomentée par Babeuf, qui vise à établir un communisme de répartition supprimant la propriété privée.

Babeuf se poignardera au cours de son procès, et une trentaine de ses compagnons seront fusillés en 1797.

Mais leur souvenir, transmis par quelques survivants – Buonarroti –, fera germer au XIXe siècle les idées « babouvistes », créant un socle pour le communisme et le socialisme français dont on mesure ainsi l'enracinement profond dans l'histoire nationale.

Le 18 fructidor (avril 1797), le Directoire doit faire face à une poussée électorale royaliste ; les Directeurs font alors appel au général Bonaparte, qui leur délègue le général Augereau.

Terreur froide : arrestations, épurations, déportations.

La preuve est faite à nouveau que le centre ne peut imposer sa politique républicaine – défendant les transferts de propriété qui ont eu lieu pendant la Révolution, affirmant le caractère laïque de l'État dans une perspective voltairienne – que s'il dispose du soutien de l'armée.

Ce soutien est d'autant plus nécessaire qu'en 1798 (le 21 floréal), le Directoire doit faire face à une poussée électorale de la « gauche », cette fois, et que seul un coup de force – un vrai coup d'État – permet d'exclure les députés élus de cette tendance.

Malgré cela, l'influence des néojacobins s'accroît en juin 1799. On parle à nouveau de « bonheur du peuple ». On exige des mesures en sa faveur : « Élaguez ces fortunes immenses qui font le scandale des mœurs, établissez l'impôt progressif sur les fortunes, réduisez les impôts indirects, faites des économies en renvoyant les fonctionnaires inutiles, en diminuant l'indemnité des députés et les pensions des Directeurs ! »

Des revendications « modernes » se font ainsi jour dans le langage politique. Elles traverseront les décennies.

En même temps, on veut en finir avec le « système de bascule », l'instabilité qui fait soutenir la gauche contre la droite, et vice versa.

Derrière les néojacobins se profile le parti des généraux. Ils sont victorieux. Ils ont créé des républiques sœurs : la Batave, la Cisalpine, la Romaine, l'Helvétique, la Parthénopéenne (napolitaine). Ils ont accumulé des « trésors de guerre ». Les soldats leur sont dévoués, puisque ce sont les généraux qui les paient.

Ce néojacobinisme « armé » annoncerait-il le retour à un robespierrisme rebouilli ?

Sieyès s'en inquiète. Il dénonce la « sanglante tyrannie » des Jacobins de l'an II et leur « pouvoir monstrueux », dont il faut empêcher la renaissance.

Les « républicains du centre » – Sieyès, Fouché, Talleyrand – se tournent vers Bonaparte rentré d'Égypte.

Il est l'homme providentiel. Il se présente comme sans ambition personnelle, prêt seulement à mettre sa popularité au service du parti de l'ordre.

Son frère Lucien a été élu président du Conseil des Cinq-Cents, mais lui, « le plus civil des généraux », évoque moins ses exploits militaires que les découvertes que les savants qui l'ont accompagné en Égypte ont réalisées au pays des pharaons.

À Saint-Cloud, où se sont réunis les conseillers, après un moment difficile, Murat, à la tête d'une compagnie de grenadiers, disperse les élus en criant à ses soldats : « Foutez-moi tout ce monde-là dehors ! »

C'est la technique d'un coup d'État moderne, mêlant le coup de force parlementaire à l'action armée, l'apparence légale à la violence, que Bonaparte et ses complices ont appliquée.

Bonaparte peut se présenter comme l'homme du centre, au-dessus des partis, incarnant l'union des Français contre les « anarchistes » et les « royalistes ».

« Tous les partis sont venus à moi, m'ont confié leurs desseins, dévoilé leurs secrets, et m'ont demandé mon appui : j'ai refusé d'être l'homme d'un parti », dit-il.

En fait, il veut rassembler tous les notables et, autour d'eux, le peuple, en ne revenant pas sur les conquêtes majeures de la Révolution dans l'ordre social : abolition des droits seigneuriaux, liberté de la propriété, vente des biens nationaux.

Le ciment de cette union, c'est le patriotisme.

Il dit : « Ni bonnet rouge [révolutionnaire] ni talon rouge [aristocratique] : je suis national ! »

La Révolution, la République sont l'assomption de la nation.

CHRONOLOGIE III

Vingt dates clés (1715-1799)

1715-1723 : Régence de Philippe d'Orléans. Louis XV a cinq ans.
1757 : Attentat de Damiens contre Louis XV (1715-1774).
1771 : Réformes de Maupeou : abolition de la vénalité des offices, gratuité de la justice, etc.
1774 : Louis XVI (1774-1792) rétablit les parlements dans leurs privilèges.
1784-1785 : Affaire du « collier de la reine » qui discrédite la monarchie.
1788 : À Vizille, les états du Dauphiné réclament la convocation des états généraux.
5 mai 1789 : Ouverture des états généraux à Versailles.
14 juillet 1790 : Fête de la Fédération au Champ-de-Mars.
20-21 juin 1791 : Fuite du roi à Varennes.
20 avril 1792 : Déclaration de guerre à l'Autriche et à la Prusse.
20 septembre 1792 : Victoire de Valmy et, le 21 septembre, abolition de la royauté, puis proclamation de la République une et indivisible (25 septembre).
21 janvier 1793 : Exécution de Louis XVI.
Mars 1793 : Soulèvement de la Vendée contre la Convention.
Septembre 1793 : Loi des suspects et loi sur le maximum des prix et salaires.
8 juin 1794 : Fête de l'Être suprême.
27 juillet 1794 : (9 thermidor an II) Chute de Robespierre.
5 octobre 1795 : (13 vendémiaire) Bonaparte écrase un soulèvement royaliste.

1796 : Bonaparte général de l'armée d'Italie.

Mai 1798 – août 1799 : Bonaparte conduit l'expédition d'Égypte.

9-10 novembre 1799 : (18 et 19 brumaire) Coup d'État de Bonaparte, fin du Directoire, Bonaparte premier consul.

Index

8906

Composition
NORD COMPO

Achevé d'imprimer en Espagne
par CPI
le 16 septembre 2014.

EAN 9782290007563
1er dépôt légal dans la collection : mars 2009
ÉDITIONS J'AI LU
87, quai Panhard-et-Levassor, 75013 Paris

Diffusion France et étranger : Flammarion